T0157614

Printed in the United States
By Bookmasters

التربيــــة المهنيــــة

مبادئها واستراتيجيات التدريس والتقويم

الدكتورة مريم السيد

دار وائل للنشر

الطبعة الأولى

٢٠٠٩

رقم الايداع لدى دائرة المكتبة الوطنية : (٢٥٠٦/٧/٢٠٠٨)

السيد ، مريم

التربية المهنية : مبادئها واستراتيجيات التدريس والتقويم / مريم محمد السيد .

- عمان ، دار وائل ٢٠٠٨

(٢٩٦) ص

ر.إ. : (٢٥٠٦/٧/٢٠٠٨)

الواصفات: التربية المهنية / الأشغال اليدوية / التعلم / طرق التعليم

* تم إعداد بيانات الفهرسة والتصنيف الأولية من قبل دائرة المكتبة الوطنية

****

رقم التصنيف العشري / ديوي : ٣٧٢.٥

(ردمك) ISBN 978-9957-11-768-9

* التربية المهنية – مبادئها واستراتيجيات التدريس والتقويم
* الدكتورة مريم السيد
* الطبعة الأولى ٢٠٠٩
* جميع الحقوق محفوظة للناشر

* الأردن - عمان - شارع الجمعية العلمية الملكية - مبنى الجامعة الاردنية الاستثماري رقم (٢) الطابق الثاني

هاتف : ٠٠٩٦٢-٦-٥٣٣٨٤١٠ - فاكس : ٠٠٩٦٢-٦-٥٣٣١٦٦١ - ص. ب ١٦١٥ - الجبيهة)

* الأردن - عمان - وسط البلد - مجمع الفحيص التجاري- هاتف: ٠٠٩٦٢-٦-٤٦٢٧٦٢٧

www.darwael.com

E-Mail: Wael@Darwael.Com

الإهـــداء

- إلى احمد زوجي الحبيب وتوأم روحي ، أشدد بك أزري ، يا مركباً طاف بي الليل في رحلة العمر الطويل ، وعصاً سحرية جعلت من المستحيل ممكناً .
- إلى روح الحبيبة رانيا رحمك الله رحمة واسعة سلام عليك في عليين، ويبقى الأنقياء دوماً هم رونق الحياة ومعنى روعتها، ويبقى ذكرهم الطيب هو الزاد الجميل.
- إلى امتداد وجودي وفرح أيامي أبنائي الأحبة (محمد، ربى ، إكليل).
- إلى الأخوة والأخوات الطلبة والباحثين .
- إليكم جميعاً أقدم جهدي هذا راجية المولى أن يكون علماً نافعاً.

المؤلفة

د. مريم أحمد السيد

بسم الله الرحمن الرحيم

" ربنا لا تؤاخذنا إن نسينا أو أخطأنا"

سورة البقرة آية ٢٨٦

المقدمة

شهد الثلث الأخير من القرن العشرين تسارعا ملحوظا في الاهتمام بالتعليم المهني والتقني على المستوى العالمي والمحلي. وقد عقدت بشأنه مؤتمرات وندوات وحلقات على الأصعدة المحلية والإقليمية والدولية تؤكد ربط التعليم باحتياجات المجتمع والإنتاج . ذلك أن المؤسسات التربوية يجب أن تحتل المقام الأول في بناء الإنسان وإعداده إعداداً متوازنا شاملا من جميع جوانب شخصيته ، منذ تكوين الطفل في أحشاء أمه ، وحتى نهاية حياته عمودياً وأفقياً ، في كل بيئاته المادية والمعنوية ؛على أن تشمل هذه البرامج المراحل الجنينية الأولى ، حتى تنمو قدراته جميعها نمواً متوازناً، وكل قدرة إلى أقصى مداها ، وبخاصة في المستويات العليا من التعليم الذي يعده لدخول الحياة ، وسوق العمل من الباب الواسع ، معتمدا على قدراته الخاصة ومواهبه وهباته .

إن النظام التربوي في الأردن يسهم في إعداد الإنسان إعدادا متوازنا من جميع جوانب شخصيته ، كونه الوسيلة والهدف في خطط التنمية الاقتصادية والاجتماعية، فاهتمت وزارة التربية والتعليم بإعداد القوى العاملة المدربة على مختلف المستويات ، وفي جميع المجالات ، من خلال إدخالها أنواع برامج التعليم المهني المختلفة إلى خططها الدراسية في مراحل التعليم الثانوي وما بعده.

وفي ضوء التطور التكنولوجي المتسارع في العصر ـ الحديث والتغيرات المستمرة في وسائل الحياة والمعيشة ظهرت الحاجة الماسة إلى تربية مهنية في مرحلة التعليم الأساسي من أجل توجيه الطلبة إلى ممارسة أعمال ونشاطات مختلفة تناسب قدراتهم الفعلية، وتلائم رغباتهم، ومهارات أساسية يعملون على توظيفها في المستقبل لتوفير معيشة مناسبة لهم، لذا فإن وزارة التربية والتعليم تولي مبحث التربية المهنية اهتماماً بالغاً على اعتبار انه خطوة تمهيدية للتعليم المهني ، ويعتمد عليه نجاح وتطوير برامج التعليم المهني الثانوي، فضلاً عن إسهامه في إكساب الطلبة مهارات عملية في مجالات مهنية متعددة ، وإيماناً من المؤلفة بالدور المهم للتربية المهنية ، وقلة المراجع العربية فقد أعدت هذا الكتاب ليكون لبنة جديدة في مجال التربية المهنية يرفد المكتبة العربية بعمل نافع مفيد .

وقد جاءت لغة الكتاب سهلة بسيطة ، تركز على النظرية والتطبيق في آن معاً تفيد كل من له علاقة بالتعليم المهني من طلبة الجامعات وكليات المجتمع،والباحثين ، والمعلمين ومديري المدارس في الميدان التربوي ، وقد جاء محتوى الكتاب مقسماً إلى احد عشر ـ فصلاً تركز على المجالات الآتية :

- تطور التعليم المهني على المستويين العالمي والمحلي، وكذلك التربية والتعليم في عهد الهاشميين ، ومكانة التعليم المهني في الفلسفات التربوية ، وعلاقة التعليم العام بالتعليم المهني.

- بنية النظام التربوي في الأردن في ظل الاقتصاد المعرفي وبنية التربية المهنية في مرحلة التعليم الأساسي .

- التربية المهنية، مفهومها، أهدافها ، خصائصها، والمستويات المهنية العامة ، والتوجيه المهني وعلاقته بالتربية المهنية .

- معلم التربية المهنية،إعداده وتدريبه وكفاياته وأدواره التجديدية في ظل الاقتصاد المعرفي

- منهاج التربية المهنية ومكوناته وكفاياته وأسس بناء المنهج ، ومداخل تنفيذه والعلاقة التكاملية بين التربية المهنية والمباحث الأخرى، والصعوبات التي تواجه تطبيق المبحث

- التخطيط لتدريس مبحث التربية المهنية ، وأهميته وعلاقته بالأهداف التربوية ، ومستويات التخطيط الفصلي واليومي، ونماذج واقعية منها .

- استراتيجيات تدريس التربية المهنية وبخاصة المهارات الأدائية مثل العروض العملية والتعلم التعاوني، والمشروع، وحل المشكلات، واستخدام الحاسوب والانترنت في التعليم

- استخدام التكنولوجيا في تدريس التربية المهنية، وتوظيفها بفاعلية في غرفة الصف، وكذلك الوسائل المستخدمة في تدريس التربية المهنية .

- القياس والتقويم في التربية المهنية ، وأنواع التقويم التربوي وإغراضه والرؤيا الجديدة للتقويم ، وكذلك استراتيجيات التقويم المعتمدة على الأداء، وإستراتيجية القلم والورقة والملاحظة والتواصل ومراجعة الذات،والاختبارات الصفية التحصيلية وخطوات بنائها ، مع عرض نماذج مختلفة لأدوات التقويم .

- المهارات الحياتية وإدماجها في المناهج الأردنية وصلتها بمكونات الاقتصاد المعرفي ، وتعريفها وخصائصها والمحاور التي بنيت عليها .

- التربية الشاملة كبرنامج نوعي إثرائي ، أهدافه وغاياته ونشاطاته ، وعرض نماذج مختلفة لأنشطة التربية الشاملة التي تتمحور حول مبحث التربية المهنية .

وعليه فان هذا الكتاب يحمل بين طياته منظوراً تاريخياً وإداريا وثقافياً للتربية المهنية، كما يقدم استراتيجيات تدريس وتقويم واقعية ، وبرامج عالمية اثرائية مثل التربية الشاملة والمهارات الحياتية إذ تم إدماجها في المناهج الأردنية وبخاصة التربية المهنية ، مما يشكل منظوراً عالمياً للتربية المهنية .

اللهم إني نذرت لك عملي هذا فتقبله، واجعله حجة لي ، وعلماً نافعاً، وما توفيقي إلا بالله فإن أصبت فلله الفضل والمنّة ، وإن أخطأت فقوّموني ، فالعصمة لا تكون إلا لنبي ، ولا حول ولا قوة إلا بالله العلي العظيم ، والحمد لله رب العالمين

المؤلفة

د. مريم أحمد السيد

الفصل الأول

مدخل تاريخي

أولاً: تطور التعليم المهني على المستوى العالمي والمحلي

ثانياً : التعليم المهني والتربية المهنية في عهد الهاشميين

ثالثاً : مكانة التعليم المهني والتربية المهنية في الفلسفات التربوية المختلفة

رابعاً: علاقة التعليم العام بالتعليم المهني .

الفصل الأول

مدخل تاريخي

أولاً: تطور التعليم المهني على المستوى العالمي والمحلي

- على المستوى العالمي

ترجع أصول التعليم المهني إلى ما قبل الميلاد بألفي سنة حيث حمل التاريخ إشارة إلى نظام المصانعة في التاريخ المصري ثم ظهر عدد من الفلاسفة في العصور الوسطى وأعطوا الأعمال المهنية اهتماماً كبيراً بوضع مخطط تأسيس كلية الزراعة في إنجلترا، وأما في أمريكا فقد تم إدخال الأعمال الزراعية والصناعية والتجارة في التعليم النظامي، وتحول الإقتصاد الأمريكي من إقتصاد زراعي إلى صناعي

وعقد المؤتمر العام لليونسكو عام ١٩٧٤م، في باريس في دورته الثامنة عشرة والخاصة بالتعليم المهني والتقني ، حيث أكدت على أنه لا بد من إدخال العنصر- المهني العملي للمناهج المدرسية، ووصفت النظام التعليمي الذي يغفل العنصر- المهني في مناهجه بأنه نظام تربوي قاصر وغير متوازن. وصدرت التشريعات المعدلة للتعليم المهني بتاريخ ١٩٧٦م. والتي تبين مسوغات إدخال التربية المهنية إلى مناهج التعليم الأساسي:

١- المساهمة في الحد من مشكلة عزوف التلاميذ عن الالتحاق ببرامج التعليم المهني.

٢- المساهمة في الحد من النظرة الاجتماعية (الدونية) نحو العمل المهني واليدوي.

٣- المساهمة في تلبية حاجات الأفراد والمجتمعات التي يعيش فيها أو يشكلها هؤلاء الأفراد.

٤- كون التربية المهنية تعتبر اللبنة الأساسية للتعليم المهني بما تحتويه من مدى واسع من مهارات مجالات التعليم المهني المختلفة.

٥- أهمية تعرض التلاميذ في سني تعليمهم الأولى إلى خبرات عملية لها مساس بخبراتهم الحياتية اليومية.

وتشير الكثير من وثائق اليونسكو عام (١٩٩٤م) إلى أن بلداناً متقدمة صناعياً مثل كوريا واليابان أدخلت التربية المهنية إلى مناهجها التعليمية في مرحلة التعليم الأساسي كمباحث مستقلة ، فتدرس بعض المقررات المهنية كمواد إجبارية بمسميات مختلفة مثل: الأعمال اليدوية في سنغافورة،والتربية الحرفية واليدوية في السويد،الأشغال اليدوية أو الفنون التطبيقية في كوريا ،المهارات اليدوية في هولندا،والأشغال اليدوية في اليابان.

- على المستوى العربي:

تعود جذور التعليم المهني إلى نهايات القرن التاسع عشر، ثم تطورت بانتشار المدارس التي تتكون من مرحلتين: الأولى لتعلم القراءة والكتابة، والثانية للمصانعة. وأنشئت أول مدرسة تقنيه ثانوية في الوطن العربي في مصر عام ١٨٨٠م ، وأنشئت مدرسة الفنون والحرف في بيروت عام ١٩٠٠م ، وكذلك أنشئت مدرسة واحدة تعنى بأعمال النجاره في الخليج العربي عام ١٩٣٦م. (الحيلة، ١٩٩٨م، ص١١-١٢).

ثم انتشرت مثل هذه المدارس في العديد من الدول واتبعت نظاماً مشابهاً لامتهان الحرف التجارية.

أما على المستوى المحلي :

فقد تراجع التعليم بصورة عامة خلال النصف الأول من القرن التاسع عشر في الدولة العثمانية بعامة، وبلاد الشام التي يعتبر الأردن جزءاً منها ، بخاصة ؛ حيث تعرضت للفتن، والتقلبات السياسية التي سبقت صدور التنظيمات العثمانية.

ولكن هذه النظرة تغيرت كثيراً بدخول محمد علي باشا إلى الشام(١٨٣٠-١٨٤٠)، حيث ازدهرت الحركة التعليمية ازدهاراً كبيراً، وفتحت المدارس الابتدائية، العامة والخاصة، وقام بمحاولة تطبيق ما يسمى بمحو الأمية بين الجند، وكانت هذه المدارس تقع في جوامع المدن والقرى وكنائسها، وفي عام ١٨٤٦م، صدر أول قانون إصلاح للتعليم الذي

يخول الدولة حق الإشراف على المدارس، وتكوين مجلس معارف، ينص على مجانية التعليم، وفتحت المزيد من المدارس في الأردن، وفي عام ١٨٦٩م صدر نظام المعارف العمومية وركزت مادة رقم (١١) على إلزامية التعليم، من سن السادسة إلى سن العاشرة للإناث، ومن السابعة إلى الحادية عشرة للذكور، وتشير (سالنامات) الدولة العثمانية كما جاء في نظام التعليم سنة ١٨٩٢م، إلى أنها كانت تهتم بتعليم مهني ضمن منهاجها، مثل مسك الدفاتر، وكان التعليم باللغة التركية يدار من قبل مدير المعارف المقيم في دمشق.

ثانياً: التعليم المهني والتربية المهنية في عهد الهاشميين

وعندما انتهى العهد العثماني بفتح جيوش الثورة العربية الكبرى لبلاد الشام، وأصبحت اللغة العربية هي اللغة الرسمية، وعندما دخل الأمير عبد الله بن الحسين عمان سنة ١٩٢١م، تأسست إمارة شرق الأردن وتشكلت أول إدارة مركزية للبلاد، وصدر نظام المعارف رقم (١) وازدادت أعداد المدارس حتى أصبحت ثلاثاً وخمسين مدرسة يرتاد العلم فيها (٤٨٠٠) أربعة آلاف وثمانمائة طالب وطالبة وفق أحدث المناهج، وحيث وجد أن الإمارة كانت تتبع نظام تعليم يقوم على إعداد الطالب للحياة وتربيته تربية مهنية، فقد كانت تدرس المحاسبة ومسك الدفاتر والزراعة للطلاب، كما كانت المناهج تتضمن مواد خاصة للإناث مثل: علم التمريض، وعلم تربية الطفل، وعلم تدبير المنزل، وكان دوام الطلبة على فترتين تخصص الفترة الأولى للمواد النظرية، وتخصص الفترة الثانية للتدريب العملي بمعدل ساعتين يومياً للمواد الأكاديمية والمهنية حيث تتضمن مواد التدريب العملي ما يلي:

الخياطة بالإبرة، والأناشيد، والتنسيل، ورسم خطوط وأشكال هندسية، وألعاب رياضية، ولقط (خياطة) ، وتفصيل الخياطة، ومحادثة في الإنجليزية، والتطريز فوق الملابس.

وقد صدر أول تشريع رسمي يحدد ملامح التعليم في الأردن بعامة والتعليم المهني بخاصة عام ١٩٣٩م، وظل العمل بنظام تشكيلات المعارف العمومية الذي كان معمولاً به في شرقي الأردن، وقسمت بموجبه المدارس إلى خمسة أنواع : مدارس القرى الأولية، مدارس أولية، ومدارس ابتدائية ، ومدارس ثانوية ، ومدارس اختصاصية وهي مدارس مهنية ،

وبذلك يكون نظام المعارف رقم (٢) لعام ١٩٣٩م، أول تشريع تربوي رسمي يشير إلى التعليم المهني. (الجريدة الرسمية لأمارة شرق الأردن،ع ٦٢٣،سنة١٩٣٩)

فمنذ عهد الاستقلال والقيادة الهاشمية تعطي دعمها الموصول لتطوير التربية والتعليم وتمثل التوجيهات الملكية السامية حاليا تحديثا للبرامج التربوية وحافزا للوزارة في إحداث نقلة نوعية بالتعليم تلائم عصر - المعلوماتية وتوظيف تكنولوجياتها بيسر - وفعالية وإبداع. فقد كان النظام التعليمي الأردني عند تأسيس الإمارة نظاما بسيطا ومحدودا، ثم أصبح عند استقلال المملكة في عام ١٩٤٦ يتكون من مدرسة ثانوية كاملة، وثلاث مدارس ثانوية متوسط، وعدد قليل من المدارس الأولية الابتدائية، وكانت جميعها تعد مرحلة تعليمية واحدة من عشر سنوات.

كما بدأت وزارة التربية والتعليم بتطبيق امتحان الشهادة الابتدائية ابتداء من العام الدراسي ١٩٤٤،/١٩٥٥ أصبحت المرحلة الإلزامية مؤلفة من ست سنوات من الدراسة الابتدائية بدلا من خمس، وتم لأول مرة تطبيق امتحان القبول لدخول الصف الأول الإعدادي الذي استمر حتى العام الدراسي ١٩٥٩/١٩٦٠م.

المؤتمر الوطني

ونتيجة لعقد المؤتمر الوطني الأول للتطوير التربوي في السادس من أيلول ١٩٨٧م وبعد مناقشات مستفيضة لتوصيات ذلك المؤتمر قرر مجلس التربية والتعليم في جلسته المنعقدة بتاريخ ١٩٨٧/٤/٢٢م أن يكون السلم التعليمي كما يأتي:

١- مرحلة رياض الأطفال ومدتها سنتان.

٢- مرحلة التعليم الأساسي ومدتها عشر سنوات.

٣- مرحلة التعليم الثانوي، ومدتها سنتان، وتتألف هذه المرحلة من مسارين:

أ. مسار التعليم الثانوي الشامل، الذي يقوم على قاعدة ثقافية عامة مشتركة، ودراسة متخصصة أكاديمية أو مهنية.

ب. مسار التعليم الثانوي التطبيقي الذي يقوم على الإعداد والتدريب المهني.

التعليم العام

منذ عام ١٩٥٣ شهدت المملكة نموا سريعا في التعليم، إذ ارتفع عدد مدارس المملكة ولجميع السلطات من (١٤١) مدرسة عام ١٩٥١/١٩٥٠م إلى (٤٩٩٩) مدرسة عام ٢٠٠١/٢٠٠٠ إلى ٥٣٤٨ مدرسة عام ٢٠٠٥، وارتفع عدد المعلمين والمعلمات من (٤٧٦) معلما ومعلمة عام ١٩٥١/١٩٥٠م إلى (٦٨٧٢٠) عام ٢٠٠١/٢٠٠٠، إلى ٨٣ ألف معلما ومعلمة عام ٢٠٠٥، وارتفع عدد الطلبة من (٢٤٥٥٦) عام ١٩٥١/١٩٥٠ إلى (١ر٤٣٠ر٨٤٦) عام ٢٠٠١/٢٠٠٠ والى ١ر٥٤٠ر٠٠٠ عام ٢٠٠٥.

نسبة الطلبة

وكانت نسبة الطلبة المسجلين في المدارس إلى عدد السكان من جميع الأعمار (٢ر٧%) عام ١٩٤٨/١٩٤٧م، ثم ارتفعت هذه النسبة إلى (٢١ر٢٤%) عام ١٩٦٧/١٩٦٦م، ثم الى (٣٠ر٧%) عام ١٩٧٧/١٩٧٦م، ثم إلى (٣٤ر٧٨%) عام ١٩٩٩/١٩٩٨م، وكانت نسبة عدد الطلبة المسجلين في المدارس من سن ٦-١٥ سنة إلى عدد السكان من فئة العمر نفسها (٢١ر٢%) عام ١٩٦١/١٩٦٠م، ثم ارتفعت إلى (٥٧ر٧%) عام ١٩٧٦/١٩٦٦، ثم إلى (٨٦ر٨%) عام ١٩٩٣/١٩٩٢م، ثم إلى (٩٨%) عام ١٩٩٩/١٩٩٨، وهو تقدم هائل يستحق التقدير والإعجاب.

التعليم الثانوي وعدد الطلبة

على الرغم من أن التعليم الإلزامي كان نهاية المرحلة الدراسية فيما يتعلق بـ (٨٨%) من خريجي تلك المرحلة في عام ١٩٦٧، إلا أن التوسع في التعليم الإلزامي أدى إلى إجهاد المراحل العليا من نظام التعليم، واخذ عدد من خريجي المرحلة الإعدادية يتقدمون لدخول المدارس الثانوية.

ففي عام ١٩٥٥/١٩٥٤م كان عدد طلبة المملكة لجميع السلطات وفي جميع المراحل التعليمية (٢١٥ر٧٨١) طالبا (٢٦ر٦٨٣) في المرحلة الثانوية، ويشكلون (١٢ر٣٦%) من مجموع الطلبة. وفي عام ١٩٧١/١٩٧٠م كان عدد طلبة المملكة لجميع السلطات وفي جميع المراحل (٢٦١ر٠٠١) منهم (٢٢ر٣١٢) طالبا في المرحلة الثانوية ويشكلون (٨ر٥٤%) من

مجموع الطلبة. وفي عام ١٩٨٩/١٩٨٨ بلغ عدد طلبة مدارس المملكة لجميع السلطات ولجميع المراحل (٩٠٦ر١٦٣) طالبا منهم (١٠٠ر٥٧٠) في المرحلة الثانوية ويشكلون (١١ر٠٩%) من مجموع طلبة المملكة. وفي عام ٢٠٠١/٢٠٠٠م بلغ عدد طلبة المملكة ولجميع السلطات (١ر٤٣٠ر٨٦٠) طالبا منهم (١٧٣٧٥٥) في المرحلة الثانوية)(أكاديمي + مهني) ويشكلون حوالي (١٢%) من مجموع طلبة المملكة.

لقد حقق الأردن في مجال التعليم وبفضل ما توافر لقطاع التعليم من اهتمام ورعاية إنجازات كمية ونوعية وضعت النظام التربوي في مكانة متقدمة دوليا فاقت ما يتوقع من العلاقة القائمة بين معدلات الإنفاق على التعليم من الموازنة أو كنسبة من الناتج المحلي الإجمالي وبين العائد على الاستثمار في التعليم مقاسا بمؤشرات كمية ونوعية معتمدة دوليا، حيث أشار تقرير الرصد العالمي للتعليم للجميع الصادر عن منظمة اليونسكو إلى إن الأردن احتل المركز الأول عربيا والمرتبة (٤٥) من بين (١٢٢) دولة عالميا. وتعمل الوزارة على توفير الدعم لبرنامج التطوير التربوي نحو اقتصاد المعرفة لضمان استمرار التنفيذ الناجح لهذا المشروع، الذي سيدفع باتجاه تطوير نوعية التعليم بما يحق رفع تنافسية قطاع التعليم ومواءمة مخرجات التعليم مع الاحتياجات من المهارات والمعارف المطلوبة من خلال الاستمرار في تطوير المناهج والكتب المدرسية وفق نتاجات التعلم الوطنية، وتم تأليف كتب الصفوف (١٠، ٨، ٤، ١)،كما استكملت الوزارة تأليف كتب الصفوف (١١، ٩، ٥، ٢)، ويتم تدريسها حاليا، وتنفذ وزارة التربية برامج موسعة لتدريب المعلمين مثل برامج الـ (ICDL) حيث تم تدريب (٦٥) ألف معلم ومعلمة و(٢٠) ألف على برنامج)(INTEL) و(٢٠٠٠) على برنامج (WORLD LINKS).

وتقوم الوزارة أيضا بابتعاث (١٢٠٠) معلم ومعلمة لنيل درجة الدبلوم العالي و(٥٠٠) لنيل درجة الماجستير و(٤٠) لنيل درجة الدكتوراة، وباشرت هذا العام أيضا بابتعاث (٣٠٠) طالب وطالبة ثانوية عامة من المتفوقين لنيل درجة البكالوريوس، وذلك لتنمية المعلمين مهنيا وإحداث تغيير في أساليب تقييم الطلبة نحو التحول التدريجي الى وصف نوعي لمستويات إتقان المهارات الأساسية، كما طورت الوزارة امتحان الثانوية العامة استحدثت فرع التعليم الصحي، واستكملت حوسبة التعليم، بما في ذلك توفير مختبرات

الحاسوب حيث تم ربط (٢٢٠٠) مختبر حاسوبي بمجموع (٧٠) ألف جهاز حاسوب، وتعميم موارد التعلم الالكتروني على جميع المدارس ورفع مستوى سرعة وصول المدارس والطلبة إلى مواد التعلم الالكتروني التي تم حوسبتها (الرياضيات، العلوم، اللغة العربية، الحاسوب، اللغة الإنجليزية)، وتجهيز المختبرات العلمية بما في ذلك توفير الأدوات التكنولوجية الداعمة لهذه المختبرات لتمكين الطلبة من امتلاك أساليب التجريب والاستقصاء والبحث العلمي، وستتوسع الوزارة تدريجيا وبناء على نتائج التقييم المستمر بمشروع المدارس الاستكشافية ضمن مبادرة التعليم الأردنية) لتغطي المدارس في أرجاء الوطن كافة، كما وشاركت وزارة التربية والتعليم بالدراسات الدولية.

وتنهض الوزارة وضمن مشروع تطوير التعليم لتوفير بيئات تعليمية مناسبة من خلال تشييد مبان مدرسية جديدة وذلك للتخلص التدريجي من الأبنية المستأجرة والأبنية ذات نظام الفترتين ولتلبية الطلب على التعليم نتيجة الزيادة السكانية للملتحقين الجدد في التعليم، وذلك تحقيقا لمبدأ التعليم النوعي للجميع، علما بأنه تم استلام ١٩ مدرسة ومن المتوقع استلام ٥٠ مدرسة خلال العام الحالي ٢٠٠٦ وتم إضافة ٣٠٠ غرفة صفية خلال عام ٢٠٠٥ ومن المتوقع إضافة ١٠٠٠ غرفة صفية خلال عام ٢٠٠٦ . ونعمل على التوسع تدريجيا بتوفير فرص التعليم ما قبل المدرسي مع التركيز بشكل خاص على المناطق الفقيرة والنائية وذلك باستحداث رياض الأطفال حيث تم استحداث حتى ألان ٢٨٤ روضة أطفال ٥٠ منها هذا العام ومن المتوقع استحداث ٥٠ روضة خلال العام، ٢٠٠٦ وذلك تحقيقا لمبدأ العدالة الاجتماعية والمساواة في التعليم كما ونوعا لتضييق الفجوة في التعليم والتحصيل اللاحق القائم بين المناطق، واستلهاما من أن الإصلاح لم يعد خيارا بل ضرورة حياتية للأردن الجديد ولضرورة تكريس الإصلاح مفهوما ونهجا، فان الوزارة ستعمل على تطوير حاكمية القطاع من خلال تبني إستراتيجية التعليم التي طورت بمشاركة مجتمعية واسعة، واستحداث وحدة في وزارة التربية والتعليم لتحليل السياسات والتخطيط الاستراتيجي، واستكمال نظام دعم القرار التربوي ،واستحداث برامج لتنمية القيادة بهدف ترشيد القرار التربوي ورفع الكفاءة الداخلية والخارجية للنظام التربوي بحيث يشكل ذلك

كله الإطار المؤسسي للتطوير التربوي المستدام الذي يودي إلى التناغم بين أهداف القطاع التربوي وحاجات التنمية الاقتصادية والاجتماعية.

لقد جاء إطلاق المشروع التربوي الطموح للوزارة لتطوير التعليم نحو الاقتصاد المعرفي بمرحلته الأولى للسنوات الخمس القادمة بكلفة إجمالية ٣٨٠ مليون دينار بمكوناته الأربعة:

- إعادة توجيه السياسة التربوية والأهداف الإستراتيجية التربوية من خلال الإصلاح الحكومي والإداري.

- تغيير البرامج والممارسات التربوية لتحقيق مخرجات تعليمية تنسجم مع الاقتصاد المعرفي (تصميم المنهاج وتطويره، تطوير التعليم المهني، والتدريب والتأهيل التربوي).

- دعم توفر بيئات التعليم المادية النوعية   الأبنية الجديدة .

- تعزيز الاستعداد للتعليم عن طريق تعليم الطفولة المبكرة   رياض الأطفال .

وقد قامت الوزارة ولأول مرة بإدخال منهاج رياض الأطفال الوطني للفصل الدراسي الماضي، وباشرت الوزارة بوضع خطة تنفيذية لتأليف الكتب الجديدة للصفوف الأول والرابع والثامن والعاشر التي ستدخل الى التدريس في العام الدراسي القادم ٢٠٠٥/٢٠٠٦.

وضمن هذا المشروع تقوم الوزارة حاليا بإنشاء ٢٠٠ بناء مدرسي جديد وتطوير المدارس القائمة من خلال إنشاء ١٠٠٠ غرفة صفية و٦٥٠ قاعة حاسوب و٣٥٠ مختبر علمي و٢٠٠ روضة أطفال وتطوير نموذج البناء المدرسي باعتماد مبدأ التصميم الخاص لكل موقع بما يتلاءم مع شكل وطبيعة الموقع وتزويد المدارس بصوبات تدفئة وإنشاء مباني رياض الأطفال في مدارس الإناث القائمة كذلك إضافة أجنحة رياض أطفال في المدارس الجديدة. وقامت الوزارة بإدخال الحاسوب إلى الغرفة الصفية كوسيلة تعليمية متطورة للارتقاء بالعملية التعليمية التعلمية وإتاحة الفرصة للطالب للحصول على المعرفة المتجددة ومواكبة المستجدات في مختلف المجالات إذ تم تزويد المدارس بما يزيد عن ٨٠ ألف جهاز حاسوب

وربط ما يزيد عن ألفي مدرسة بمنظومة تعلم الكتروني ومن المتوقع الوصول إلى ١٥٠ ألف جهاز مع نهاية عام ٢٠٠٨ بحيث تصل النسبة عدد الطلبة للأجهزة إلى ٦ طلاب لكل جهاز وتغيرت طريقة التدريس من الطريقة النمطية باستخدام اللوح والسبورة من قبل المعلم إلى التعليم النوعي الذي يساير الدول التي حققت قفزات نوعية بالعملية التربوية وفق مقاييس عالمية معروفة.. حيث جرى مراجعة لبرامج التعليم الثانوي الشامل بجميع فروعه ومساراته وتم تجديد البرامج والاستمرار في تنفيذ التجارب التطويرية كذلك يجري التحديث والتطوير في المناهج وحوسبتها والمضي في توفير أجهزة الحاسوب في جميع مدارس المملكة لتطوير قطاع تكنولوجيا المعلومات والبرمجيات لتعزيز مكانة الأردن كدولة تملك مقومات متقدمة ومتفوقة في عالم المعلوماتية.

كذلك حصلت الوزارة على شهادة الايزو ٩٠٠١ إصدار ٢٠٠٠ والذي يشير إلى أن النظام التربوي يسير بنجاح كبير على كافة المسارات التعليمية والإدارية خاصة وان الوزارة قد حصلت على شهادة الايزو ٩٠٠١ إصدار ٢٠٠٢/١/٢٤ كأول وزارة تربية وتعليم في الوطن العربي تحصل على هذه الشهادة.

وفي موضوع الاختبارات الوطنية لضبط نوعية التعليم فإن الوزارة ستجري اختبارات وطنية لضبط نوعية التعليم للصفوف الرابع والثامن والعاشر بهدف تحديد جوانب القوة والضعف في امتلاك الطلبة لمهارات التعليم الأساسية ولوضع الخطط العلاجية لمعالجة الضعف والخطط الاثرائية لتطوير جوانب القوة.

وتعطي الوزارة المعلم كل العناية والاهتمام فكان نظام رتب المعلمين وترقيتهم وتطوير العمل الإشرافي وتكامله مع الإدارة المدرسية واعتماد التدريب الذاتي المستمر والتدريب عن بعد والربط بين برامج التدريب والنمو المهني والعمل على تنمية التعامل مع الحاسوب للهيئات التدريسية والإدارية والوصول إلى مستويات مقبولة باللغة الإنجليزية. كما أن عمليات التحديث والتطوير مستمرة في المناهج والكتب المدرسية وتولي الوزارة هذا الجانب عناية حثيثة للنهوض بمستوى تعلم اللغة العربية ومهاراتها وإدخال أساليب متطورة في تدريسها والتوسع في تعليم اللغات الأجنبية الحية وبخاصة الإنجليزية والفرنسية

وترسيخ المنهج الإبداعي الذي يعنى بصياغة ثقافة المجتمع وتعزيز مفاهيم العمل التعاوني والحس المشترك بالمسؤولية وتكريم الفرد كذلك تعزيز المنحى العلمي والعملي في المناهج والكتب المدرسية.

وفي إطار تكنولوجيا المعلومات واستخداماتها في المدارس فإن الوزارة تبذل جهودا حثيثة لإحداث المزيد من التطور النوعي للعملية التعليمية والتي تخدم احتياجات الطلبة والمعلمين، فقد قامت الوزارة بإطلاق مشروع شبكة الألياف الضوئية حيث سيتم بناء شبكة من الألياف الضوئية المتميزة بسرعة عالية وتجهيزها لاستخدام هذه الشبكة لتصبح بذلك من أكثر شبكات التعليم تطورا في العالم وستوفر هذه الشبكة القدرة على الاتصال بحوالي مليون ونصف من الطلبة مع نهاية العام الحالي ٢٠٠٦ وتقديم المناهج المحوسبة الكترونيا من خلال نظام إدارة التعليم الأردني والتي تم تصميمها من قبل الشركة الأردنية المنهاج العاملة في مجال تكنولوجيا المعلومات.

اقتصاد المعرفة

أطلقت وزارة التربية والتعليم بمبادرة من جلالة الملك عبدالله الثاني برنامج تطوير التعليم من أجل اقتصاد المعرفة الذي سينقل النظام التربوي في الأردن إلى مرحلة جديدة ستكون نموذجا للشرق الأوسط، عنوانها تنمية موارد بشرية ذات نوعية وتنافسية توفر لجميع الأردنيين فرص تعلم مستمر مدى الحياة تناسب احتياجاتهم الحالية والمستقبلية، كي يتم تحفيز التنمية الاجتماعية والاقتصادية واستدامتها من خلال مجتمع متعلم وقوى عاملة عالية المهارة.وستنفذ الوزارة البرنامج بالتعاون والتنسيق مع الجهات الدولية والإقليمية المانحة بكلفة تقدر بنحو (٣٨٠) مليون دولار.

التعليم الإلكتروني

فتح الانتشار السريع لتكنولوجيا المعلومات والكمبيوتر في المدارس الحكومية، أمام الطلبة آفاقاً رحبة للإبداع بمبادرة من جلالة الملك عبدالله الثاني الذي تابع بنفسه المدارس التي طبقت فيها مبادرة التعليم الإلكتروني من بين أكثر من ألفي مدرسة أخرى في المملكة.

معطف لكل طفل

أما الطفولة فكان لها شأن خاص لدى من منح وقته وجهده ليؤمن حياة أفضل لهم عندما واصل جلالة الملك عبدالله الثاني وجلالة الملكة رانيا العبد الله حملة معطف الشتاء على نفقته الخاصة ليوفر الدفء لـ ٧٠٠ ألف طالب وطالبة. والحملة بدأت عندما وصل جلالتاهما إلى مدرسة الزيود الأساسية في منطقة بدر الجديدة ووزعا على طلابها المعطف لتقيهم برد الشتاء كخطوة لمعالجة افتقار هذه المدارس إلى التدفئة .

رياض الأطفال

حقق مشروع تطوير التعليم من أجل الاقتصاد المعرفي توسعا نوعيا في مجال رياض الأطفال الذي يتماشى مع خطط وزارة التربية والتعليم المنسجمة مع مبادرة جلالة الملك عبدا لله الثاني لتطوير التعليم في مرحلة الطفولة المبكرة. ويهدف المشروع إلى رفع الكفاءة المؤسسية منذ عهد الاستقلال والقيادة الهاشمية تعطي دعمها الموصول لتطوير التربية والتعلية وتمثل التوجيهات الملكية السامية حاليا تحديثا للبرامج التربوية وحافزا للوزارة في إحداث نقلة نوعية بالتعليم تلائم عصر المعلوماتية وتوظيف تكنولوجياتها بيسر وفعالية وإبداع.

وتعطي الوزارة المعلم كل العناية والاهتمام فكان نظام رتب المعلمين وترقيتهم وتطوير العمل الإشرافي وتكامله مع الإدارة المدرسية واعتماد التدريب الذاتي المستمر والتدريب عن بعد والربط بين برامج التدريب والنمو المهني والعمل على تنمية التعامل مع الحاسوب للهيئات التدريسية والإدارية والوصول إلى مستويات مقبولة باللغة الإنجليزية.

حوسبة المختبرات

مضت وزارة التربية والتعليم في ترجمة توجيهات جلالة الملك عبدالله الثاني بهدف تطوير التعليم المبنى على اقتصاد المعرفة وإدخال وتوظيف تكنولوجيا العصر في كافة المرافق التعليمية في المملكة.

وأخذت على عاتقها إدخال الحاسوب إلى كافة مدارس المملكة وبدأت بتطبيق برنامج متطور ورائد لتدريب العاملين في كل من مركز الوزارة ومديريات التربية والتعليم والمدارس التابعة لها على استخدام الحاسوب التعليمي في العملية التربوية.

مشروع تزويد طلبة المدارس بالفيتامينات

استجابة للتوجيهات الملكية السامية، فقد بادر كل من صندوق الملك عبد الله الثاني للتنمية واتحاد منتجي الأدوية في الأردن إلى تنفيذ هذه المبادرة، حيث تحمل صندوق الملك عبدالله الثاني للتنمية تكاليف الاستيراد والشراء المحلي لمدخلات الإنتاج للفيتامينات المراد تصنيعها محليا بالكامل، بينما ستقوم شركات الصناعات الدوائية المحلية ضمن اتحاد منتجي الأدوية بتنفيذ عمليات إنتاج الفيتامينات مجانا. وقد تمت المباشرة بعمليات الاستيراد عن طريق الشركات الدوائية الأردنية.

مشروع تغذية أطفال المدارس

استمرارا لسياسة وزارة التربية والتعليم في تنفيذ التوجيهات الملكية والمتمثلة بالاهتمام لكل ما من شأنه رفع سوية العمليه التربوية تبنت الوزارة بالتعاون مع وزارة التخطيط مشروع تغذية أطفال المدارس الحكومية في المناطق الأقل حظا، والذي تم البدء بتنفيذه اعتبارا من شهر أيار ١٩٩٩ وعلى عدة مراحل حتى نهاية الفصل الثاني من العام الدراسي ٢٠٠٤-٢٠٠٥ حيث ركز المشروع على المناطق النائية والواقعة ضمن مناطق جيوب الفقر، وتم التوسع بالمشروع تدريجيا الى أن وصل حاليا في تغطية ٢٢٥ ألف طالب وطالبة وصولا لتغطية جميع طلبة المرحلة الأساسية.

فالمتتبع لتطور التربية والتعليم في الأردن يجد أن النهضة التعليمية التي حققها في العقود التسعة الماضية خصوصاً هي من أهم المنجزات الحضارية التي شهدها هذا البلد، وتعود هذه النهضة إلى تصميم جلالة الملك الحسين طيب الله ثراه ، وجلالة الملك عبد الله الثاني بن الحسين على الجد والعمل، وكفاح الطيبين من أبنائه بفضل القرارات السياسية المتخذة في ضوء هذا التصميم، وخلفه في القيادة عبد الله الثاني بن الحسين الذي جاءت

رؤياه الملكية بجعل الأردن مركزاً للمعلومات والتكنولوجيا والاقتصاد المبني على المعرفة.(وزارة التربية والتعليم،٢٠٠٥)

ثالثاً: مكانة التعليم المهني والتربية المهنية في الفلسفات التربوية المختلفة

تكشف الكثير من الدراسات عن طبيعة الاهتمام التي أولته الحضارات المختلفة للتعليم المهني والتربية المهنية، وفي هذا الصدد يذكر المصري (١٩٩٥) أنه حينما كان المجتمع اليوناني مؤلفاً من طبقة أسياد وعبيد، وكان العمل المهني صناعياً وزراعياً مقصوراً على طبقة العبيد، ولا ننسى، هنا، أن أفلاطون ، والذي ولد من رحم الحضارة اليونانية، قد أكد في جمهوريته على الفصل بين العلم الفكري والعمل اليدوي بصورة ما تزال حتى يومنا هذا نعاني من آثارها.

وفي المجتمعات الوسيطة كان العمل المهني ينظر له نظرة دونية، وكما هو الحال في المجتمع اليوناني فان الطبقات الحاكمة في المجتمعات الوسيطة كانت تعتبر العمل المهني شغل الطبقات الدنيا. وحتى في أوروبا لم يكون للعمل المهني قيمة يعتد بها.

لكن بعد أن استولت طبقة الصناع على مقاليد الأمور الاقتصادية فقد أخذت الأمور بالتبدل فأخذ نجم أرباب المهن بالصعود وأصبح للمهن والعاملين بها مكانة لم تكن من قبل. واكب ذلك التقدم الصناعي والتجاري تزايد احترام العمل والعاملين في المهن. (عاقل، ١٩٨٣)

وفي الحضارة العربية، نتحدث عن حقبتين هامتين في تاريخ الحضارة العربية (قبل مجيء الإسلام، وبعده) ، في الحقبة الأولى (قبل مجيء الإسلام)، وفي بعض المجتمعات العربية، كان الإنسان العربي يترفع عن ممارسة الأعمال والحرف اليدوية والصناعية. وكان العربي ينظر نظرة دونية للمهن ويعتبر تعلمها خاصاً بأبناء العبيد أو الموالي أو الأفراد من عير أبناء هذه القبائل. أي أن النظرة الدونية لدى بعض المجتمعات العربية ترجع إلى جذور الثقافة الأفلاطونية على الرغم من أن النظريات الفلسفية القديمة منها والحديثة تفاوتت في تحديدها لطبيعة العلاقة بين العمل والعلم، فإنه وحسب التل وزملائه (١٩٩٣) يمكن التعرف إلى مكانة التربية المهنية في أي نظام تربوي من خلال ترجمة هذا النظام لمفهوم التربية نصاً

وروحاً. وفي هذا السياق يشير المصري (٢٠٠٢) إلى أن بعض الفلسفات التربوي أبرزت دور العقل والمعرفة النظرية دون إيلاء أي اهتمام بالجانب التطبيقي، في حين أبرزت فلسفات أخرى أهمية البعد التطبيقي كمصدر للمعرفة. وهذا لا يتنافى مع ما أشار إليه ابن مسكويه حسب المصري (٢٠٠٢)، في كتاب (تهذيب الأخلاق) "أن للكمال الإنساني جانبين رئيسين هما: قدرة المعرفة وقدرة العمل".

في ضوء ما تقدم يتضح لنا أن النظرة إلى المهن والعاملين فيها والتعليم المهني والتربية المهنية قد تختلف باختلاف طريقة فهمنا لأهمية المهن والتعليم المهني والتربية المهنية، ويمتد ذلك إلى طريقة فهم الحضارات والفلسفات المختلفة بالإضافة إلى العصور التي مر بها الإنسان. وبالتالي فإن نظرة الفلاسفة لمفهوم التربية، والتي تعتبر التربية المهنية جانباً من جوانبها الهامة. ويعزز ذلك ما يشير إليه بعض الفلاسفة والتربويون بأن ما يرمي إليه مفهوم التربية المهنية لا يبتعد عما يرمي إليه مفهوم التربية بشكل عام (أبو سل: ١٩٩٨، الحيلة:١٩٩٨)

أن أهمية التربية المهنية تؤكدها، بشكل أو بآخر، أدبيات العديد من الفلسفات التربوية. وفيما يلي وصف لما أشارت إليه مضامين بعض الفلسفات التربوي المعروفة وأدبياتها.

الفلسفة الطبيعية:

يرى أنصار الفلسفة الطبيعية أن الطفل يولد ولديه بعض القدرات الفردية التي يجب أن تحترم وتنمى بعيداً عن تأثير المجتمع والناس. وعليه فان أصحاب هذه الفلسفة (أمثال جان جاك روسو) يرون أنه من الواجب ترك الطفل ليتعلم من خلال ما يقوم به بنفسه عن طريق الخبرة لا الكتب فقط. ويشير الرشدان والجعنيني (١٩٩٤) إلى اهتمام الفلسفة الطبيعية بالتعليم المهني والحرف المختلفة والتربية المهنية.

الفلسفة البراجماتية:

(أو ما تعرف أحياناً بالفلسفة التجريبية أو العملية أو الأدائية) يؤمن البراجماتيون وعلى رأسهم جون ديوي بأن التربية هي"الحياة" وليست مجرد "إعداد المرء للحياة" كما جاء

في تعريف هربرت سبنسر، وقد أكد ديوي على أن "التجربة مهما كانت متواضعة فهي قادرة على توليد النظرية، ولكن النظرية غير المقرونة بالتجربة لا يمكن فهمها بدقة " وذلك دليل على أهمية العمل المهني في التعليم العام وأن التربية التي تشكل التربية جزءا من المفهوم الشمولي لها، هي ليست إعداداً للحياة فقط بل هي الحياة نفسها. وكذلك يؤمن البراجماتيون بأنه من واجب المؤسسات التربوية أن توظف المواقف الحياتية لخدمة المواقف التعليمية في العملية التربوية. ونجد أصحاب الفلسفة البراجماتية أكثر وضوحاً في تأكيدهم لأهمية التربية المهنية من خلال إيمانهم بمبدأ التعلم بواسطة العمل (Learning By Doing) ، والذي تقره أبجديات فلسفة التربية المهنية (نصرالله،١٩٩٦)

من ناحية أخرى فإن تعبير براجماتية مشتق في أصله من الكلمة اليونانية (Paragma) والتي تعني العمل ، مما يؤدي أن الفلسفة البراجماتية، لغة واصطلاحاً، تعنى بمضامين التربية المهنية.

الفلسفة الاشتراكية (الجماعية):

اهتمت الفلسفة الاشتراكية بالعلم والتكنولوجيا وأهمية توظيفها لخدمة الجماعة. وانعكس ذلك على اهتمام أنصار الفلسفة الاشتراكية بمسار التعليم المهني إلى جانب التعليم الأكاديمي، وامتد هذا الاهتمام إلى التأكيد على أهمية توظيف مخرجات التعليم المهني لخدمة العمل المادي المنتج النافع اجتماعياً. ولعله من المفيد الإشارة إلى أن الفلسفة الاشتراكية اعتبرت العلم القيمة الرئيسة التي يستمد منها المجتمع هويته، وبالتالي يمكن الحكم على تقدم أي مجتمع من المجتمعات بقدر اهتمامه بالعلم المهني والذي يشكل التعليم المهني أهم مرتكزاته.

وهذا يعكس بالتالي طبيعة النظرة الإيجابية التي تعطيها الفلسفة الاشتراكية للتعليم المهني، إلا أنها تعتبر نظرة متطرفة في الإيجابية (المرسي، ١٩٩٩)

الفلسفة الرأسمالية (الفردية):

على الرغم من أن الفلسفة الرأسمالية جاءت، بتركيزها على الفرد، رداً على أفكار الفلسفة الاشتراكية وما جاءت به من أفكار، إلا أنها لم تقلل من أهمية الجوانب التطبيقية والمهارات العملية في العملية التربوية. كذلك اعتبرت اهتم التي تتطلبها مجتمعاتهم.

امها بالمهارات المهنية من السمات الرئيسة التي يجب أن تمتاز بها الفلسفة الرأسمالية. وأمتد هذا الاهتمام إلى تأكيد الرأسماليين على ضرورة الربط بين الجوانب التطبيقية والأساس النظري في العلمية التربوية بشكل عام (ناصر، ١٩٩٩)

الفلسفة الإسلامية:

لقد اهتمت الفلسفة الإسلامية بمكانة العمل والعاملين في المهن، لأنها تهتم بتكامل المعرفة النظرية والعملية في آن معاً. واهتمت الفلسفة الإسلامية أيضاً بالتربية المتكاملة للإنسان من خلال تزويده بكل أسباب النجاح، من خلال العلم النافع والعلم المفيد.

من هنا يأتي تأكيد الفلسفة الإسلامية على أهمية العمل حيث وضعته في منزلة العبادات ، فقد أشار القرآن الكريم الى أن معظم الأنبياء عليهم السلام قد عملوا في رعاية الغنم، وعمل نوح في بناء السفن، "واصنع الفلك باعيننا " (سورة هود، آية ٣٧) ، وأما داوود فقد كان حداداً يصنع الأسلحة والقدور والأدوات المنزلية ، " أن اعمل سابغات وقدر في السرد " (سورة سبأ، آية ١١) ، "يعملون له ما يشاء من محاريب وتماثيل وجفان كالجواب وقدور راسيات" (سورة سبأ، آية ١٣) ، وإدريس كان خياطاً " وعلمناه صنعة لبوس لكم لتحصنكم من بأسكم فهل أنتم شاكرون " (سورة الانبياء، آية ٨٠).

وأما ذو القرنين فقد عمل في بناء السدود " إن يأجوج ومأجوج مفسدون في الأرض فهل نجعل لك خرجاً على أن تجعل بيننا وبينهم سداً" (سورة الكهف، آية ٩٤) ، ويعتبر يوسف عليه السلام خبير الإدارة والتخطيط الاقتصادي " تزرعون سبع سنين دأباً فما حصدتم فذروه في سنبله إلا قليلاً مما تحصنون ، ثم يأتي من بعد ذلك سبع شداد يأكلن ما قدمتم لهن إلا قليلاً مما تحصنون ، ثم يأتي من بعد ذلك عام فيه يغاث الناس وفيه يعصرون" (سورة

يوسف، آية ٤٧-٤٩)، وأما خاتم الأنبياء والمرسلين صلى الله علية وسلم فقد عمل في التجارة ورعاية الغنم .

وقد أكدت الأحاديث النبوية الشريفة على أهمية العمل. يقول الرسول صلى الله عليه وسلم: " ما أكل أحد طعاماً قط خيراً من أن يأكل من عمل يديه، وأن نبي الله داوود كان يأكل من عمل يديه".

ولقد جاءت الكثير من الآيات الكريمة والأحاديث النبوية الشريفة لتعزز الاهتمام بالتعليم المهني والتربية المهنية والمهن التي تتطلبها مجتمعاتهم ،وتوجه الأمة للعناية بهما.

فقد روي عن سيدنا عمر بن الخطاب رضي الله عنه أنه قال: " أرى الرجل فيعجبني ، فأقول هل له من حرفة، فإن قيل لا ، سقط من عيني". هذا بالإضافة إلى الآراء الإيجابية للكثير من فلاسفة المسلمين وعلمائهم في هذا الصدد .

أما ابن خلدون فقد أوضح في مقدمته أهمية اقتران العمل بالفكر حيث استهل الفصل السادس عشر بقوله "إن الصنائع لا بد لها من العلم"، " الصنائع أبدا يحصل عنها وعن ملكتها قانون علمي مستفاد من تلك الملكة فلهذا ،كانت الحنكة في التجربة تفيد عقلاً"، وأما الغزالي فقد أشار في كتابه (أيها الولد) "اعلم أيها الولد المحب أن العلم بلا عمل جنون والعمل بغير علم لا يكون "

وإلى أبعد من ذلك ذهب بعض دعاة التصوف، حيث يشير أبو سل (١٩٩٠) إلى ما أورده يوسف القرضاوي في كتابه " مشكلة الفقر وكيف عالجها الإسلام" أن الشيخ الشعراني فضل الصناع على العباد لأن نفع وفضل العبادة – حسب رأي الشعراني- يعود على من يقوم بالعبادة لوحده فقط، بينما الصناعة فإن نفعها وفضلها يعود على من يقوم بها وعلى الناس عامة. (أبو سل، ١٩٩٠، المصري:١٩٩٤، رواقه:١٩٩٤).

وينوه الطويسي نقلاً عن الزغلول (٢٠٠١) إلى انه عندما دخل العرب إلى الأندلس أدخلت الكثير من المهن والصنائع مثل الزراعة، صناعة المنسوجات والملابس، صناعة السفن ، والأساطيل البحرية ، وصناعة الزجاج وصناعة المجوهرات.

يستنتج مما سبق بأن الفلسفة الإسلامية تعتبر أن التربية تربط الفرد بالتنمية الشاملة لمجتمعه. كذلك ربطت الفلسفة الإسلامية بين التربية المهنية والكسب الشريف.

ويمتد اهتمام الحضارة الإسلامية والعربية بالتعليم المهني إلى مضامين هامة في مستوى إجادة المهارات المهنية المختلفة. حيث تم ترجمة هذا الاهتمام من خلال وضع ست مراتب يتدرج فيها المهني أو الحرفي حسب درجة أدائه واتقانه لحرفة أو مهنة ما. وجاء هذا التصنيف على الشكل التالي:

١- مرتبة المبتدئ: وهي مرحلة الدخول في المهنة.

٢- مرتبة صانع: وهي مرحلة التلمذة المهنية.

٣- مرتبة الخليفة: وهي المرحلة التي يكون فيها المتعلم أن يعلم الآخرين على كفايات نفس المهنة التي تعلمها.

٤- مرتبة المعلم: وهي المرحلة التي يصل فيها المتعلم إلى مرحلة إتقان المهنة أو الحرفة التي تعلمها.

٥- مرتبة النقيب: وهي المرحلة التي يصل فيها المتعلم إلى مرحلة إتقان المهنة أو الحرفة التي تعلمها، ويجتهد في كسب المزيد من المهارات الدقيقة فيها.

٦- مرتبة الشيخ أو الرئيس: وهي المرحلة التي يصل فيها المتعلم إلى مستوى التميز علماً وخلقاً في مهنة ما.

وكان لمثل هذا التصنيف الأثر الكبير في حث الفرد المسلم ليس فقط على تعلم المهن بل تعزيز المهارات والقدرات التي ستسهم دون أدنى شك في بناء شخصية متكاملة، مما سيؤدي إلى تقدم هذه الحرف والمهن. (الطويسي، ٢٠٠٤)

أما في الحضارة العربية الحديثة، فقد جرت الأمور مجرى مشابها للغرب. ولكن النهضة العربية الحديثة وظهور التصنيع في البلاد العربية أدى إلى تزايد الاهتمام بالمهن وحمل المجتمع العربي على تقبل الأفكار الغربية الحديثة في هذا الصدد.

وعليه فقط أخذت النظرة الدونية، نحو العمل والتعليم المهني، بالتغير وأصبح هناك شيء من الاحترام للمهن والعاملين بها. وليس أدل على ذلك من التطور الذي تشهده الأنظمة التربوية العربية في مجال التعليم والتدريب المهني.

وربما كان هذا الاهتمام بالتعليم المهني ناجم عن القناعة التي تولدت لدى المجتمعات العربية، والتي تؤكد أهمية التعليم المهني في التنمية الاقتصادية والاجتماعية. فالتعليم المهني يهتم بمحور أساس في عملية التنمية، وهو الإنسان، من خلال إعداد الفرد المؤهل الكفء، القادر على الإسهام في نجاح خطط التنمية الشاملة. وهكذا فانه يمكن القول أن على الأنظمة التربوية العربية النظر إلى التعليم المهني على انه استثمار أساسي لا يمكن الاستغناء عنه أو استثناؤه بأي شكل من الأشكال، وخلاصة القول فان المكانة التي يحتلها العلم والتعليم المهني في أي مجتمع من المجتمعات ترتبط بشكل أو بآخر بالمكانة التي يحتلها العمل المهني في نظام القيم السائدة لدى ذلك المجتمع. فمثلاً إذا كانت اتجاهات مجتمع ما سلبية تجاه العمل المهني فان هذه الاتجاهات ستنعكس سلباً على المكانة التي يحتلها التعليم المهني والتربية المهنية في النظام التعليمي لذلك المجتمع والعكس صحيح (المصري: ١٩٩٤، رواقه:١٩٩٤)

رابعاً : علاقة التعليم المهني بالتعليم العام

بالرغم من التعاليم التي جاءت بها الأديان السماوية، مثل المسيحية والإسلام، والتي كانت بمثابة ثورة على التفرقة الجائرة بين الفكر والعمل، وبالرغم مما نادت به من تعزيز لمكانة العمل اليدوي كمنبع للوجود الإنساني. أضف إلى ذلك ما جاءت به نتائج العديد من دراسات المفكرين التربويين، حديثاً، أمثال (بستالوزي، فروبل، وديوي)، حول أهمية العمل اليدوي كأساس ومصدر للعمل الفكري. على الرغم من كل ذلك، إلا أن الدعوات استمرت إلى الفصل بين العمل الفكري والعمل اليدوي. وكان ذلك عاملاً مؤثراً في نهج العديد من الأنظمة التربوية في العالم، وطريقة تعاملها مع مسارات التعليم لديها(مدانات، ١٩٨٦).

أما تاريخياً، واستناداً إلى ما تمت الإشارة إليه سابقاً، فان فكرة الفصل بين التعليم المهني والتعليم العام تعود في أصلها إلى اليونانيين الذين صنفوا المجتمع إلى طبقة أسياد وعبيد. ومن رحم هذا المجتمع جاءت الثقافة الأفلاطونية التي أغفلت أهمية التجربة والعمل التطبيقي في نمو الإنسان. يشير سلامة (١٩٩٤) نقلا عن المصري (١٩٨٧) إلى أن Whitehead (وايتهيد) يعتبر أن مجرد الفصل بين التعليم العام والمهني هو أحد الجوانب السلبية للثقافة الأفلاطونية . وكذلك نجده (Whitehead) لا يتحرج من توجيه النقد لآراء أرسطو التي تفترض بأن هناك انفصالاً بين المهارة والإدراك.

لقد أصبح التعليم الثانوي جزءاً هاماً في السلم التعليمي للأنظمة التربوية عالمياً. لكن انتشار هذا المستوى من التعليم افرز في البدايات مشكلات عديدة، من أهمها ما يتصل بطبيعة العلاقة بين التعليم المهني والتعليم العام. فقد بدأت تظهر مشكلة سيادة الصبغة النظرية على مناهج تلك المرحلة التعليمية. مما وضع وعلى غير المتوقع خريجي هذا المسار التعليمي في حرج، تمثل في عجز أولئك الذين لم تتح لهم فرصة الالتحاق بالتعليم الجامعي عن الالتحاق مباشرة بسوق العمل، والذي يحتاج إلى خريجين مؤهلين بمهارات وخبرات معينة (عاشور،١٩٧٩).

لذلك كله فقد تبنت العديد من الأنظمة التربوية أنماطاً من الإصلاح التربوي تمركزت بعضها حول دمج الدراسة المهنية في التعليم الثانوي العام، وبدءاً من المرحلة الأساسية. وفي هذا السياق يشير سلامة (١٩٩٤) أنه يمكن تحديد مكانة العمل المهني على ضوء العلاقة بين التعليم المهني والتعليم العام. وبناء عليه فقد أشار سلامة إلى نمطين رئيسيين لما يمكن أن تكون عليه طبيعة هذه العلاقة بين التعليم المهني والتعلم العام، وهما:

- **العلاقة الاندماجية:** (Association through integration) حيث تشمل الأهداف العامة للتربية ، أهداف التعليم والإعداد المهني.

- **العلاقة الإنفصالية** (Association through separation) حيث يكون للتعليم والإعداد المهني أهدافه الخاصة بشكل تبدو أكثر تفصيلاً وبمكانة مساوية أو غير

مساوية لمكانة التعليم العام، ونعني بغير مساوية، أي أن مكانة التعليم المهني قد تكون متدنية نسبياً عند قياسها بالتعليم العام.

وعلى الرغم من الاعتراف بوجود مثل هذين النمطين لطبيعة العلاقة بين التعليم المهني والتعليم العام، يجب أن لا ننسى ـ أن تكامل التعليم العام والتعليم المهني ليست عملية جزئية بل هي نظرة وفلسفة متكاملة للنظام لتعليمي. وهذا كله يعيد التوازن إلى التعليم بهدف تخليصه من ثنائية مصطنعة.

يمكن مما تقدم أن نستنتج أن المهن والتعليم المهني كانت تارة تحتل مكانة متدنية وتارة أخرى تحتل مكانة مرموقة بين العناصر التي بمجموعها تكون العملية التعليمية التعلمية في الثقافات المختلفة.

أما في الأدب التربوي الحديث فقد ظهرت عناصر التعليم المهني والتطبيقي بما فيها التربية المهنية كعناصر مهمة وهامة في العملية التعليمية التعلمية ولم يأت ذلك الاهتمام من فراغ، ففي أوروبا الشرقية وفي الثقافة الماركسية بالذات اعتبر العمل المهني القيمة الرئيسة والتي يستمد منها المجتمع هويته وسبل تطوره.

وفيما يتعلق بالتربية المهنية فيشير الأدب التربوي في السنوات الأخيرة إلى تنامي اهتمام الباحثين بها سواء بمعناها الخاص أو العام. حيث أكد جرادات (١٩٩٥) أن التربية المهنية من الموضوعات التي لاقت اهتماماً قطرياً وإقليمياً وعالمياً. ويضيف جرادات، أنه يجب أن تلقى التربية المهنية، من جهة اهتماما يوازي اهتمامها بتنمية المهارات العملية والتكنولوجية لدى الأفراد واهتمامها بصقل هذه المهارات وتهيئتها لمستويات أعلى من الأداء والتطبيق، ويوازي اعتبارها كقاعدة أساسية في الإعداد المهني والتكنولوجي، من جهة أخرى.

الفصل الثاني
بنية النظام التربوي

أولا : بنية النظام التربوي الأردني في ظل الاقتصاد المعرفي

ثانيا : بنية النظام التربوي العام

ثالثا : بنية التربية المهنية في مرحلة التعليم الأساسي

الفصل الثاني

بنية النظام التربوي

أولاً : بنية النظام التربوي الأردني في ظل الاقتصاد المعرفي

مقدمة

يسعى الأردن من خلال رؤية صاحب الجلالة الملك عبد الله الثاني ، إلى التقدم بعزم نحو توظيف التكنولوجيا في التعليم وتهيئة جيل من المتعلمين القادرين على التعامل مع تكنولوجيا المعلومات والاتصالات (ICT) وتوظيفها بوعي عميق لأهميتها ، وتأتي الرؤية الجديدة لتطور التعليم نحو الاقتصاد المعرفي (ERfKE) في الأردن استجابة لهذا التحدي ، مما سيجعل الأردن مركزاً لنقل تكنولوجيا المعلومات (ICT) في الشرق الأوسط . ولتحقيق ذلك فإن مشروع التطوير (ERfKE) يسعى إلى وضع الطالب في محور العملية التعليمية التعلمية ؛ حيث سيتم التركيز على تطوره بوصفه شخصاً مسؤولاً ، ومواطن الاقتصاد المعرفي في المستقبل ، وسيتحقق ذلك من خلال التركيز على توفير الخبرة اللازمة في المدرسة ، القادرة على تطوير كفاءة كل طالب وطالبة للفهم والتعلم مدى الحياة ، إذ نتجاوز بذلك حدود حفظ المعلومات إلى تنمية القدرة على تطبيق المعرفة ، وتنمية روح الإبداع ، والتواؤم مع معطيات العصر في عالم متغير .

وتدعو الرؤية الأردنية المنبثقة من رؤية جلالة الملك عبد الله الثاني إلى " التنمية المستدامة " حيث تم تطوير هذا المفهوم من خلال (ERfKE) ليعمل الناس على تطوير الأفكار الجيدة وتطبيقها ، فبدلاً من الاعتماد على مصادر الطبيعة ، وبيعها للآخرين في صورتها الأولية - مثلا – فإنه يجب ابتكار منتجات جديدة توظف لخدمة الوطن ، ويمكن تسويقها في الخارج .

ولا تقتصر الرؤية للاقتصاد المعرفي على جانب واحد بل تتجاوز ذلك إلى سائر جوانب الحياة ؛ ففي الزراعة -مثلا- يمكن للعلماء أن يطوروا أنواعا جديدة من

المزروعات أو المواشي لما فيه خدمة الأردن . وبعد ذلك يمكن بيع التقنيات أو المنتجات المطورة إلى بلد آخر . إن مثل هذا التوجه سيمكن فئات اجتماعية عديدة من الانخراط في مثل هذا المشروع على نحو متكامل ، فالعالم يعمل في المختبر ، بينما يجرب المزارع الأنواع الجديدة، ويتولى المسؤولون تسويقها في الأسواق العالمية .

ويحتاج تحقيق هذه الرؤية إلى أن يتغير دور المدرسة، بحيث يتم التركيز على تدريس مهارات العمل الجماعي ، وصنع القرار ، والبحث المستقل ، ومن ثم إعداد الطالب للقيام بدوره في الاقتصاد المعرفي ، فعندما تركز المدرسة على المرونة والابتكار واحترام الناس ، فإنها تغرس القيم المهمة على المستوى الوطني والعالمي ، وعندما تعلّم الطالب التواصل باللغتين العربية والإنجليزية واستخدام تكنولوجيا الاتصالات والمعلومات ؛ فإنه سيصبح قادراً على بناء المهارات المطلوبة للعمل في العديد من القطاعات . فالاقتصاد المعرفي لا يقتصر على أرباب العمل الذين يقودونه بطريقة ابتكاريه ، بل يتعدى ذلك إلى إشراك كل متحمس إلى الابتكار ولديه العمق الفكري والمقدرة على الأداء أيا كان موقعه .

ويأتي التطوير التربوي من أجل الاقتصاد المعرفي في أربعة مكونات متكاملة هي :

المكون الأول ويعنى بالتنظيم الإداري وتطوير عمل الإدارات وإعادة هيكلتها ، أما **المكون الثاني** فهو معني بتطوير البرامج التربوية والمناهج الدراسية وتطوير المعلمين واستراتيجيات القياس والتقويم وتوظيف التكنولوجيا في التعليم ، ويعنى المكون الثالث بالبنى من تجهيز للأبنية والغرف الصفية وتوفير لمستلزمات التطوير التربوي من أجهزة ومختبرات وإعدادها بما يلبي حاجة التطوير التربوي ، ويأتي المكون الرابع ليتناول الطفولة المبكرة وإعداد الأطفال للتعلم في مرحلة رياض الأطفال حيث تدرس الوزارة جعل مرحلة رياض الأطفال مرحلة إلزامية .

وقد جاء التطوير المبني على الاقتصاد المعرفي بوصفة مرحلة ثانية من مراحل التطوير التربوي الذي بدأت مرحلته الأولى عام ٨٩/٨٨ إثر انعقاد المؤتمر الأول للتطوير عام ١٩٨٧ إذ ولّد هذا المؤتمر وعياً لدى التربويين الأردنيين للاستراتيجيات التي تساهم في تحسين العملية التعلمية التعليمية مثلما تم تدريب المعلمين والقادة التربويين على تلك

الاستراتيجيات . إلا أنه قد واجهتهم آنذاك معوقات حالت دون التنفيذ الأمثل لتلك الأفكار ومن أهم هذه المعوقات ؛ عدم القدرة على التوفيق بين المنهاج الحالي والطرق الجديدة ؛ حيث تبيّن للمعلمين أن المنهاج مليء ومكثّف ، ومجدْول بطريقة مقيِّدة لإبداعات الطلبة ويلزمهم بالكتاب المدرسي المقرر ، مما حال دون تقديم طرق أو مصادر تعلم جديدة ، كما حال فقدان الدعم من الإدارة ونقص المعدات ووسائل التدريب ، والأعداد الكبيرة للطلبة ، دون تغيير أساليب التدريس القديمة .

وتلافياً لتلك السلبيات ، فقد جاءت خطة التطوير التربوي الجديدة لتركز على مفهومين هما " المنهاج المحوري والنتاجات " .

ويحدد المنهاج المحوري ما ينبغي على الطالب معرفته وما ينبغي أن يكون قادراً على فعله ، إلا أنه يترك للمعلم مجالا لاستخدام العديد من الطرق الفاعلة ، وتقديم مواضيع إضافية ووسائل تتجاوز الكتاب المدرسي وقادرة على تلبية اهتمامات الطلبة .

أما النتاجات ؛ فإنها تركز على ما سيتعلمه الطلبة ، وتشجع المعلمين على تنويع طرق التدريس لتناسب قدراتهم . فالطالب الذي لا يتمكن من تحقيق التعلم بطريقة معينة ، على المعلم أن يستخدم معه طريقة أخرى . ولهذا فإن أهداف المنهاج عند اكتماله عام ٢٠٠٦ ستوفر ملخصاً بالنتاجات لسائر المباحث والصفوف ، وفضلاً عن محتوى المبحث ، فإن المنهاج المحوري سيزود المعلمين بمذكرات وأمثلة لطرق التعليم ووسائل التقويم اللازمة لتحقيق التحول التربوي الذي يطمح إليه مشروع (ERfKE) .

ويأتي هذا الإطار العام بوصفه الخطوة الأولى في إعداد المنهاج الجديد؛ إذ إنه سيصبح دليلاً لسائر فرق تأليف المنهاج المحوري التفصيلي لكل صف ومبحث خلال السنوات الأربع القادمة . كما يقدم المبادئ العامة والملامح الرئيسة لكل منهاج محوري ، مثلما يتضمن تحديد المواد لكل مبحث . وبما أنه يشمل المباحث جميعها ، فإن مستخدميه سيجدون درجة عالية من المواءمة بين هذه المباحث ، كما سيدرك الطلبة أن ثمة مواضيع عامة تتركز في المباحث جميعها ؛ كالأمانة ، والتفكير الناقد ، وحقوق الإنسان ، والعمل الجماعي،

واستخدام تكنولوجيا المعلومات . . وفيما يأتي مخطط يبين النتاجات العامة لمراحل التعليم المختلفة :

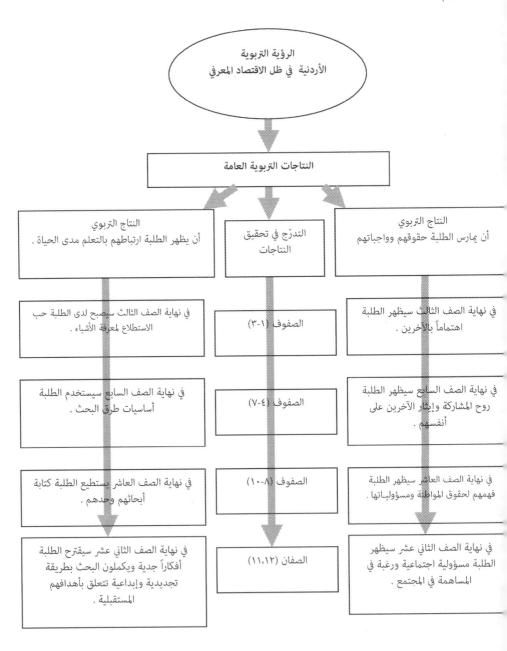

النتاجات العامة للنظام التربوي الأردني في ظل الاقتصاد المعرفي

يتوقع من الطلبة بعد إنهاء المرحلتين الأساسية والثانوية أن يكونوا قادرين على:

١- الإيمان بالله - سبحانه وتعالى - وإدراك حقيقة الإسلام . والعقيدة والأحكام. والشعائر والعبادات والمعاملات التي يقوم عليها. والوعي بسيرة الرسول – ﷺ – ، والارتباط بالقيم الإسلامية والعربية . وتمثّلها خلقاً ومسلكاً . والولاء للوطن والملك .

٢- إدراك الحقائق والوقائع الأساسية المتعلقة بتاريخ الأمة الإسلامية والعربية والشعب الأردني في عمقه العربي والإسلامي بوجه خاص ، والإنساني بشكل عام .

٣- حب وطنهم والانتماء إليه والاعتزاز به. وتحمل المسؤوليات المترتبة عليهم تجاهه .

٤- السعي إلى تقدم وطنهم ورفعته والنهوض به . والحرص على المشاركة في حلّ مشكلاته وتحقيق أمنه واستقراره .

٥- إظهار الأمانة والاحترام عند تعاملهم مع الآخرين سواءً أكانوا من أبناء ثقافتهم ودينهم أم من ثقافات وأديان أخرى.

٦- ممارسة حقوقهم وواجباتهم بوصفهم مواطنين يساهمون في تطوير المجتمع والوطن

٧- التعامل بوعي مع الأحداث والقضايا الوطنية والعربية والإقليمية والعالمية .

٨- إظهار الالتزام بالتعلم مدى الحياة .

٩- تحمل المسؤولية،والثقة بالنفس،واستقلال الشخصية،والبحث المبتكر عن أفكار جديدة

١٠- التواصل بفاعلية مع الآخرين بطرق عديدة .

١١- التعاون مع الآخرين من خلال العمل الجماعي .

١٢- استخدام تكنولوجيا المعلومات والاتصالات لرصد المعلومات وإدارتها وتحليلها ونقلها وتوليد المعرفة وتطبيقها.

١٣- التفكير بعمق وإبداع في المواضيع والقضايا الهامة .

١٤- استخدام التفكير الناقد وحل المشكلات ومهارات صنع القرار بطريقة فاعلة .

ثانياً : بنية النظام التربوي العام :

يؤكد سعيد التل (١٩٨٣) أن بنية التعليم تُعتبر الهيكل العام الـذي يحـدد مسـارات النظام التعليمي ومراحله ، وعدد السنوات الدراسة في كل مرحلة ، وتشعبات هـذه المراحل وتفرعاتها وتخصصاتها ، وشروط الالتحاق بكل تشعيب أو تفرع أو تخصص ، من المعروف أن الجذور الأساسية لبنية التعليم في الأردن وُضعت منذ تأسيس الدولة في بداية العشرينات من هذا القرن وتطورت مع تطوره ، ومع تقدم الدولة الأردنية ، وتطور احتياجاتها ، تطور النظام التعليمي ، وتطورت بنيته التعليمية التي وصلت إلى واقعها الحالي الذي يشمل : مرحلة مـا قبل التعليم الأساسي، ونتيجة للمناقشات المستفيضة ، وتوصيات مؤتمر التطوير التربوي الـذي عقد عام ١٩٨٧ فقد صدر قانون التربية والتعليم المؤقت ، رقم (٢٧) لسنة ١٩٨٨ ، حيـث نصت المادة السابعة منه على تصنيف المؤسسات التعليميـة مـن حيـث مراحلـها إلى الأنـواع الآتية كما هو مبين فيما يأتي :

البنية التربوية في الأردن بحسب الواقع المعمول به حاليا في كل المدارس الأردنية

انواع التعليم وفروعه

٢٢-٢١ ٢١-٢٠ ٢٠-١٩ ١٩-١٨

تعليم جامعي	كليات مجتمع اكاديمية متوسطة	كليات مجتمع تقنية متوسطة	العمل

الاعمار	المراحل	الصفوف	الشامل الاكاديمي				تعليم صحي	الشامل المهني				التطبيقي
			علمي	أدبي	شرعي	ادارة معلوماتية (٢)		صناعي (١١)	زراعي (١٢)	فندقي	اقتصاد منزلي (٥)	١٢ تخصص صناعياً
١٨-١٧ ١٧-١٦	المرحلة الثانوية	الصف الثاني الصف الأول										

الاعمار	المراحل	الصفوف
١٦-١٥		الصف العاشر
١٥-١٤		الصف التاسع
١٤-١٣		الصف الثامن
١٣-١٢		الصف السابع
١٢-١١		الصف السادس
١١-١٠		الصف الخامس
١٠-٩		الصف الرابع
٩-٨		الصف الثالث
٨-٧		الصف الثاني
٧-٦		الصف الأول
٦-٥	مرحلة الروضة	تمهيدي
٥-٤		بستان

١) مرحة الروضة "ما قبل المدرسة" :

يخصص هذا التعليم للأطفال الذين تتراوح أعمارهم بين (٤ – ٦) سنوات ويهدف إلى تقديم الرعاية من خلال الأنشطة الضرورية لنموهم في هذا العمر ، وإلى إعداد الطفل في المرحلة التعليمية اللاحقة ويشير الأدب التربوي العالمي إلى أن هذه المرحلة حساسة ودقيقة في نمو الطفل من كافة الجوانب ، فهي تشمل إثراء منظم لقدرات الأطفال في جوانب نموهم المختلفة[1].(وريكات وجعارة،١٩٩٤)

في التشريع الأردني يعتبر رياض الأطفال جزءاً من السلم التعليمي، فقد أجاز قانون وزارة التربية والتعليم إنشاء رياض للأطفال الذين تقل أعمارهم عن السادسة ، واشترط أن يكون مؤهل معلمة رياض الأطفال ، كمؤهل المعلمة في المرحلة الأساسية . لكنه لم يلزم الدولة تضمين تربية ما قبل المدرسة في السلم التعليمي، ولم يحدد أهداف هذه المرحلة كما فعل في المرحلتين التاليتين الأساسية والثانوية وترك لوزارة التربية والتعليم وضع تعليمات إنشاء رياض الأطفال والإشراف عليها[2]. (التل، ١٩٨٣).

اهتمت وزارة التربية والتعليم برياض الأطفال في الأردن على الصعيد النظري فوضعت تعليمات لإنشاء الرياض والقبول ، وسير العمل فيها ، وبموجب هذه التعليمات تعد وزارة التربية هي السلطة المخولة لمنح الرخص لإنشاء رياض أطفال ، والإشراف عليها ، إن الاهتمام الرسمي الحكومي في إنشاء مؤسسات الأطفال ، لا يذكر أمام القطاع الخاص، فمهام هذا القطاع منصب على الناحية المادية ، دون التركيز على الإطار النموذجي والعام لتربية الطفل .

أما الآن في عصر التطوير التربوي المبني على الاقتصاد المعرفي فقد جاء ليتناول الطفولة المبكرة وإعداد الأطفال للتعلم في مرحلة رياض الأطفال (مرحلة التعليم ما قبل الأساسي) وهي غير إلزامية حيث تدرس الوزارة جعل مرحلة رياض الأطفال مرحلة إلزامية، وتعتبر من أهم المراحل التي تؤثر في نمو شخصية الطفل باعتبارها تحدث في أطوار الطفولة الأولى التي تتشكل فيها الخطوط العريضة لشخصيته ، فيها يتواصل النمو من النواحي الجسمية ، والحسية والحركية ، والوجدانية ، والعاطفية ، والعقلية ، والاجتماعية ، فكل ما

يحدث فيها من خبرات مختلفة يكون له انعكاس مباشر على هذه النواحي بطريقة إيجابية أم سلبية .

وترى مؤلفة الكتاب ضرورة تضمين النظم التربوية الاجتماعية المعاصرة هذه المرحلة ، وإعداد برامج ثقافية مكثفة للأم وصحتها ، ورعاية الجنين في بطن أمه ، وتقديم برامج ثقافية ، وإعلامية ، وتربوية تهدف إلى التوازن في بناء شخصية هذا الطفل من كافة النواحي : الجسمية والعقلية ، والنفسية لأنه يمثل أهم مدخلات العملية التربوية

ومن هنا تكمن أهمية برامج هذه المرحلة من حيث استجابتها لحاجات الطفل المختلفة ، وبما أن الأطفال يغادرون فيها محيطهم الأسري الطبيعي لأول مرة ، فمن المفروض أن تكون برامجها مرنة جداً ، ومركزة على الأنشطة التربوية ، والتفاعل مع الأطفال الآخرين، بهدف إتمام أو تصحيح ما يحدث في البيت ، وهكذا تتضمن المرحلة إجراءاً وقائياً يتمثل في إكساب الطفل شخصية متزنة ومتلائمة كما تتضمن من ناحية أخرى إجراء آخر يتمثل في تنمية القدرة الإبداعية لدى الأطفال وتنمية قدراتهم وميولهم إلى أقصى قدر ممكن وإذا ما تم كل ذلك على ما يرام أصبح الطفل مهيئاً لمرحلة التعليم الأساسي التالية ، فضلاً عن تهيئة الحياة المستقبلية . (Philips، ١٩٨٣والكسو ،١٩٧٢)

٢) مرحلة التعليم الأساسي :

ظهر التعليم الأساسي والتربية الأساسية كمصطلح ومفهوم جديدين في الثلاثينات من القرن العشرين على يد " غاندي " السياسي والمربي الهندي ، وأخذ ينتشر في كتابات المنظرين للتعليم في اللقاءات التربوية الدولية والإقليمية والمحلية وأخذت به عدة دول ، ورأت فيه حلاً مناسباً لبعض إشكالاتها التربوية والاجتماعية ، وقد دعا غاندي إلى تربية الطفل الهندي تربية أساسية تتضمن تعلمه عملاً يدوياً نافعاً يجعله منذ تعلمه عضواً منتجاً في المجتمع ، ويمكنه أن ينمو فكرياً وروحياً من خلال ذلك العمل ، وأن يستمر في تعلمه ونموه فلا يقف عند تعلم القراءة والكتابة ومحو الأمية (الشاذلي ،١٩٨٣ ، ص ٩٥ – ٩٩) .

ويؤكد " كومبز " في دعوته للتعليم الأساسي من أجل الوفاء بالحاجات الإنسانية في البلدان النامية ، على الجانب الاقتصادي والإعداد للعمل والإسهام في التنمية ، واعترض

وجهة النظر هذه الكثير من المربيين ، ودعوا إلى تعليم أساسي ينمي الشخصية من مختلف جوانبها ، ويساعد الفرد علي تحقيق ذاته ، وتنمية قدرته علي الإبداع وتعميق مشاركته الواعية في تطوير نوعية الحياة في مجتمعه من خلال أدواره كمواطن ورب أسرة ، وليس مجرد كائن عامل ومستهلك .(Comps, ١٩٧٣) ويركز "فيليبس" على تحديد الحاجات في الدول النامية تشتمل على مواد مشتركة ومواد تناسب ظروف كل مجتمع ، وأشار أن الحاجات التعليمية المشتركة تشمل مهارات القراءة والكتابة والحساب ، والتعبير اللفظي الملائم وبعض المعارف عن مسؤوليات المواطنة ، وقواعد الصحة والتغذية ، والمهارات اليدوية على أن يتم تعليم ذلك من خلال طرائق وأساليب توقظ الرغبة في المعرفة وتنمي الاعتماد على الذات ، وتشجع التكيف العقلي وتنمي اتجاهات إيجابية نحو العمل اليدوي ويتجلى ذلك من خلال تضمين التعليم العام الأساسي برامج مهنية .[1] (Philips، ١٩٨٣،ص ١٨)

تعتبر هذه المرحلة التعليمية من أول المراحل الرسمية التي يسجل فيها تدخل الحكومات خاصة عن طريق قطاعها الحكومي من خلال توفير ما تستلزمه من معلمين وإداريين ومبان ، وكل ما يتعلق بسيرها ، ويتكون التعليم الأساسي المشترك في الأردن من عشر سنوات التعليم العام أحادي المسار قبل الالتحاق بأي مسار من مسارات التعليمي الثانوي الأعلى وأنواعه ، بما في ذلك الإعداد المهني للمستويات المهنية ، ولأنواع التعليم الأكاديمي ، ويسمح بالالتحاق بالصف الأول من التعليم الأساسي لكل طفل يبلغ من العمر على الأقل خمس سنوات وثمانية أشهر في شهر أيلول من تلك السنة .

وتعتبر هذه المرحلة إلزامية في التعليم وتهدف إلى تنمية الطالب جسمياً وعقلياً ، واجتماعيا وعاطفياً ، وأن يتعلم المهارات الأساسية بالعلوم الاجتماعية ، والطبيعية ، والوظيفية المهن ، وتنمية اتجاهات إيجابية نحو العمل اليدوي بحيث يمكن في نهاية المرحلة الإلزامية تحديد اتجاهه إلى ما يليها من مراحل البرامج الأكاديمية ، والدراسة المهنية بأنواعها ، أو دخول معترك الحياة للعمل ، ومن الجدير بالذكر أن البرنامج الدراسي يتضمن عنصراً قوياً من التربية المهنية ونشاطات العمل الإنتاجي كمادة دراسية منفصلة ، وكجزء لا يتجزأ من المواد الدراسية الأخرى .

ومن الملاحظ أنه قد مدت فترة التعليم الأساسي الإلزامي إلى عشر سنوات ، وتجدر الإشارة هنا إلى علاقة مدة التعليم الأساسي بسن العمل ، فإذا كان التعليم الأساسي سيخرج معظم تلاميذه إلى حياة العمل مباشرة فإنه يحتاج إلى مراعاة القوانين والأنظمة حول ذلك ، التي لا تجيز للفتى دخول العمل قبل السادسة عشر من العمر ، أو أكثر من ذلك، وهذا ضروري حتى لا يخرجون إلى الشارع ويبقون دون عمل ، وإذا أرادوا ترك المدرسة فيجب أن يُؤمن لهم تدريب مهني ميداني يكون بمثابة تأهيل للانتقال إلى ميدان العمل .

وقد أوجدت الحكومة برامج تدريب لفئات الطلبة دون سن السادسة عشر، وتبنت مؤسسة التدريب المهني تصميم برامج تدريب متوسطة، حددت شروط الالتحاق بها، إنهاء الصف السابع الأساسي كحد أدنى وتنفذ هذه البرامج على مرحلتين:-

١. التأسيس : يهدف إلى تهيئة المتدرب للمهنة بشكل عام وتتراوح مدته ما بين (شهر إلى ثلاثة أشهر تقريباً).

٢. التدريب المتخصص: يهدف إلى إكساب المتدرب المهارات العلمية، والمعلومات الثقافية والفنية، وينفذ هذا البرنامج بالتعاون مع أصحاب العمل حسب الإمكانيات المتاحة، ويتقاضى المتدرب مكافأة رمزية من صاحب العمل ويستمر التدريب لمدة سبعة أشهر، يمنح المتدرب بعد إنهائه متطلبات البرنامج شهادة تدريب معتمدة، ومصدقة حسب الأصول وبمستوى "عامل محدود المهارة"، ويمكن القول أن هذا التدريب لا يمس جوهر النظام التربوي حيث ساعد الأهالي على رفع مستوى المعيشة لهم.(مؤسسة التدريب المهني، ١٩٩٦)

٣) مرحلة التعليم الثانوي:

وهو تعليم يلتحق به الطلبة بعد إنهاء المرحلة الأساسية من التعليم العام، حيث يوزع الطلبة على مساري التعليم الثانوي الشامل (الأكاديمي والمهني) والتطبيقي وفروعهما، في ضوء نتائجهم في الصفوف الثامن والتاسع والعاشر، بنسب ٢٠% ، و ٣٠% ، و ٥٠% على التوالي، لمواصلة دراستهم.

تقع مسؤولية التعليم الثانوي العام على وزارة التربية والتعليم، إلا أنه غير إلزامي، ويشمل سنتين من أنواع مختلفة من التعليم تشترك بقاعدة عامة من المواد بين أنواع التعليم المختلفة، فضلاً عن مواد موجهة نحو أحد أنواع التعليم الأكاديمي، أو التعليم المهني المتخصص، وتضمن الحلقة الدراسية عنصراً محدوداً من المواد الحرة. مما يؤدي إلى إتاحة فرصة الاتصال الأفقي بين فروع التعليم الأكاديمي والمهني، والاتصال الرأسي بين التعليم الثانوي والعالي.

أشار قانون التربية والتعليم رقم (٣) سنة ١٩٩٤ إلى أن التعليم الثانوي يلتحق به الطلبة وفق قدراتهم وميولهم، ويقدم خبرات ثقافية وعلمية من خلال التعليم الأكاديمي ويسعى النظام التربوي في الأردن إلى إعداد الكوادر المتخصصة والمدربة من خلال التعليم المهني بفروعه المختلفة ضمن مرحلة التعليم الثانوي، فضلاً عن تدريس مبحث التربية المهنية في مرحلة التعليم الأساسي.

أ- التعليم الأكاديمي الشامل:

مدته سنتان بعد إنهاء الصف العاشر بنجاح، يقدم الطلبة في نهايته امتحان شهادة الدراسة الثانوية العامة في أي من الفروع التالية: العلمي، والأدبي، والشرعي، والإدارة المعلوماتية، والتعليم الصحي حيث تؤهل صاحبها للدراسات العليا في الجامعات، أو المعاهد.

ب- التعليم المهني في المرحلة الثانوية:

يقع التعليم المهني في صميم عملية الإعداد لمواكبة التطور السريع، فهو الموقع الذي يجد فيه الطالب فرصة في إثراء معرفته منه، وكذلك يجد فرصة في التطبيق. بلغت نسبة الطلبة الملتحقين بهذا النوع من التعليم بفرعيه الشامل والتطبيقي ٣٢% للذكور، و١٨% للإناث، وتعمل الوزارة على التوسع في برامج التعليم، وتتطلع أن تصل النسبة إلى ٥% للذكور، و ٣٥% للإناث بحلول عام ٢٠٠٠ م .(حسن عمر وآخرون، ٢٠٠١)

التعليم الثانوي المهني الشامل:

مدته سنتان بعد إنهاء الصف العاشر بنجاح، يقدم الطلبة في نهايته امتحان شهادة الدراسة الثانوية العامة المهنية حيث تؤهله للعمل أو لدراسات عليا في الجامعات، أو المعاهد، ويطلق على خريجيه "مهنيون" وفق مستويات العمل المهنية المعتمدة في الأردن.

التعليم الثانوي المهني التطبيقي:

مدته سنتان بعد إنهاء الصف العاشر، ولا يتقدم طلبته إلى امتحان شهادة الدراسة الثانوية العامة المهنية، ويمنحون شهادات من المدارس التي يتدربون فيها، غير أن خريجي هذا النوع يمكنهم التقدم لامتحان شهادة الدراسة الثانوية بعد سنة من إنهائهم البرنامج التدريبي. يؤهل هذا البرنامج خريجيه للعمل حيث لا يقبلون في برامج دراسية أعلى، ويطلق على خريجيه (العمال الماهرون)، وفق مستويات العمل المهنية

يمكن القول أن إنشاء مؤسسة التدريب المهني كانت بمثابة الحلقة التي أحكمت الدور المطلوب من النظام التعليمي بعامة، ونظام التعليم والتدريب المهني بخاصة، للتجاوب مع احتياجات المجتمع من القوى العاملة المدربة، وذلك أن طبيعة إعداد القوى العاملة عن طريق برامج التلمذة المهنية التي تتولاها المؤسسة والتي تعتبر جزءاً من مسار التعليم الثانوي التطبيقي في النظام التعليمي، تتضمن مشاركة أصحاب العمل ومساهمتهم، واستثمار مواقع العمل والإنتاج في التنفيذ فإيمانا من الحكومة بالدور الهام للتعليم المهني بفرعيه الشامل والتطبيقي، فقد قامت بمنح خريجيه قروضاً ميسرة بواسطة صندوق التنمية والتشغيل، وذلك لإنشاء مشاريع صغيرة، وورش فنية خاصة بهم لتشجيع الطلبة على الالتحاق بالتعليم المهني وخفض معدلات البطالة.

تطبيق المفاهيم الأساسية والمهارات والطرق والمتطلبات والقواعد لكل مبحث من المباحث الدراسيّة في شتى مناحي الحياة.

هذا على المستوى المحلي، أما على المستوى العربي، فقد عقدت منظمة التربية والثقافة والعلوم العربية (الكسو) حلقة إقليمية في عمان، خلال الفترة الواقعة من ٢٥-٣٠ تشرين الثاني، من عام ١٩٧٢ بعنوان "المدرسة الثانوية للتعليم العام والمهني في البلاد العربية،

وأكـدت عـلى ضرورة الاسـتمرار في تنميـة الفـرد تنميـة متكاملـة متوازنـة جسـمياً، وعقليـا، واجتماعيا، وروحيا، وتطعيم التعليم العام بالجوانب المهنية وعـدم إغفـال الثقافـة العامـة في المدرسة المهنية، وتأمين العدد الكافي المجهز من الورش والمختبرات للعملية التعليمية التربوية.

ثالثاً : بنية التربية المهنية في مرحلة التعليم الأساسي

قسمت مراحل التعليم الأساسي في التربية المهنية الى ثلاث حلقات هي :

- **الحلقة الأولى:** تضم الصـفوف الأربعـة الأولى، وقـد جـاء منهاجهـا في أربـع وحـدات هي:-

١-صحة وتغذية. ٢ - مهارات حياتية.

٣- سلامة عامة و توعية مرورية ٤- أنشطة مهنية.

وقد تم إعداد المناهج على صورة أهداف و مهارات و أنشطة في التربيـة المهنيـة وهـذه المحاور التي تتكرر في كل صف بمحتوى مختلف يتدرج في الصعوبة حسب الفئـة العمريـة ، وقد خصص حصة واحده في الأسبوع لكل صف من صفوف هذه الحلقـة. وقـد اعـد المنـاهج بحيث يتم التركيز على تكوين حس مهني لـدى الطالـب مـن خـلال ممارسـة لأعـمال يدويـة بسيطة ونشاطات تطبيقية يقوم بهـا الطالـب ، ووظيفـة المدرسـة في هـذه المرحلـة (الـوعي المهني) توفير الخبرة العملية المبكرة المرتبطة ببيئـة الطالـب المنزليـة ويقـوم عـلى تدريسـهم معلم صف. ويوضح الجدول التالي الوحدات المقررة لهذه الحلقة في كل مجال .

منهاج التربية المهنية للصفوف الأربعة الأولى (*)

صحة و تغذية	مهارات حياتية	سلامة عامة و توعية	أنشطة مهني
نظافة	المقاعد و الأثاث	أصول المشي	عجينة النشا
تطعيم	ترتيب الكتابيات	عبور الشارع	مجسمات
الطبيب	ربط الأحذية	ركوب السيارة	طي الورق
غلي الماء و الحليب	ترتيب الفراش	أشارت	خيوط وإشغال
تحضير وجبات	إزالة الغبار	أسلاك ، هاتف	نسيج
ترتيب مائدة	تبديل عملة	إسعافات	نماذج أسلاك نحاسية
الرشح واستخدام	رسومات ابلاغية	حوادث أثناء اللعب	قص الورق
المناديل	إعداد أشربة	وصفات طبية	وصلات مناشير
ارتفاع الحرارة	تحضير شطائر	ضربات شمس	عدد بلاستيكية
استخدام الماء البارد	تجليد كتب	تخلص من أدوية فاسدة	مخطط دمية
	رسائل،برقيات،طرود	أرقام سيارات	نماذج أعمال منزلية
تنظيف الخضار	رسم إشكال	حروق وأنواعها	حبك وغرز
صور داخلية لثلاجة	استخدام المكانس	إسعاف الرعاف	زراعة بذور في أصص
إعداد سلطات	غسيل السيارة	إسعاف اللدغ	
الأطعمة المكشوفة	استخدام دليل الهاتف	إشارات مرور	صحون بلاستيكية
أهمية زراعة الخضروات		الدراجة الهوائية	عمل لوحات لقطع نقدية
			حفر إشكال في صابون
			عمل نماذج وردة
			ضفدعة
			منشار التخريم
			أشكال خزفية
			أدوات الرسم الهندسي
			قطع أسلاك، تعرية ،عزل
			استخدام المنشار
			إعلانات تجارية
			منبت زراعة

- **الحلقة الثانية :-** و تضم الصفوف الخامس و السادس و السابع، و قد جاء منهاجها في سبعة عشرة وحدة ضمن المجالات الخمسة ، وقد خصص حصتان في الأسبوع

• لكل صف من هذه الحلقة ، بحيث يركز على إكساب الطالب قاعدة أساسية عريضة من المهارات المهنية ذات الأبعاد الاجتماعية النافعة وتوفر هذه الحلقة تهيئة مهنيه للطالب وخبرات لجميع الطلاب بغض النظر عن طموحاتهم و أهدافهم وفيما يلي جدول يوضح الوحدات في كل مجال .

الرقم	اسم الوحدة	الفرع	عدد الحصص			المجموع
			خامس	سادس	سابع	
-١	تكثير النباتات وزراعتها.	زراعي	٥	٥	٥	١٥
-٢	خدمة النباتات وقطف الثمار.	==	٦	٦	٦	١٨
-٣	تربية الحيوانات.	==	٢	٢	٢	٦ ٣٩
-٤	استخدام العدد اليدوية.	صناعي	٢	٢	٢	٦
-٥	الرسم الصناعي.	====	٦	٤	٤	١٤
-٦	النجارة وأعمال الدهان.	===	٤	٤	٤	١٨
-٧	أشغال المعادن والتركيبات الصحية.	==	٦	٦	٦	١٨
-٨	الكهرباء.	=	٢	٤	٤	١٦ ١٠
-٩	شؤون مالية.	تجاري	٣	٤	٤	١١
-١٠	شؤون إدارية.	=	٢	٢	٢	١٧ ٦
-١١	غذاء وتغذية.	علوم منزلية	٦	٥	٤	١٥
-١٢	إدارة منزلية.	==	٦	٤	٣	١٣
-١٣	الملابس والخياطة.	=	٢	٥	٧	٤٣ ١٤
-١٤	صحة شخصية وتمريض منزلي.	صحة وسلامة	٣	١	٢	٦
-١٥	صحة وسلامة عامة.	===	٣	٢	٣	٨
-١٦	إسعاف أولي.	==	١	٢	١	٤
-١٧	توعية مرورية .	=	١	٢	١	٢٢ ٤

• **الحلقة الثالثة** :- تضم الصفوف الثامن و التاسع و العاشر ، وقد جاء منهاجها في سبعين وحدة تدريبية من المجالات الخمسة ، تختار المدرسة منها ما يتفق مع ظروفها وإمكاناتها ، وقد خصص أربع حصص في الأسبوع لكل من صفوف الثامن والتاسع

•

والعاشر فد اعد المنهاج بحيث يركز عل إتاحة الفرصة الطلابية لاكتشاف ميولها و قدراتهم وتسهيل اختيارهم لمهنة المستقبل و التحاقهم بها

منهاج التربية المهنية للصفوف (ثامن ،تاسع، عاشر)

الصناعي	الزراعي	التجاري	صحة وسلامة	علوم منزلية
				العجائن والمعجنات
			إسعاف أولي	الأدوات المنزلية
١- رسم صناعي		الطباعة العربية	نباتات طبية مفيدة	تحضير المواد التنظيف
٢- أشغال الخشب	إنتاج خضراوات	الطباعة الانجليزية	سلام استخدام الأدوية	تمريض منزلي
٣- بناء وطوبار	نباتات زينة داخلية	مراسلات داخلية	سلامة استخدام المطهرات	غسيل وكي
٤- دهان مشغولات	بستنه شجرية	مراسلات خارجية	إسعاف أولي	منسوجات
٥- ديكور وستائر	تربيت أرانب	مستندات تجارية	إبادة الحشرات	النسيج على النوال
٦- طراشة ودهان	إنتاج أشتال/تقليم أشجار	محاسبة ومسك الدفاتر	إطفاء الحريق	حبك يدوي والي عمل
				عرائس ودمى
٧- أشغال صفائح	تربية دجاج	فن البيع	تدبير مشكلات صحية	أشغال الصنارة
٨- تركيبات ميكانيكية	حفظ الأغية			تنسيق الأزهار
٩- تشطيبات بناء	تطعيم الأشجار			تطريز يدوي
١٠- أعمال الزجاج	عمل مسطحات خضراء			ترقيع وبليك
١١- أعمال اللحام	حديقة أزهار			خياطة ملابس
١٢- تمديدات كهربائية	زراعة محمية			رعاية أطفال
١٣- أنابيب وتمديدات صحية	تربية النحل			إزالة البقع
١٤- رسم مخططات معمارية وصناعية	تصنيع الألبان			وجبات غذائية
				العناية بالأجهزة المنزلية
				رعاية الحامل والطفل
				خياطة ستائر وتطريز
				تجميل
(١٥) وحدة	(١٤) وحدة	(٧) وحدات	(٩) وحدات	(٢٥) وحدة

الفصل الثالث

التربية المهنية: أهدافها، وخصائصها ومستوياتها

أولا : تعريف

ثانيا : أهداف التربية المهنية

ثالثا: خصائص التربية المهنية

رابعا : المستويات المهنية العامة في التربية المهنية

خامسا : التوجيه المهني وعلاقته بالتربية المهنية

الفصل الثالث

التربية المهنية: أهدافها، وخصائصها ومستوياتها

المقدمة

تختلف تعريفات التربية المهنية باختلاف طبيعة نظرة المجتمعات والفلسفات المختلفة للمفهوم الشمولي للتربية، التي تعتبر إحدى أشكالها ونظرتها للعمل اليدوي وبناء عليه نجد ان هناك بعض التفاوت في أهداف ووظائف التربية المهنية. وعلى الرغم من اختلاف تعريفات التربية المهنية إلا أننا في النهاية نجد أنها تنطوي على بعض الأبعاد المشتركة بصورة جزئية أو كلية تتمحور في مجملها حول تهيئة أو إعداد الفرد للعمل اليدوي.

أولاً :تعريف التربية المهنية

أ- التربية: أخذت من الفعل ربا ، وربا الشيء يربو ربوّاً ورباءً: زاد ونما أربيته: نميته، وربوت في بني فلان: نشأت فيهم

- مهن: المهنة والمهنة كله : الحذق بالخدمة والعمل ونحوه، وقد مهن يمهنُ مهناً: إذا عمل في صنعته (لسان العرب)

- ينوه الطويسي (١٩٩٨) ، في بحثه "فاعلية وكفاية التجربة الأردنية في التربية المهنية"، إلى ما أشارت إليه الكلية العالية لتأهيل الموظفين في بريطانيا من تعريف وصفي للتربية المهنية حيث أوجزت تعريف التربية المهنية على أنها " مادة تعليمية تهدف إلى تزويد الناشئة بكفايات أساسية تهيئهم لدخول سوق العمل أو الالتحاق بالتعليم المهني ".

- Moore(١٩٨٦) يعرف التربية المهنية على أنها : " برنامج توجيهي يغطي مجالات وحقول مهنية متعددة ومختلفة ، صمم ليرشد ويساعد الأفراد على زيادة وعيهم ومعرفتهم بقدراتهم واهتماماتهم واستعداداتهم وليتمكنوا بالتالي من اختيار المجال المهني الذي يناسب هذه القدرات والاستعدادات ."

- السيد (١٩٩٨) : بحث دراسي موجه لطلبة المرحلة الأساسية من التعليم العام ، وهو يمثل استراتيجيات تعمل على تحسين ربط الدراسات النظرية بالمنحى العملي، الذي يساعد الطالب في التعرف إلى أنواع المهن المرتبطة باحتياجات المجتمع، وتبدأ منذ الطفولة وتستمر طوال حياة الفرد.

- تفاحة وقمق : التربية المهنية في مرحلة التعليم الأساسي، تؤهل الطالب للتعايش مع مدرسته ومجتمعه بطريقة سليمة، وتوجيه الطلبة إلى ممارسة الأعمال والنشاطات المناسبة لإبراز ميولهم وقدراتهم المهنية، فضلاً عن مساعدة الطالب على اختيار مهنة المستقبل ونوع التعليم الثانوي الذي يناسبه.

- جود (GOOD) التربية المهنية قبل العالية في قاموس التربية بأنها : " برنامج تعليمي منظم لإعداد المتعلمين لحرفة معينة أو لرفع مستوى العاملين في الحرفة المتضمنة أقساماً مختلفة كالتعليم الصناعي والزراعي والتجاري والاقتصاد المنزلي .

- مارلند (Marland) التربية المهنية بأنها : " إستراتيجية تعمل لتحسين الربط بين النشاطات الدراسية وعالم العمل، وتبدأ من الطفولة وتستمر طوال حياة الفرد"

- التعليم المهني : هو ذلك النوع من التعليم النظامي الذي يتضمن الإعداد التربوي والتوجيه السلوكي واكتساب المهارات والقدرات المهنية ، الذي تقوم به مؤسسات.

- من هذه التعاريف نجد أن التربية بمفهومها العالمي تعنى من حيث الجوهر بالفرد "لتجعل منه إنساناً صالحاً، قادراً على مواجهة متطلبات الحياة، مستعداً للتكيف معها، ضمن إطار ثقافي معين". وفي هذا الإطار نجد أن التربية المهنية تعنى بتهيئة الفرد وإعداده للعمل المهني. وفق هذا الفهم للتربية المهنية على أنها جانب رئيس من العملية التربوية، فإنه يمكن تحديد مجموعة من الأهداف العامة التي ترمي إليها التربية المهنية بمفهومها الواسع وتسعى لتحقيقها.

ثانياً :أهداف التربية المهنية

تشكل التربية المهنية جزءاً من التعليم العام، ولكنها تستمد كثيراً من مكونات وعناصرها في المحتوى والأسلوب من التعليم المهني. وبهذا تتلاقى أهداف التربية المهنية مع أهداف التعليم المهني الذي يعد الدارس لأغراض ممارسة المهنة. أو الذي يوجه لمن يمارس عملاً لرفع كفايته وتحسين مستوى أدائه ضمن المفهوم الأشمل للتعليم المستمر والتربية المستديمة. وقد عالجت وثيقة اليونسكو المعروفة باسم " توصية معدلة خاصة بالتعليم التقني والمهني" أهداف التربية المهنية، وأشارت أنها تشتمل على مبادئ التعليم التقني والمهني الذي يشتمل على ثلاث وظائف رئيسة هي:

أ- توسيع آفاق التعليم بجعله مدخلاً إلى عال العمل وعالم التكنولوجيا ومنتجاتها، وذلك عن طريق دراسة المواد والأدوات والأساليب التقنية وعملية الإنتاج والتوزيع وإدارة المنشآت في مجموعها، وتوسيع نطاق عملية التعلم عن طريق الخبرات العملية.

ب- توجيه الدارسين المهتمين بالتعليم التقني والمهني والقادرين عليه نحو هذا النوع من التعليم بوصفه إعداداً لمزاولة مهنة معينة، أو نحو التدريب خارج نظام التعليم المدرسي.

ج- مساعدة أولئك الذين يزمعون ترك التعليم المدرسي في أية مرحلة من مراحله دون أن تتوافر لديهم النية والصلاحية لمزاولة مهن بعينها، على اكتساب الاتجاهات العقلية وطرق التفكير الكفيلة بزيادة قدراتهم وإمكانياتهم وتسهيل مهمة اختيارهم للمهن، أو التحاقهم بعمل لأول مرة وتمكينهم من مواصلة تدريبهم المهني وتعليمهم الشخصي.

إن توافر المصداقية للأهداف الخاصة بالتربية المهنية التي تشكل جزءاً من التعليم العام لا يتم إلا بانسجام هذه الأهداف مع الأهداف العامة لبرامج الإعداد والتعليم المهني بأبعادها وأنواعها المختلفة والتي يمكن إيجازها في:

١- تنمية الاتجاهات الإيجابية لدى الطلبة لاحترام العمل، والنظر إليه كأحد القيم الرئيسية التي يستخدمها المجتمع.

٢- المساهمة في تحقيق تنمية متوازنة للقدرات الجسدية والعقلية والوجدانية للفرد، وللقيم الأخلاقية والجمالية لديه، وتوفير التسهيلات المناسبة لحصوله على المهارات التي تتجاوب مع حاجاته ورغباتهن والنمو بذلك لأقصى ما تؤهله قدراته، وتساهم في تحسين الفرص الحياتية أمامه.

٣- المواءمة بين المهارات التي يحصل عليها الطالب، وبين حاجات المجتمع ومتطلبات التنمية الاجتماعية والاقتصادية، وكذلك المواءمة بين الحاجات القائمة والمتوقعة من مختلف المستويات والتخصصات، وبين برامج الأعداد المهني بشكل عام.

٤- تعزيز قدرات الدارس على فهم المبادئ العلمية والتطبيقات التقنية المستخدمة في مختلف مجالات العمل والإنتاج.

٥- تعميق فهم الطالب للعلاقات الاقتصادية والاجتماعية السائدة في مجالات العمل، مما يساهم في تهيئته للاندماج في الحياة العملية.

٦- تنمية القدرات الإبداعية من ناحية، والاتجاهات نحو العمل الجماعي بأبعاده ومتطلباته وقيوده المختلفة من ناحية أخرى.

٧- إتاحة الفرصة للطالب لاكتشاف ميوله وقدراته المهنية لتسهيل اختياره لمهنة المستقبل والتحاقه بها، وتسهيل اختياره لنوع التعليم الثانوي الذي يرغبه.

٨- توعية الطالب بمجالات العمل وأنواع المهن والخدمات المتوفرة ومتطلباتها.

٩- تعريف الطالب بوظيفة المعلومات التي يدرسها في المباحث الدراسية وكيفية استثمارها.

١٠- تنمية الحس العملي التطبيقي لدى الطالب، والقدرة على حل المشكلات.

١٠- إتاحة الفرصة للطالب لممارسة مهارات مهنية تمكنه من استغلال الوقت في أعمال نافعة وممارسة هوايات مفيدة.

١٢- تنمية الإحساس بالمسؤولية لدى الطالب تجاه البيئة المحلية والمجتمع ومساعدته على اتخذا القرار المهني المناسب.

مما سبق يتضح أن هذه الأهداف تتناسب مع ما يتطلبه برنامج التوجيه المهني المدرسي، فالطالب يمارس، ويفتح أمامه مجالات واسعة من المهن فتنمي ميوله واستعداداته.

ثالثاً : خصائص التربية المهنية في مرحلة التعليم الأساسي

انطلاقا من الأهداف العامة و الخاصة للتربية المهنية فان البرامج التي تصمم في هذا المجال تتميز بعدد من الخصائص و الصفات التي لا بد من توافرها لضمان الكفاية و الفعالية ومن أهم هذه الخصائص:-

١) ارتباط برامج التربية المهنية بالأهداف التعليمية و التربوية من ناحية و بعالم الإنتاج و العمل و بالحياة من ناحية أخرى.

٢) ارتباطها بالتنمية الوطنية بتهيئة الأفراد و إعدادهم للعمل في مختلف جوانب خططها .

٣) تلبية الاحتياجات الفردية في إطار احتياجات المجتمع .

٤) مواكبتها للتطورات التكنولوجية .

٥) توافر التكامل بين التطبيقات العملية و المفاهيم العلمية .

٦) تمركزها حول المهارات العملية والأدائية و النشطات البيئية و الحياتية .

٧) مراعاتها لاقتصاديات العمل و اهتمامها بعناصر الإنتاج والكلفة الأساسية للعمل

٨) اتسامها بالمرونة و التنوع بحيث تلبي الاحتياجات المختلفة للدارسين و تنمي لديهم القدرة على التعلم الذاتي وفق قدراتهم و ميولهم .

٩) التركيز على الاتجاهات و المهارات اللازمة لمساعدة الدارس على اختيار مهنة المستقبل والإعداد لها والنجاح في ممارستها .

١٠) مساعدة الأفراد على فهم قيود العمل السائد في السياق الاجتماعي و الثقافي للمجتمع.

١١) الإسهام في تطوير وزيادة ملاءمة النظام التربوي و تكيفه مع متطلبات الاقتصاد الوطني (وزارة التربية والتعليم، ١٩٩٢)

رابعاً: المستويات المهنية العامة في مجال التربية المهنية

مستويات الصفوف

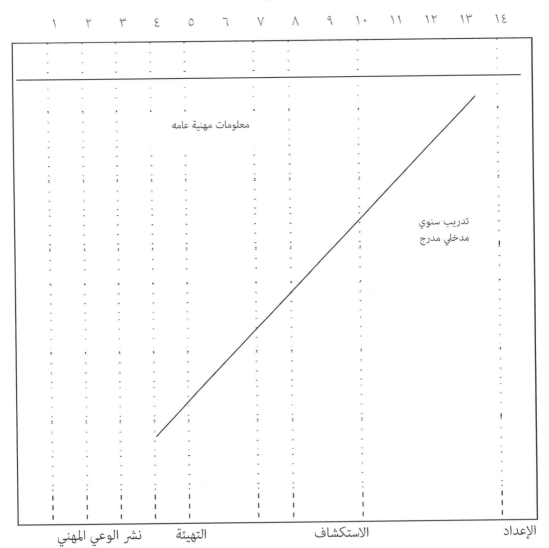

أ- نشر الوعي (الروضة-٤) Awareness

تشكل الاتجاهات عند الأفراد في مرحلة الطفولة المبكرة ، ومن ضمن هذه الاتجاهات الاتجاهات المهنية. وتتم التربية في هذا المستوى ببلورة الاتجاهات المهنية عند الأطفال، وتكون التربية المهنية أساسية في هذا الطور ، حيث يترتب على المعلم أن ينظم المعلومات المهنية العامة من اجل تنظيم اتجاهات الأطفال في هذه المرحلة فيعطي الطفل معلومات ومفاهيم أساسية عن المهن ، والإنتاج والجهود اللازمة للمهن، والنتاج و الجهود اللازمة للمهن وأنواع المهن . و الفرق بين اللعب و العمل .....الخ ، وهذه المفاهيم تكون المستوى التدريسي . في مرحلة نشر الوعي المهني عند المتعلمين.

ب- التهيئة (٥-٨) Orientation

وغالباً ما يكون هذا المستوى في نهايات المرحلة الابتدائية و في المراحل المتوسطة حيث يكون التركيز هنا على التهيئة المهنية، ولا بد من التركيز على المعلومات المهنية الأساسية المهارات اليدوية، وهذا يقتضي أن يكون المعلمون على المستوى المطلوب لهذه المرحلة. فلا بد أن يكون لدى المعلم الخبرة العملية و المعلومات الأساسية حول المهن و طبيعة المتعلم السيكولوجية.

ويمكن أن يكون النقل و التصنيع ، و الاتصالات و المهن الصحية ، والخدمات العامة والزراعة ، والتجارة ، والتسويق ، والصناعة والعمل و الاقتصاد ، من الأمثلة التي يمكن أن تعلم للطلاب فتشكل برامج التهيئة و التوجيه للطلبة في هذه المرحلة بحيث تعرض البرامج على شكل تجمعات مهنية .

ج- الاستكشاف (٩-١٠) Exploration

إن تصنيف المهن بشكل جيد يحدد مستوى الاستكشاف في التربية المهنية . فالخبرة في العلوم العامة تتضمن الخبرة العملية التطبيقية ، و التي لها علاقة مباشرة بالمهارات المهنية فالهدف الأساسي في الاستكشاف لا يشمل فقط الخبرات الأساسية للمستوى ألمدخلي للمهن ، بل يمكن أن يكون أيضا هو التحضير الجيد للمتطلبات السابقة للبرامج المهنية ، فالمعلم في هذا المستوى يجب أن يكون على قدر كاف من الثقافة العامة

والمهنية . وذا خبرة عملية بحيث يستطيع أن يعد طلابه إلى مستوى أعلى وهو مستوى الإعداد، فلابد من التنسيق بين معلمي المهن المتنوعة في هذا المستوى حتى يعطي المتعلم المعلومات و المهارات الأساسية و التي تعتبر مدخلا أساسيا للمستوى الأعلى. و ينبغي أن تتناسب طرق التدريس و التقويم مع كل مستوى من المستويات.

د- الإعداد (١١-١٤) Preparation

وهذا المستوى يبدأ عادة في الصفوف الثانوية وما بعد الثانوية. و المتعلمون في هذه المرحلة لديهم صفات عقلية و جسمية معينة، بحيث وصلت إلى درجة من النمو يستطيع المتعلم من خلالها استيعاب النظريات والتطبيقات ، ودور المعلم في هذا المستوى، تزويد الطلاب بالمهارات الأساسية والمعرفة الضرورية وتكوين الاتجاهات ، حتى يتحقق للطلاب الاختيار المناسب (عليمات،١٩٩١)

خامساً : التوجيه المهني والتربية المهنية

التوجيه : مجموع الخدمات التربوية والنفسية والمهنية المتخصصة والمنظمة والهادفة المباشرة وغير المباشرة التي تقدم للفرد وتمكنه من التخطيط السليم لمستقبل حياته حيث تتيح الفرصة لاستغلال وتوجيه الطاقات والإمكانات .

التوجيه المهني :

- يقصد به المساعدة الفردية أو الجماعية التي يقدمها الموجه أو المرشد التربوي للفرد الذي يحتاج إليها حتى ينمو في الاتجاه الذي يجعل منا مواطنا صالحاً وناجحاً ومنجزاً وقادراً على تحقيق ذاته في الميادين الدراسية والمهنية حتى يشعر بالسعادة والرضا .

- التوجيه المهني : تقديم المعلومات والخبرة والنصيحة التي تتعلق باختيار المهنة والإعداد لها والالتحاق بها.

- نشأ التوجيه المهني عام ١٩٠٩م على يد فرانك بارسنز PARSONS الذي يعتبر المؤسس الأول له في أمريكا. ويعتقد بارسنز بان الأفراد يستطيعون اتخاذ قرارات مهنية

صحيحة ، إذا كانت لـديهم معلومـات دقيقـة عـن قدراتهم وسـماتهم الشخصية ، وشروط النجاح في المهن المختلفة ،ولقد وضع شرطين أساسين للتوجيه المهني يتمثلان في :

- وجود دراسة للفرد ومعرفة قدراته واستعداداته وميوله

- تزويده بالمعلومات الكافية عن المهن المختلفة ، وما تتطلبـه هـذه المهـن مـن استعدادات وميول ، حتى يستطيع أن يختار من بينها المهنة التي تناسبه .

ولقد طبق بارسونز الجانب الثاني الذي يتمثل بتزويد الأفراد بمعلومـات عـن المهـن ، لأن الجانب الأول عندما يتعلق بمعرفة قدرات واستعدادات الفرد وميوله كان في ذلك الوقت من الصعب قياسه إلا بعد الحرب العالمية الأولى ، حيـث انتشرت حركة القيـاس وخاصة قيـاس الذكاء . ولعل أهمية التوجيه المهني تكمن في قدرته على مساعدة الأفراد عـلى اختيـار المهـن التي تناسبهم ، وتساعدهم عـلى اتخـاذ قرارات مهنيـة صحيحة ، حتى يستطيع أن يلبـي الحاجات التربوية والتدريبية المتزايدة عند الناس ، ليتمكنوا مـن التعايش مـع مشكلاتهم الحياتية اليومية المعقدة . فهو يشكل ضرورة هامة خاصة في مجتمع اليوم الذي يعج بالمهن المختلفة ، وتطور التكنولوجيا ، وظهور مهن مختلفة جديدة في كل حقبة قصيرة مـن الـزمن ، وانقراض مهن أخرى ، الأمر الذي جعل مـن التوجيـه المهني ضرورة ماسـة لجميع المهنيـين والطلبة والمدربين والتربويين وغيرهم . (عبد الهادي،١٩٩١)

أهداف التوجيه المهني

يسعى التوجيه المهني إلى تحقيق الأهداف التالية :

١ـ مساعدة الفرد على التعرف إلى ذاته، وتكوين صورة واقعية وموضـوعية ودقيقـة عنهـا، وتقبلها بما فيها من قدرات وميول واتجاهات وقيم .

٢ـ مساعدة الفرد على التعرف إلى عالم المهن والبيئات المهنية المختلفة التي تتوفر في المحيط الذي يعيش فيه ، ومتطلبات هذه المهن من تعليم وتـدريب والمهارات التـي تتطلبهـا ، وجميع الفرص المتوفرة فيها من ترقي وتقاعد وعوائد عمل وبعثات وغيرها .

٣ـ مساعدة الفرد على اتخاذ قرارات مناسبة تمكنه من اختيار المهنة التي تحقق له أفضل توافق بين ذاته من جهة ، وبين عالم العمل من جهة ثانية، بشكل يضمن له الشعور بالرضا والسعادة والكفاية .

٤ـ مساعدة الفرد على تنمية اتجاهات وقيم ايجابية عن عالم المهن والعمل اليدوي.

٥ـ إحاطة الفرد علماً بالمعاهد والمؤسسات المختلفة التي تقوم بتقديم التعليم والتدريب المهني لراغبي الالتحاق بالوظائف المختلفة ،وكذلك شروط الالتحاق بهذه المعاهد ومدة الدراسة فيها .

٦ـ مساعدة الأفراد على التكيف الأسري والمدرسي والمهني ، فكثير من الأفراد يواجهون مشكلات التحاقهم بالعمل أو متابعة الدراسة أو التدريب . ويظهر التكيف المهني من خلال عوامل عدة :

-الرضا عن المهنة : الاقتناع بالمهنة دون استسلام أو خضوع مع تمتع الفرد بحرية الاختيار وتحمله مسؤولية هذا الاختيار .

-الالتزام بالمهنة : نجاح الفرد في مهنته وتطويرها .

-الاهتمام : وهذا دليل على الارتباط بين الفرد والمهنة .

-الانتماء : ويقصد به العطاء بصدق والربح بمعقولية والإخلاص في العمل .

٧ـ المساهمة في رعاية الطلبة المتفوقين دراسياً ومهنياً للحفاظ على تفوقهم ، وتنظيم البرامج المناسبة لهم ، ومن هنا يتضح أن عملية التوجيه المهني يجب ألا تقتصرـ على الاهتمام بالجانب التحصيلي للطالب ، ولكن يجب أن تتناول الجوانب التربوية والاجتماعية والنفسية والصحية ... الخ.

ومن المعلوم أن خدمات التوجيه والإرشاد المهني كثيراً ما تقع أسيرة عوامل ومؤثرات خارجية تحرفها عن أهدافها ، مما ينعكس سلبياً على مصداقيتها وفاعليتها ، فمن جوانب الخلل الشائعة في هذه الخدمات أنها كثيراً ما تعمل بقصد على تحريف ميول الفرد وقدراته وتوجيهها بشكل مصطنع نحو مجالات العمل في ضوء فرص العمل المتوافرة، بدلاً من

العمل على الكشف عن القدرات والميول الحقيقية للأفراد لاستثمارها والتوفيق بينها وبين حاجات المجتمع ومتطلباته . ومن جوانب الخلل أيضاً أن خدمات التوجيه والإرشاد تقع في كثير من الأحيان تحت تأثير بعض الأعراف والأنماط الاجتماعية والثقافية السلبية السائدة

فوائد التوجيه المهني السليم

لقد أسفرت كثير من الدراسات النفسية والتربوية الحديثة عن أن وضع الفرد المناسب في المكان المناسب يؤدي إلى كثير من الفوائد النفسية والاقتصادية والصحية ، ومن ذلك ما يلي:-

١ـ ارتفاع نسب النجاح والتقدم والتفوق في مجالات الدراسة والعمل ،ومن ثم تقليل الفشل الدراسي ، وما يترتب عليه من انخفاض معدلات الهدر أو الفاقد التربوي .

٢ ـ شعور الفرد بالرضا والسعادة عن دراسته أو مهنته، ولا شك أن هذا الشعور ينعكس على حياته العملية والأسرية والاجتماعية النفسية.

٣ـ يؤدي التوجيه السليم إلى زيادة الإنتاج كماً وكيفاً ، بمعنى زيادة حجم الإنتاج وتحسين جودته ، مما يساعد على تلبية حاجات الأسواق المحلية ثم تصدير الفائض .

٤. يؤدي التوجيه السليم إلى انخفاض معدلات البطالة ، وحماية المجتمع والأفراد من أضرارها التي أصبحت من أخطر الأمراض الاجتماعية في المجتمعات الصناعية .

٥. عندما يوضع الطالب (أو العامل) في دراسة لا تناسبه أو في مهنه لا تتفق مع استعداداته، فإنه يميل إلى تغيير هذه المهنة إلى أخرى، ويترك كل واحدة منها قبل أن يتقن المهارات المطلوبة لأدائها، ولهذه الظاهرة أضرار كبيرة على كل من العامل وجهة العمل على حد سواء.

٦ـ يؤدي التوجيه السليم إلى انخفاض معدلات تغيب العمال عن أعمالهم ، لأن العامل إذا ما التحق بوظيفة ، يشعر نحوها بالرضا فإنه لا يكثر من الغياب .

٧ـ كشفت الدراسات الحديثة أن التوجيه السليم ، يقلل من معدلات تمرد العمال وعصيانهم وما يترتب على ذلك من خسائر كبيرة للشركات والمؤسسات وحدوث شقاق بين أصحاب العمل والعمال .

٨ـ أظهرت الدراسات أن وضع الفرد المناسب في مكانه المناسب ، يقلل من نسب تمارض الأفراد أي ادعائهم بالمرض للحصول على الإجازات ، أو للتغيب عن الدراسة أو العمل .

٩ـ يؤدي التوجيه السليم إلى انخفاض معدلات حوادث العمل وإصاباته . والمعروف أن حوادث العمل يروح ضحيتها كثير من الأرواح ، كما تؤدي إلى تدمير كثير من الآلات والمعدات ، أو حرق كميات كبيرة من المواد الخام ، بالإضافة إلى دفع تعويضات كبيرة للقتلى أو المصابين .

١٠ـ يؤدي وضع الطالب في دراسة لا تناسبه إلى المعاناة من العقد والأزمات والأمراض والاضطرابات النفسية والعقلية والسلوكية ، وإلى فقدانه الشعور بالثقة في نفسه والرضا عنها ، مما ينتج عنه سوء تكيفه النفسي والاجتماعي .

١١ـ يقود التوجيه السليم إلى انخفاض نسبة الإصابة بأمراض المهنة

١٢ـ أن وضع عمال مهرة في صناعة معينه يؤدي إلى انخفاض تكلفة السلع والخدمات، ومن ثم يصبح في استطاعة أعداد كبيرة من أبناء المجتمع الاستفادة من هذه السلع أو من تلك الخدمات .

١٣ـ يؤدي إلى زيادة الإنتاج ومهارة العامل مما يساعد على ارتفاع مستوى معيشة العمال والموظفين وهم يمثلون قطاعاً كبيراً من قطاعات المجتمع .

١٤ـ يساعد التوجيه السليم على تحسين العلاقة بين أصحاب العمل والعمال وبالتالي تحقيق الرخاء والرفاهية الاجتماعية

التوجيه والاختيار المهني

قد يخلط بعض الناس بين التوجيه والاختيار المهني فيظنون أنهما عمليتان متشابهتان، وهذا غير صحيح . فالتوجيه المهني، يهدف إلى مساعدة الفرد على اختيار مهنة تناسبه، وعلى إعداد نفسه لها، وعلى الالتحاق بها والتقدم فيها بصورة تكفل له النجاح فيها، والرضا عنها، والنفع للمجتمع . ولا تقتصر مهمة التوجيه على ذلك بل تتجاوزه إلى نصح الفرد بالابتعاد عن مهن معينة لا يصلح لها، وتتطلب عملية التوجيه المهني :

١ـ دراسة تحليلية شاملة للفرد ، تكشف عن قدراته المختلفة الجسمية والحسية والحركية والعقلية ، وكذلك سماته المزاجية والاجتماعية والخلقية .

٢ـ تحليل المهن والأعمال المختلفة من نواحيها الفنية والصحية والاقتصادية، أي من حيث ما تتطلبه من استعدادات ومهارات وسمات مختلفة.

أما الاختيار المهني : فهو عملية تهدف إلى اختيار أكثر الأفراد ملاءمة للعمل ، من بين عدة أفراد متقدمين لشغل وظيفة معينة ، على أن ينتج فيها أحسن إنتاج، ويكون أكثر رضا عن عمله . وتقوم بالاختيار المهني جهة مسؤولة عن طريق دراسة عدد معين من الأفراد، لشغل عدد شاغر من الوظائف وذلك بشروط معينة فيتقدم من يشاء ، وعن طريق الدراسة وعقد الاختبارات المختلفة والمقابلات الشخصية ، يحدد أنسب المتقدمين للعمل المعين . وينتهي ذلك بإعلان قائمة بأسماء من وقع عليهم الاختيار . والاختيار المهني يرمي إلى نفس الهدف الذي يرمي إليه التوجيه المهني، ألا وهو وضع الشخص المناسب في المكان المناسب. كما أنه يتطلب بدوره دراسة الفرد دراسة شاملة من ناحية ، والاقتصار على تحليل المهنة أو العمل المعين تحليلاً مفصلاً لمعرفة متطلباته .

ولا تقتصر وظيفة الاختيار على انتقاء أكفأ الأفراد لمهنة معينة ، بل يفيد أيضاً في توزيع الأعمال على العمال داخل المصنع أو المتجر أو القوات المسلحة ، كما يفيد بوجه خاص في انتقاء رؤساء العمال والمشرفين عليهم . ومما يجدر ذكره أن المصانع والشركات تهتم باختيار العاملين فيها من عمال وموظفين على أساس استعدادهم للنمو لا على أساس قدراتهم الفعلية أثناء عملية الاختيار . فشخص ذو استعداد ضعيف قد تكون قدرته الحالية

ـ ان كان قد تلقى تدريبا طويلا ـ أعلى من قدرة شخص آخر لديه استعداد قوي ولكنـه لم يتلق تدريباً كافياً .

التربية المهنية في المراحل الدراسية المختلفة

تكمن وظيفة المدرسة الرئيسية في إعداد الطلبة لشغل الوظائف التـي يحتاجها المجتمع. وفي الوطن العربي يتم التركيز على التعليم الأكاديمي النظري ، ولا يوجد هناك تنويع واضح في التعليم يناسب ميول الطلبة واستعداداتهم .

لقد أكد علماء نفس النمو أمثال "اريكسون" و" بياجيه" على أهمية تحقيق مطالب كل مرحلة من مراحل النمو ، وكل مرحلة دراسية لها متطلبات خاصة ، وفيما يأتي متطلبات ومواصفات التربية المهنية في المراحل الدراسية المختلفة :

١ـ التربية المهنية في مراحل رياض الأطفال (٣ـ٦) سنوات : تتم التربية المهنية هنا مـن خلال اللعب الجماعي الحر ، ويستطيع الطفل التخيل خلال لعبه، ويكثر من أسئلته ، وفي هذه المرحلة يتحقق النمو الشامل لحواس الطفل وقدراتـه ومهاراتـه وميولـه ، وينحصرـ دور المسؤولين عن رياض الأطفال في إعداد المواقف التربوية التي تثري خبرات الطفـل وحبه للاستكشاف ، وهنا يجب التركيز على تنمية كل من المهارات التالية لدى الطفل :

أ-خبرات لغوية من تعبير وإصغاء، وسمع ونطق، وسرد تسلسل أحداث القصة.

ب-خبرات دينية من تهذيب وغرس قيم مناسبة وخيرة لديه .

ج- خبرات عملية مثل تكوين اتجاهات واقعية منطقية لديه، وعدم اعتقاده بالخرافات ووقاية نفسه من المخاطر.

د- خبرات عديدة: تتضمـن تنميـة قدرتـه العدديـة ومفهـوم الزمـان والمكـان والأشكال والأوزان عنده.

هـ- خبرات حركية مثل تقوية عضلاته والتآزر بينها .

٢- التربية المهنية في المرحلة الأساسية الدنيا (الابتدائية سابقا) : يجب أن تتضمن الوحدات الدراسية هنا على الحرف والمهن المختلفة السائدة في البيئة ، مع التوضيح الأشكال والخدمات التي تحققها ، ومدى حاجة المجتمع لها ، ومن الأساليب التي تساعد الطفل على تحقيق أهداف التربية المهنية :

أ- إتاحة الفرصة له كي يكون اتجاهات نحو تقدير واحترام العمل والعمال .

ب- إعطاء واجبات للطفل ، كأن يكتب تقريراً عن مهنة والده أو خاله .

ج- توفير قصص ومجلات مصورة عن الحرف .

د- أنشطة وهوايات تتعلق بالمهن .

٣- التربية المهنية في المرحلة الأساسية العليا (الإعدادية سابقا) : يبدأ الاهتمام هنا بالأعداد المهني للطلبة الذين تساعدهم قدراتهم على متابعة الدراسة الثانوية ، ويجب أن يشرف على الطلبة مشرفون متخصصون بالإرشاد ، وآخرون بالمواد الدراسية المختلفة ليضمنوا تحقيق نجاحهم الدراسي والمهني (جرادات،١٩٩٥)

التوجيه المهني وعلاقته بالتربية المهنية

يبدأ التوجيه المهني كعملية ممهدة للتربية المهنية، ويستمر مصاحباً لها حتى ينمو الفرد في أحسن الظروف المناسبة، ويتحدد الفرق بينهما بالهدف. فإذا كان الهدف مساعدة الفرد على اختيار مهنة والإعداد لها ودخوله فيها، كانت العملية توجيهاً مهنياً. أما إذا كان الهدف هو الإعداد لمهنة مختارة، كانت العملية تربية مهنية أو تأهيلا مهنياً.

ورغم اختلاف هاتين العمليتين ، فإن كل منهما ضرورية للأخرى ، ولا يجوز فصلهما ، فلن تكون التربية المهنية ناجحة دون توجيه ، ولن يتحقق التوجيه دون تربية مهنية تكمله ، كما أن التربية المهنية قد تخدم التوجيه بشكل آخر ، فقد يختار الفرد مهنة من المهن يبدأ في الإعداد لها ، وتخدمه التربية المهنية في استطلاع ما إذا كان اختياره موفقاً أم لا . بهذا تكون التربية المهنية مجالاً للخبرات الاستطلاعية تؤكد أو تدحض صحة اختيار الفرد لمهنة من المهن ، فتكون بذلك عوناً للتوجيه المهني .

- إن التوجيه المهني عملية مستمرة، كذلك الحال في التربية المهنية، فنحن نعيش في عالم متغير تتجدد فيه المعلومات التي يحتاج إليها الفرد في ميدان مهنته ويتطور بتطورها.

- إن التربية المهنية بمعناها الواسع ، تمثل سلسلة من الخبرات المختارة المنظمة والمرتبة ترتيباً يؤدي إلى إعداد الفرد لحياة مهنية منتجة ،لا تخرج عن نطاق البرامج الدراسية في المدارس ، لأنها من عناصر التربية ذاتها ، فالمناهج الدراسية ، ما هي إلا خبرات لإعداد الفرد للمجتمع الذي يعيش فيه ، والتربية المهنية ، يجب أن تكون جزءاً لا يتجزأ من منهج الدراسة ، مندمجة فيه، ومتكاملة معه ، فهي تهدف إلى إتاحة الفرص للأفراد لاكتساب الخبرات التي تؤهلهم لاكتساب المهارة اللازمة إذا ما احترفوا حرفة من الحرف أو دخلوا مهنة من المهن . وبما أن المرونة العقلية ، واتساع دائرة ميول الفرد وهواياته من أهم العوامل المؤدية إلى النجاح المهني ، وجب على المدرسة أن تتحمل هذا العبء وتكون برامجها أساساً سليماً للإعداد المهني السليم .(عبد الهادي،١٩٩١)

الطور phase	المستوى (الصف) grade	الخصائص والمميزات characteristics
الوعي المهني	الحضانة ولغاية الصف السادس	إدراك الذات, توسيع الأفق المهني, وعي أهمية العمل في المجتمع, السلوك الاجتماعي ونمو النشاطات المسؤولة عنه.
الاكتشاف المهني	السابع – الثامن	تطور المفاهيم والمهارات الأساسية المتعلقة بالذات وعالم العمل وتطور المعرفة عن المهن, مهارات اتخاذ القرار بشكل غير مباشر وتطور العوامل التي لها علاقة بالاختيار المهني.
التوجيه المهني	التاسع- العاشر	تطور أكبر للمعرفة المهنية, تقييم دور العمل, تطور المعرفة للعوامل الاجتماعية والنفسية المتعلقة بمجالات العمل, توضيح مفهوم الذات, بناء الذات, بناء سلوك اجتماعي مقبول, فهم الحاجات الاقتصادية الأساسية والضرورية للتخطيط المهني.
مرحلة الإعداد المهني	المرحلة الثانوية الأول الثانوي- الثاني الثانوي	بناء المعرفة في كيفية الدخول بالمهنة, تقدير عادات وأخلاقيات العمل, فهم العوامل الاجتماعية والنفسية المتعلقة بالعمل, تنفيذ الخطط للتعليم أو التدريب, توضيح الاهتمامات والميول المتعلقة بالإمكانيات والتفصيلات المهنية للفرد.
المرحلة التي تلي الثانوية.	جامعة, كلية متوسطة, مدرسة مهنية فنية	التأكيد على الاختيار المهني وعلاقته بالاهتمامات والميول, تطوير المهارات والمعرفة المهنية المحددة والمهارات الشخصية للدخول في المجال التعليمي أو المهني الذي تم اختياره .

الفصل الرابع

معلم التربية المهنية

أولا : ادوار معلم التربية المهنية التجديدية في ظل الاقتصاد المعرفي

ثانيا : معلم التربية المهنية: إعداده ، تدريبه ، كفاياته

الفصل الرابع

معلم التربية المهنية

أولاً: أدوار معلم التربية المهنية في ظل الاقتصاد المعرفي

مـقدمة:

منذ القدم والنظرة للمعلم نظرة تقدير و تبجيل وعلى أنه صاحب رسالة مقدسة وشريفة على مر العصور، فهو معلم الأجيال ومربيها، وإذا أمعنا النظر في معاني هذه الرسالة المقدسة والمهنة الشريفة خلصنا إلى أن مهنة التعليم الذي اختارها المعلم وانتمى إليها إنما هي مهنة أساسية وركيزة هامة في تقدم الأمم وسيادتها ، وتعزي بعض الأمم فشلها أو نجاحها في الحروب إلى المعلم وسياسة التعليم كما أنها تعزي تقدمها في مجالات الحضارة والرقيّ إلى سياسة التعليم أيضاً.

النظرة قديماً وحديثاً للمعلم :

اختلفت النظرة عبر العصور من حيث الأدوار التي يؤديها المعلم ، فقديماً أي ما قبل عصر التربية الحديثة كان ينظر للمعلم على أنه ملّقن وناقل معرفة فقط وما على الطلاب الذين يعلمهم إلا حفظ المعارف والمعلومات التي يوصلها إليهم . كما أن المعلم يعتبر المسؤول الوحيد عن تأديب الأولاد وتربيتهم دونما أهمية لدور الأسرة والبيت في التنشئة والتربية السليمة .

تطور هذا المفهوم في عصر التربية الحديث ، وأصبح ينظر إلى المعلم على أنه معلم ومرب في آن واحد فعلى عاتقه تقع مسؤولية الطلاب في التعلّم والتعليم والمساهمة الموجهة والفاعلية في تنشئتهم التنشئة السليمة من خلال الرعاية الواعية والشاملة للنمو المتكامل للفرد المتعلم " روحياً وعقلياً وجسمياً ومهارياً ووجدانياً " هذا إضافة إلى دور المعلم في مجال التفاعل مع البيئة وخدمة المجتمع والمساهمة في تقدمه ورقيّه. ويطلب من المعلم تجاه هذه الأدوار والمهام التي يؤديها ويمثلها أن يكون بمثابة محور للعمل

في المدرسة وعمودها الفقري وترتكز قيمته على وعيه وإلمامه بمسؤولياته الجسام والجديدة والمتطورة والشاملة والمتناسبة مع روح العصر في تحقيق الأهداف التربوية بجوانبها المختلفة ، والمشاركة الفعّالة والإيجابية من خلال عمله كعضو في المؤسسة التعليمية ، في إعداد المواطن الصالح الذي يعرف ما له وما عليه ، ويكون ذلك برعاية النمو الشامل للتلاميذ المتعلمين جسمياً وعقلياً وانفعالياً.

وبشكل عام فإن النظرة الحديثة للمعلم تتمثل باعتباره معلم تراث ، معلم قدوة ويمثل دعامة أساسية من دعامات الحضارة فهو صانع أجيال وناشر علم ورائد فكر ومؤسس نهضة وإذا كانت الأمم تقاس برجالها فالمعلم هو باني الرجال وصانع المستقبل ، ولا عجب إذ ينادي رفاعة الطهطاوي بأن المعلمين هم خير من يمشي على تراب الأرض .

فالتربويون يصنفون المعلمين وفق الأدوار التي يمارسونها في تدريسهم إلى فئات عدة ، فيعتبرون:

- المعلم الضعيف الذي يلقّن (A Poor teacher tells).
- المعلم المتوسط الذي يفسّر (An Average teacher explains).
- المعلم الجيد الذي يعرض (A Good teacher demonstrates).
- المعلم الممتاز (المتميز) الذي يلهم (A Great teacher inspires) . (وزارة التربية والتعليم،٢٠٠٥)

الأدوار التي يمثلها المعلم :

يمثل المعلم في العصر التربوي الحديث عدة أدوار تربوية اجتماعية تساير روح العصر والتطور منها:

١- دور المعلم كناقل معرفة :

في هذا الدور لم يعد المعلم موصلاً للمعلومات والمعارف للطلاب ولا ملقناً لهم ، لقد أصبح دور المعلم في هذا المجال مساعداً للطلاب في عملية التعلم والتعليم ، حيث يساهم

الطلاب في الاستعداد للدروس والبحث والدراسة مستنيرين بإرشادات وتوجيه معلمهم الكفء الذي يعي الأساليب التقنية وتكنولوجيا التعليم ولديه القدرة والمهارات الهادفة في معاونة الطلاب على توظيف المعرفة في المجالات الحياتية المتنوعة هذا إضافة إلى قدرة المعلم على صياغة الأهداف الدراسية والتربوية والعمل على تحقيقها من خلال الدرس والحصة والنشاطات الصفية واللاصفية ، لذا فإن المعلم في هذا المجال يحتاج إلى التطور والتجدد باستمرار ليحقق الأهداف التعليمية التعلمية.

٢- دور المعلم في رعاية النمو الشامل للطلاب :

من المعروف في العصر التربوي الحديث أن الطالب محور العملية التربوية بأبعادها المتنوعة وتهدف هذه العملية أولاً وأخيراً إلى النمو الشامل للطالب " روحياً وعقلياً ومعرفياً ووجدانياً " وبما أن المعلم فارس الميدان التربوي والعملية التربوية فهو مسؤول عن تحقيق هذه الأهداف السلوكية من خلال أدائه التربوي الإيجابي سواءً أكان خلال الموقف التعليمي داخل غرفة الصف أم خارجها في المجتمع المدرسي والمحلي كل ذلك يتطلب من المعلم أن يضمن خططه سواءً أكانت يومية أو أسبوعية أو شهرية أو سنوية ، ولتحقيق الأهداف السلوكية التي تساعد في النمو المتكامل للطالب وتنشئته تنشئة سليمة وفي هذا المجال أيضاً يتطلب من المعلم أن يكون قادراً على تحليل المناهج والمقررات التي يدرسها عاملاً على إثرائها وتوظيفها لخدمة الطلاب ، كما ويترتب عليه وضع الخطط الهادفة للأنشطة الصفية واللاصفية التي تساعد في توظيف المعرفة وربطها بالواقع الحياتي الذي سيساهم به الطالب عندما يصبح أهلاً لذلك .

ويطلب من المعلم في هذا الدور أن يكون ذا علاقات إنسانية طيبة مع الطلاب والمجتمع المدرسي بأكمله ليتمكن من تحقيق إيجابيات هذا الدور.

٣- دور المعلم كخبير وماهر في مهنة التدريس والتعليم :

يجب أن يسعى المعلم دائماً للنمو المهني والتطور والتجديد في مجال الاطلاع على خبرات المهنة الحديثة والمتجددة كما ويجدر به ويتطلب منه أن يعي الأساليب والتقنيات الحديثة ليقوم بنقل الخبرات المتطورة إلى طلابه بشكل فعال وإيجابي ، كما ويطلب منه أن

يكون عصرياً في توظيف تكنولوجيا التعلم والتعليم المبرمج والأجهـزة الإلكترونيـة الأخرى، ومتجدداً ومسايراً لروح العصر في أساليبه ومهاراته التعليمية ليستطيع بالتالي من المساهمة الفعالة في تحقيق الأهداف السلوكية التربوية المرجوة .

٤- دور المعلم في مسؤولية الانضباط وحفظ النظام :

يعتبر المعلم في هذا المجال مساعداً ووسيطاً لتحقيق سلوك اجتماعي إيجابي لدى الطلاب قوامه الانضباط والنظام ، بحيث لا يتأتى ذلك مـن خلال الأوامر والتسلط بل من خلال إشاعة الجو الديمقراطي الهادف لرعاية الطلاب في هذا المجال بحيث يساهم الطلاب في مشروعات وقرارات حفظ النظام والانضباط في حدود مقدرتهم وإمكانيـاتهم بشكل عام فالطالب الذي يساهم في صنع القرار يحترمه ويطبقه ، فمثلاً عندما تكون في المدرسة ظواهر شغب ومخالفات للقوانين والتعليمات وخرق لأنظمة الدوام يقع عـلى عـاتق المعلـم إشراك الطلاب في دراسة الأسباب وعم البحوث بشأنها وبالتالي تتخذ التوصيات والاقتراحات بشأن العلاج وطبعـاً لا بـد مـن توجيـه وإرشاد المـربي في هـذه الفعاليـات والإجراءات .

٥- دور المعلم كمسؤول عن مستوى تحصيل الطلاب وتقويمه :

إن مستوى التحصيل الجيّد في المجالات التربويـة المتنوعـة معرفيـة و وجدانيـة و مهارية يعتبر هدفاً مرموقاً يسعى المعلم الناجح لمتابعته وتحقيقه مستخدماً كل أساليب التقنية وتكنولوجيا التعليم في رعاية مستوى تلاميذه التحصيلي على مدار العام الـدراسي بـل والأعوام الدراسية وذلك في مجال ما يدرسه من مناهج ومقررات . فالمعلم الناجح هو الـذي يوظف اللوائح المتعلقة بتقويم الطلاب في المجالات المعرفية والوجدانية والمهارية بشكل موجه وفعال، ويلزمه في هذا المجال فتح السجلات اللازمة لتوثيق درجات الطلاب حسب التعليمات، هذا إضافة إلى فتح السجلات التراكمية لمتابعـة سلوك الطلاب وتقويمه، كـما ويتطلب منه أيضاً وضع الخطط اللازمة لمعالجة حالات الضعف وحفز حالات التفوق. كما أن على المعلم في هذا المجال ، القيام بأبحاث ودراسات إجرائية لحالات التأخر في مجالات التحصيل المعرفي أو المجالات ا لسلوكية الأخرى متعاوناً بذلك مع زملائه وإدارة المدرسة ومع الأسرة

وتجدر الإشارة في هذا المجال أن يتبع المعلم الأساليب المتطورة والحديثة في مجالات القياس والتقويم ويجب أن يكون المعلم حاكماً نزيهاً وقاضياً عادلاً في تقويمه لطلابه.

٦- دور المعلم كمرشد تربوي :

على الرغم من صعوبة قيام المعلم بدور إرشادي وتوجيهي للطلبة إلا أنه يجب عليه أن يكون ملاحظاً دقيقاً للسلوك الإنساني ، كما يجب عليه أن يستجيب بشكل إيجابي عندما تعيق انفعالات الطالب تعلمه ويجب عليه أن يقدم للطالب برامج توجيه مهني لمساعدته على اتخاذ القرار المهني السليم وتعريفه دائماً بالمهن في سوق العمل وتنمية اتجاهات ايجابية نحو العمل اليدوي

٧- دور المعلم كنموذج :

بغض النظر عما يفعله المعلم داخل أو خارج الصف فإنه يعتبر نموذجاً للطلاب . ويستخدم المعلمون النمذجة بشكل مقصود ، فمثلاً العروض التي يقدمها المعلم في مادة التربية البدنية أو الكيمياء أو الفن تعتبر أمثلة مباشرة للنمذجة . وفي مرات عديدة يكون المعلم غير مدرك لدوره كنموذج سلوكي يحتذى به من قبل طلبته ، فعندما يدخن المعلم أمام طلبته أو يستخدم ألفاظاً نابية مع طلبته ، فإنه لا يدرك تأثير ذلك على سلوك طلبته المستقبلي.

٨- دور المعلم كعضو في مهنته :

لا بد من انتماء المعلم للمهنة التي يعمل بها فينضم إلى نقابتها ويحافظ على شرفها وسمعتها ، ويسعى على الدوام بأن ينمو ويتطور من خلال جمعيات المعلمين لأن هذه المؤسسات تسعى دائماً لتطوير وتجديد منتسبيها من المعلمين من خلال اللقاءات والندوات والنشرات . كما أن المعلم في هذا الدور مطالب بالمساهمة في نشاط هذه المؤسسات والجمعيات لما له من مردودات إيجابية في مجال النمو المهني .

٩- دور المعلم كعضو في المجتمع :

يطالب المعلم في هذا الدور أن يكون عضواً فعالاً في المجتمع المحلي ، بحيث يتفاعل معه فيأخذ منه ويعطيه ، فالمعلم في المفهوم التربوي الحديث ناقل لثقافة المجتمع ، فكيف

يكون ذلك إذا لم يساهم المعلم في خدمة هذا المجتمع في مناسباته الدينية والوطنية والقومية هذا إضافة إلى فعالياته الاجتماعية الأخرى عـن طريـق مجالس الآبـاء والمدرسين والانضمام إلى الجمعيات الخيرية الموجهة لخدمة المجتمع والتعاون مـع المؤسسـات التربويـة والمتخصصين الآخرين في المجتمع.(وزارة التربية والتعليم ، ٢٠٠٥) .

دور معلم التربية المهنية في التعليم الإلكتروني

Instructor Role in e-Learning: prevocational education

يعد المعلم أحد المدخلات الرئيسة في أية عملية تعلمية ، لكـن دوره أصبح يختلف عما كان سابقاً ، وبخاصة معلم التربيـة المهنيـة في ظـل منظومـة تكنولوجيا المعلومـات نظراً لطبيعة المبحث الذي يغلب عليه الصبغة العملية،إذ لم يعد مجرد ناقل للمعلومات من كتاب مدرسي إلى أذهان تلاميذه بـل إنّ عليـه العمـل عـلى مشـاركتهم بإيجابية في الحصول عـلى المعلومات، أي تقديم الخطوط العريضة للمحتوى التعليمي، وتوجيـه التلميـذ إلى أن يبحث عن بقية المعلومات المرتبطة بالموضوع من مصادرها المختلفة باستخدام الوسائل التكنولوجية الحديثة ؛ لأنّ الهدف من عمليـة الـتعلم لم يعد مجـرد اجتيـاز للاختبارات فحسب،بل إنّهـا تعمل على بناء العقل وتنمية المهارات العقلية واليدوية والعملية والتفكير العلمـي بأنواعـه المختلفة.

وحتى يكتمل دور المعلم، فإن عليه أن يغير هذا الدور من ملقن للمحتوى العلمـي ليصبح متعدد الأدوار، فقد يكون مـديراً للموقف التعليمـي، ومصمماً للعمليـة التعليميـة، ومنتجاً للمواد التعليمية، ومرشداً للمتعلم، ومقوماً للنظام التعليمي تقويماً مستمراً.

لهذا فإن دور معلم التربية المهنية في التعلم الإلكتروني أكثر أهمية وأكثر صعوبة من دوره في عملية التعليم التقليدي، فهو شخص مبدع ذو كفاءة عاليـة يـدير عمليـة التعليم بقيـادة وتوجيـه مستمر لكـل طالب نحـو المعرفـة النظريـة والعمليـة المنشـودة والوجهـة الصحيحة للاستفادة من التكنولوجيا المتوافرة. وبشكل عام فإنّه ينبغي له القيام بما يلي:

١. أن يدرك خصائص وصفات كل طالب يدرسه ، وذلك مـن خلال التفاعل المستمر بينه وبين طلابه، وأن يشجع باستمرار على التفاعل بين طلبته والعالم الخارجي.

٢. أن يعمل بكفاءة عالية كمرشد وموجه ومسهل للوصول إلى المعرفة المنشودة.

أن يستخدم مهارات تدريسية تراعي احتياجات الطلبة المتنوعة ، منها مهارة المحاورة الايجابية ، ومهارة حسن الاستماع ، ومهارة احترام الرأي والرأي الآخر، والتعاون...الخ

لذا فإن للمعلم أدواراً جديدة في عمليات :

١- التخطيط المدرسي ، حيث أصبح يتجه نحو التخطيط الإلكتروني القائم على عمل نماذج جاهزة إلكترونيا وتخزينها والعمل على تنفيذها.

٢- التنفيذ : إذ ينوع في الاستراتيجيات ويوجه الطلبة للاستفادة من كتبهم ومصادر المعرفة المتوافرة لديهم

٣- التقييم : إذ يعمل على إعداد نماذج امتحانات جاهزة وكذلك إعداد سجلات تقويم المهارات العملية ، وكذلك إعداد أدوات تقويم متنوعة لتقييم المهارات العملية.

٤- إدارة الصف : حيث يمكن استخدام الحاسوب في تدريس الكثير من دروس التربية المهنية والاستفادة من الأفلام والأقراص المدمجة حيث يمكن إعادة عرض المهارات الصعبة أمام الطلاب حتى الوصول إلى درجة الإتقان . حيث يحتاج هذا النوع من الاستراتيجيات إلى نوع خاص من الإدارة الصفية.

٥- علاقاته مع الطلبة وزملائه المعلمين : وتحتاج هذه العملية إلى اتصال أفقي بين المعلم وزميله كما تقوم على تبادل الخبرات، واتصال أفقي مع الطالب مبنية على الاحترام المتبادل، وأن تتغير النظرة إلى المعلم على أنه المصدر الوحيد للمعرفة، ويكون لديه استعداد لأن يتعلم من بعض تلاميذه بعض الخبرات.(وزارة التربية والتعليم ، ٢٠٠٥)

ثانياً: معلم التربية المهنية :إعداده،وتدريبه

يقوم اقتصاد البلاد ، والتفجر المعرفي الذي نشهده واعتماد الحياة الحديثة، والتوسع في التعلم والرغبة الملحة في التعليم قد ضاف مسئوليات جديدة للمعلم ، وزادت الحاجة للمعلمين عدداً ، وزاد الاهتمام بانتقائهم وإعدادهم وتدريبهم. يتميز معلم التربية المهنية ، بالمقارنة مع بقية معلمي التعليم العام ، باتساع قاعدة المهام والوجبات التي

يمارسها بسبب ما تشتمل عليه التربية المهنية من نشاطات عملية، وجوانب تطبيقية فضلا عن المعلومات والمعارف النظرية كما يلي :ـ

١-   الإلمام بدائرة واسعة من التخصصات.

٢-   المقدرة على الربط بين التخصصات المختلفة وبين الإطار الاقتصادي والاجتماعي والثقافي الأوسع.

٣- المقدرة على التوجيه والإرشاد فالوظيفة الرئيسية لهذا الجانب من التعليم العام، هي التوجيه نحو مهنة المستقبل ، أو أية اختيارات مهنية لاحقة.

٤- الإلمام بطرائق التدريس المناسبة والخاصة في المجال المهني وخصوصا المهارات العملية. فضلا عن تدريس الجوانب النظرية المتعلقة بالنشاط العملي.

٥-   الإلمام باحتياجات الأمن والسلامة ، والمقدرة على ترسيخ مفهومها لدى الطلاب والقدرة الحسنة في إتباع تعليمات السلامة المهنية وتطبيقاتها الصحيحة.

٦- المقدرة على الابتكار وحسن استغلال ما يتوافر من مواد ومخلفاتها، وتسخيرها للعملية التعليمية (المصري ، ١٩٩٣)

وعملية إعداد المعلم وتدريبه عملية شديدة الأهمية ، لأن نجاح المعلم في عمله يتوقف على نوع الإعداد الذي تلقاه ومستوى ذلك الإعداد ؛ويتبع ذلك في الأهمية تدريب المعلم سواء قبل الخدمة أو في أثنائها وبخاصة معلمي التربية والتعليم المهني نظراً لتغيرات الدور ومتطلبات سوق العمل في ضوء التطورات التكنولوجية المعاصرة .(الأمير، ٢٠٠٢)

٢- إعداد معلم التربية المهنية:

إن تنوع برامج التربية المهنية والمهارات الدقيقة المتطلبة لكل برنامج تفرض وجود معلمين بمؤهلات متنوعة، ومهارات مختلفة تتناسب،وتنوع برامج ومهارات التربية المهنية، فالدرجة العملية، والخبرة العملية التطبيقية أساسية في مؤهل معلم التربية المهنية، والمهم هنا أن يكون المعلم خبيراً وماهراً في مجال التخصص المهني، وقد تكون هذه الخبرة ممارسة عملية، فضلا عن الدراسة النظرية، وتشتمل برامج إعداد معلم التربية المهنية، وتأهيله

لممارسة مهنته بشكل عام على أساليب التدريس والتدريب العامة والخاصة، والمباحث التربوية الأخرى كعلم النفس التربوي ، ومنهجية التعليم. (محمد عقيل ، ١٩٩١)

يهدف هذا الجانب من إعداد معلم التربية المهنية إلى رفع كفاءته ، وقدرته على نقل المعلومات والمهارات للطالب، ويمكن أن يتم الإعداد والتأهيل التربوي والمسلكي كجزء متكامل من الإعداد الفني ضمن نمطين :-

الأول : النمط التكاملي :

بموجب هذا النمط يتم إعداد المعلم وتأهيله تربوياً من خلال البرنامج الدراسي الذي يشتمل على مواد تربية ومواد عامة ومهنية.

الثاني : النمط التتابعي .

يتم إعداد المعلم، وتأهيله تربياً ومسلكياً وفنياً بموجب هذا النمط عن طريق إعداده أولا كفني ومن ثم إعداده مسلكياً من خلال برنامج دراسي مناسب (المصري،١٩٩٣)

تختلف مؤهلات المعلمين والمعلمات الذين يدرسون مبحث التربية المهنية باختلاف المرحلة التي يدرسون فيها كما يلي:-

١- يدرس المبحث في الصفوف الأربعة الأولى (١-٤أساسي) معلم الصف، ونظراً لأنه غالبا ما يكون مؤهلا تأهيلا أكاديميا فقط ، فمن الضروري تدريبه على المهارات الواردة في المنهاج ليكون قادراً على تدريب الطلاب.

٢- يدرس البحث في الصفوف الخامس والسادس والسابع الأساسي، معلم التربية المهنية المؤهل ليكون قادراً على تدريس كافة الوحدات التدريبية في المجالات الخمسة

٣- يدرس المبحث للصفوف الثامن والتاسع والعاشر الأساسي ، معلم مبحث أو مجال يكون متخصصاً في واحد من المجالات الخمسة ، التي تشكل وحدات منهاج التربية المهنية .

ونظراً لاختلاف مستويات معلمي التربية المهنية وتخصصاتهم فإن الوزارة قد أعدت خطة لتأهيل هؤلاء المعلمين إلى الدرجة الجامعية الأولى في التربية المهنية ضمن برامج الجامعات الأردنية ، حيث سيتم ترشيح من تنطبق عليهم الشروط للدراسة في برنامج التربية المهنية في الجامعة الأردنية وذلك انطلاقا من توصيات مؤتمر التطوير التربوي الأول ١٩٨٧ التي تركز على ضرورة توفر الحد الأدنى اللازم من متطلبات الالتحاق بمهنة التعليم على أن لا يقل عن أربع سنوات من الإعداد والتأهيل ، لتحتل هذه المهنة مكانة مرموقة بين المهن الأخرى.

- تدريب معلم التربية المهنية

يمكن تعريف التدريب المهني ((بأنه عملية تزويد الفرد بالمهارات والمعلومات والاتجاهات ، أو تطويرها لديه بشكل يؤدي إلى تغيير في سلوكه ، وأدائه ليصبح قادراً على القيام بعمل ما بشكل مناسب، والتدريب أثناء الخدمة كعنصر ـ هام ، وضروري من عناصر تأهيل المعلم وتطوير قدراته ، وتحسين مستوى أدائه وزيادة كفاءته ، وتعريفه بالوسائل والأساليب المتعلقة بالعمل ، وذلك انطلاقا من توصيات مؤتمر التطوير التربوي الذي شمل كافة جوانب العملية التربوية ، والتي تعتبر المعلم دعامته الأساسية، وقد روعي في إعداد البرامج التدريبية الخاصة بمعلمي التربية المهنية ، وبنائها مجموعة من الأسس والخصائص، جاءت في طبيعتها وبنائها ملبية لحاجات المتدربين ، وملائمة لطبيعة المباحث من حيث تنوع مجالاته ومنها:ـ

١- اتصاف برامج التدريب بالواقعية وإمكانية التنفيذ حيث جاءت مضامينه وانشطته التجريبية ملبية للحاجات الحقيقية لفئات المتدربين.

٢- اعتمدت البرامج في تنظيمها ، وتنفيذها وتقويمها على المنحى التكاملي ، متعدد الوسائل ، الذي يجمع بين استخدام وسائط التدريب المباشر وغير المباشر على نحو تكاملي وفعال.

٣- أكدت البرامج التدريبية على ضرورة الربط بين ما هو نظري وعلمي فجاءت برامج عملية تطبيقية تستهدف إحداث تغييرات أدائية في أساليب تدريس، وتدريب المتدربين ليظهر أثرها فعلياً في ممارساتهم في غرف الصفوف والمشاغل المهنية

٤- اتصفت البرامج التدريبية بمرونتها، واتساعها وقابليتها للتطور والنماء ، معتمدة في ذلك على استثمار حكمة وخبرة المتدربين من جهة، وعلى التغذية الراجعة من قادة النشاطات والمتدربين أنفسهم، وما تظهره نتائج الزيارات التوجيهية ، والتقويمية للمتدربين ، وهم يؤدون مهماتهم التدريبية بشكل فعلي من ناحية أخرى.

٥- ضرورة تلبيتها للحاجات العامة المشتركة بين المتدربين من جهة وتلبيتها للحاجات الخاصة بكل فئة منهم وفق اختصاصاتهم المهنية المختلفة من جهة أخرى، وبذلك فإن البرنامج التدريبي أثناء الخدمة وبرامج إعداد المعلمين وتتألف من محورين رئيسين : يشتمل الأول على الجوانب المهنية العامة ، أما المحور الثاني فيشتمل على الحاجات الأكاديمية اتفاقاً مع ما جاء في توصيات مؤتمر (اليونسكو) المنعقد في باريس في دورته الثامنة عشرة عام ١٩٧٤ في توصيته المعدلة ، ومؤتمر اليونسكو في الدورة الخامسة والعشرين عام ١٩٨٨.

٦- حيث أكد على ضرورة توفر تدريب مستمر للمعلمين والقائمين بالتدريب وتزويدهم بأحدث المعلومات، وكذلك التدريب في مجال التجديدات التربوية لكل تخصص .

٧- وقد بدأ مركز التدريب التربوي بتنفيذ هذا البرنامج لمعلمي التربية المهنية ، والقائمين بالتدريب بدءاً من مطلع العام الدراسي ٩٤/٩٣ ولمدة عشرة سنوات ، وقد تركزت أهداف البرنامج في مساعدة المعلمين على تجاوز العقبات التي تواجههم في تطبيق المنهاج ، وقد تضمن برنامج التدريب في ذلك العام تدريب المعلمين على الإدارة الصفية، ومراعاة الفروق الفردية ، وتنمية الاتجاهات والقيم، ومدة هذا التدريب ثمانية أيام في بداية العام الدراسي ، والجزء الثاني من برنامج التدريب، تم تصميمه لإكساب المعلمين بعض المهارات في المجالات التي لم يؤهل لها مثل: الكهرباء والنجارة والعدد اليدوية والتمريض والتجارة وأشغال المعادن والتغذية والخياطة والرسم الصناعي وإدارة المشاغل وإدارة المنزل والزراعة للمعلمين ممن يعملون في الصفوف (٥،٦،٧).

أما معلمو الصفوف الأربعة الأولى فقد تم تخصيص يومين من برنامج التدريب المخصص لهذه الفئة لتدريبها على مهارات منهاج التربية المهنية، وذلك لان معظم موضوعات الكتاب هي موضوعات أقرب للنظرية منها للتطبيق.

أما البرنامج التدريبي الثاني فقد نفذ في مطلع عام ٩٥/٩٤ حيث تم تدريب المعلمين ثمانية أيام على مهارات عامة ، تضمنت العصف الذهني ، الأسئلة السابرة ، المنحى العملي في التدريب ، التدريس بأسلوب الحوار والمناقشة ، ربط التعلم بالحياة ، بناء الاختبارات، التخطيط للتدريس ، وقيادة المشاغل التربوية . وقد عقد دورات تخصصية لمعلمات التربية المهنية في المحافظة مثل : تشكيل القش والخيزران ، وصناعة الصابون ، والكريمات ، وخياطة الستائر ، والترقيع اليدوي والآلي وتطبيقات على التطريز اليدوي وصباغة الأقمشة، وأشغال الصنارة والكروشية ، واستخدام خامات البيئة في تنفيذ نشاطات المنهاج.

- **كفايات معلم التربية المهنية**

يعتبر مصطلح الكفاية (Competency) من المصطلحات الحديثة في مجال التربية، حيث ظهرت حركة قوية في أمريكا تدعو إلى إعداد المعلمين وتدريبهم على أساس الكفاية ،وقد حققت هذه الحركة نجاحاً لأنها تنسجم في فلسفتها مع مفهوم التربية المستمرة ، وتعمل على معالجة أوجه القصور في برامج التدريب التقليدية ، وتعتبر هذه الحركة من الاتجاهات التجديدية لتدريب المعلمين أثناء الخدمة ، وتقوم على فكرة التعلم الذاتي (Self Learning)والتعلم الاتقاني (Mastery Learning) ، والتدريب الموجه نحو العمل (Learning by Doing) كما تتيح للمتدرب فرصة كبيرة للاستفادة من الوسائط المتعددة، والتكنولوجيا في عملية التدريب .(Missouri Standards،١٩٩٩)

فما هي الكفاية؟ وخصائصها؟ وأنواعها ؟

- الكفاية : لغة ،" كفى: يكفي كفاية : إذا قام بالأمر ، ومن استغنى عن غيره فهو كافٍ".

- الكفاية :" القدرة على عمل شيء ما بفاعلية ومستوى معين من الإتقان" .

- الكفاية:" جميع المعارف والقدرات والاتجاهات ، والقدرة عـلى أداء واجب معـين ، وهي تقيس كيف وكم المخرجات التي يعدها النظام التربوي" . (الطعاني، ص ٦٩)

وخلاصة القول أن الكفاية تعني: القدرة على أداء عمل معين ، بحيـث يشـتمل عـلى المعـارف والاتجاهات والمهارات ، وصولاً إلى حد الإتقان ، وتوجه سلوك التدريس لدى المعلـم في البيئـة التعليمية ، ويمكن قياسها بمعايير خاصة متفق عليها .

ويشير برتيل (Breteel) "إلى أن الكفاية هي المعرفـة المتعمقـة في مـادة مـن المـواد أو مهـارة محددة، وهي تختلف عن التفوق أو الامتياز سواء من جهة النوع او المستوى، فالكفاية هـي حالة الأداء أو الإنجاز المناسب لمهمة معينة ، بينما التفوق هو حالة الإنجاز المطلقة والمستوى الأرفع في الأداء الذي تبلغه أقلية صغيرة قياساً بأكثرية كبرى .

وهناك أربعة أنواع من الكفايات اللازمة لمعلم التربية المهنية :-

١- الكفايات المعرفية: (Cognitive Competencies) وهي المعلومات والمهارات العقليـة الضرورية لأداء المعلم في ميادين عمله كافة

٢- الكفايات الوجدانيـة : (Affective Competencies) وتشـير إلى استعدادات المعلـم وميوله ومعتقداته وقيمه، واتجاهاته نحو مهنته

٣- الكفايات الأدائية: (Performance Competencies) وهي كفايات الأداء التي يظهرهـا المعلم بحيث تتضمن المهارات النفس حركيـة ، كإجراء العروض العمليـة واستخدام تكنولوجيا التعليم، وتعتمد على ما حصله المعلم من كفايات معرفية .

٤- الكفايات الإنتاجية : وتشير إلى إثراء أداء المعلم للكفايات السابقة في التعليم ، بمعنى أثر كفايات المعلم في المتعلمين ومدى تكيفهم في تعلمهم المستقبلي أو في مهنهم. (السيد ٢٠٠٤،)

وقد أشارت (السيد، ٢٠٠٥) إلى الكفايات اللازمة لمعلم التربية المهنية في مرحلـة التعليم الأساسي ليتمكن من ممارسة أدواره بفاعليـة،حيث صنفت في سبعة مجالات هـي: (التخطيط للتعلم، تنظيم عملية التعلم والتعليم ، قيـاس تعلـم الطلبـة وتقويمهم ،استخدام مشغل

التربية المهنية ،الإرشاد والتوجيه المهني ، النمو المهني للمعلم ، والتفاعـل مـع الطلبـة والمجتمع المحلي) تم اشتقاقها وفقاً للمعايير العالمية ، والدراسـات السـابقة كمـا هـو موضح فيما يأتي :

١. مجال التخطيط للتعلم

- إعداد خطة فصلية ملبية لاحتياجات المنهاج.

- يحلل محتوى التربية المهنية إلي مكوناته الرئيسة.

- الإعداد والتحضير اليومي للمادة التعليمية قبل إعطائها للطلبة.

- صياغة أهداف سلوكية تغطي المجال المعرفي والانفعالي والنفسحركي.

- يحدد حاجات المتعلمين في ضوء خصائصهم النمائية.

- يحدد المتطلبات السابقة للتعلم ذات الصلة بالأهداف التعليمية.

- تجهيز العدد والأدوات اللازمة للتعلم العملي.

- إعداد بطاقة التمرين العملي لتنظيم تعلم المهارات العملية.

- يحدد استراتيجيات وطرق التعلم والتعليم المناسبة للجوانب النظرية والعملية.

- يحدد طرائق وأدوات التقويم لقياس تعلم الطلبة النظري والعملي.

٢. مجال تنظيم عملية التعلم والتعليم

- يحلل مهمات التعلم إلى مهارات ثم إلى خطوات

- استثارة دافعية الطلبة واهتمامهم نحو التعلم

- مراعاة الجوانب الاقتصادية والفنية للتمرين العملي

- استخدام طريقة التدريس المناسبة للموقف التعليمي التعلمي

- استخدام الوسائل السمعية والبصرية وفقاً لما هو مخطط

- استخدام الحاسوب والأنترنت وتكنولوجيا المعلومات في التدريس

- توظيف مهارات الاتصال اللفظي وغير اللفظي
- تنظيم نشاطات عملية منهجية تراعي الفروق الفردية بين الطلبة
- التركيز على الجودة والإتقان في تنفيذ التمارين العملية
- يوفر التدريب العملي الملائم للطلبة والمبني على التعزيز
- ربط الجوانب النظرية بالتطبيق العملي
- استخدام المعلم لاستراتيجيات تدريس المهارات العملية
- إسهام المعلم بإكساب الطلبة أسلوب التعلم الذاتي
- ينمي المعلم روح التعاون وعمل الفريق
- الإشراف على الطلبة أثناء التدريب العملي

٣. مجال قياس تعلم الطلبة وتقويمهم

- يمتلك المعلم سجل تقويم المهارات العملية للطلبة
- يعد بنود اختبارية ملائمة لقياس الأهداف التعليمية
- القدرة على اعداد جدول مواصفات للإختبارات
- استخدام الأدوات المناسبة لقياس تعلم الطلبة النظري
- وضع معايير لتقويم تعلم الدروس العملية
- اختيار أداة القياس المناسبة للمعايير التي وضعها المعلم للمهارة
- وضع الخطط العلاجية في ضوء التغذية الراجعة من الاختبارات

٤. مجال استخدام مشغل التربية المهنية

- تنظيم مشغل التربية المهنية بشكل يتناسب وطبيعة الدروس العملية
- تصنيف العدد والأدوات بطريقة تيسر عمليات الاستخدام

- حفظ الأدوات بشكل يمكن تناولها بسهولة

- مراعاة متطلبات الأمن والسلامة المهنية

- استخدام المشغل كمعرض دائم لأعمال الطلبة

- إعداد الموازنة المالية الخاصة بالتربية المهنية

- شراء المواد الأولية اللازمة للتمارين العملية من حصة التربية المهنية من التبرعات المدرسية

- تعبئة قوائم الجرد استناداً إلى القائمة المعيارية

- ترتيب المشغل بأسلوب يسهل التدريب الفردي أو الجمعي

- اختيار مكان مناسب للعرض الإيضاحي

- معالجة مشكلات انضباط الطلبة في المشغل أثناء التدريس والممارسة العملية

- القيام بأعمال الصيانة لإدامة معدات المشغل والمرافق المتصلة بمبحث التربية المهنية

- بناء اتجاهات إيجابية لدى الطلبة للمحافظة على أدوات المشغل

- الاحتفاظ بسجلات اللوازم والجرد الخاصة بمشغل التربية المهنية

- تفعيل دور مشغل التربية المهنية في خدمة المجتمع المحلي

٥٠ مجال الإرشاد والتوجيه المهني

- المشاركة في تنظيم حملات التوعية المهنية للطلبة وتنفيذها

- مساعدة الطلبة على اتخاذ القرار في اختيار المسار التعليمي المناسب

- مساعدة الطلبة في حل مشكلات التكيف المهني

- التعرف إلى ميول الطلبة واتجاهاتهم

- تزويد الطلبة بمعلومات عن المهن المطلوبة في سوق العمل

- بناء اتجاهات إيجابية نحو العمل اليدوي

- الاحتفاظ بسجلات تبين تقدم الطلبة المهني

- تقديم معلومات مناسبة للطلبة عن مجالات التعليم المهني المتاحة

- عقد لقاءات إرشادية جمعية وفردية مع الطلبة وأولياء أمورهم

- الاحتفاظ بملفات عن أعمال الطلبة وتطورهم في الممارسات العملية في المشاغل والمرافق ذات الصلة بمبحث التربية المهنية

٦ • مجال النمو المهني للمعلم

- فهم فلسفة التربية المهنية والمنبثقة من فلسفة التربية والتعليم

- ممارسة المعلم لدوره التجديدي (منظماً وميسراً للتعلم)

- يحدد المعلم احتياجاته المهنية

- يحدد المعلم طرق تلبية هذه الاحتياجات

- ينفذ المعلم خططه الخاصة بالنمو المهني

- يقوم المعلم تقدمه ذاتياً

- إجراء البحوث العلمية والإجرائية لتطوير أساليب التربية المهنية

- مواكبة التطورات العلمية والتكنولوجية والمهنية ذات العلاقة بالتربية المهنية

- المساهمة في خلق ابتكارات جديدة في حقل التربية المهنية

- مشاركة المعلم في اللجان المدرسية واللجان الاستشارية

- مساهمة المعلم في صنع الوسائل التعليمية وانتاجها من الخامات المتوفرة في البيئة

- التفاعل مع التلاميذ بطرق تتيح لهم فرص تنمية مفاهيم ايجابية عن ذواتهم

- تنمية روح التعاون وعمل الفريق لدى الطلبة

- تنظيم مواقف تعليمية تعلمية تدعم التفاعل بين الطلبة
- اختيار الأمثلة والتطبيقات التي تتناسب وقدرة الطلبة وتنسجم مع البيئة التي يعيشون فيها
- يحدد أساليب الاتصال والتواصل مع الزملاء والعاملين في المدرسة
- يحدد أساليب الاتصال والتواصل مع الأطراف المحلية ذات الخبرة
- التعاون مع أولياء الأمور فيما يخص أبناءهم
- تنظيم برامج توأمة مهنية بين المدرسة ومؤسسات المجتمع المحلي
- تنظيم نشاطات موسمية جماعية منتجة في مبحث التربية المهنية
- إقامة علاقات ودية وحسن الاتصال والتواصل بين المدرسة وسوق العمل
- استضافة أعضاء من المجتمع المحلي لتطبيق مبحث التربية المهنية واثرائه
- جعل المدرسة بؤرة إنتاج لمساعدة الطلبة على تحسين أوضاعها الاجتماعية

الفصل الخامس

مناهج التربية المهنية

أولا: مكونات مناهج التربية المهنية من منظور نظمي

ثانيا : كفايات مناهج التربية المهنية

الفصل الخامس

مناهج التربية المهنية

مقدمة

تتضمن التربية المهنية نشاطات تعطي المتعلمين معلومات نظرية وتكسبهم مهارات تطبيقية تفيدهم في حياتهم اليومية وتكون لديهم بعض القيم الإيجابية نحو المهن والعاملين بها. وواكب هذا الاهتمام بمنهاج التعليم المهني اهتمام التربويون بمنهاج التربية المهنية, والذي يعتبر من المناهج الدراسية التي أدخلت حديثاً إلى خطط مناهج مرحلة التعليم الأساسي وذلك على جميع المستويات العالمية والإقليمية والمحلية.

ويقوم الاهتمام بمنهاج التربية المهنية (بمسمياتها المختلفة) على أساس أنه منهاج يحتوي على مجموعة من الخبرات التي يجب أن توفرها المدرسة لتحقيق أهداف تربوية محددة, تتصف كل رزمة من هذه الأهداف بأنها تتفق وخصائص الطلبة في مرحلة نمائية محددة. لذا فإن مجموعة هذه الأهداف المخطط لها لا تتفق فقط مع المرحلة النمائية بل وتلبي احتياجات هذه المرحلة العمرية .

أولاً : مكونات منهاج التربية المهنية من منظور نظمي

استكمالاً لما تمت مناقشته في مقدمة هذا الفصل, وحسب الحيلة (٢٠٠٢), يجب أن لا ننسى بأن ننظر إلى منهاج التربية المهنية كنظام يتشكل من عدة مكونات منظمة, يؤمل التعامل معها بشكل تكاملي وليس بشكل فردي. وهذه المكونات هي المدخلات والعمليات والمخرجات , ويمكن توضيح ما تشتمل عليه هذه المكونات على النحو التالي :

١) مكونات مدخلات المنهاج

ويشتمل هذا المكون على مجموعة واسعة من العناصر نذكر من الأمثلة عليها ما يلي:

أ- الفلسفة التي يبنى عليها المنهاج, والتي تستمد عادة من الفلسفة العامة للتربية والتعليم .

ب- أهداف المنهاج والتي عادة تنبثق عن الفلسفة التي يبنى عليها المنهاج.

ت- طبيعة المرحلة العمرية والمستوى العقلي للطلبة الذين ينظم المنهاج من أجلهم.

ث- طبيعة المادة المعرفية التي سيحتويها المنهاج, وبخاصة طبيعة الحقائق والمفاهيم والمبادئ والمهارات العلمية والعملية, بالإضافة إلى ما سيرافقها من تفاعلات وجدانية على شكل اتجاهات وقيم .

٢) مكون العمليات

ويشتمل هذا المكون على العديد من العناصر , نذكر منها الأمثلة التالية :

أ- أساليب التدريس, وهي غالباً ما يتم تحديدها وفقاً لطبيعة الهدف التربوي .

ب- ما يسبق أساليب التدريس من عمليات التخطيط .

ت- ما يرافق أساليب التدريس من مستلزمات التنفيذ (من تنظيم وإعداد وتنسيق وتوجيه وإشراف وملاحظة... الخ).

ث- عمليات التقويم المبدئي والتكويني.

ومن الأمثلة على الأساليب الأكثر ملائمة لتحقيق أهداف منهاج التربية المهنية؛ التطبيق العملي, أو لعرض العملي والدروس التوضيحية, والرحلات العلمية والمشاهدات .

٣) مكونات المخرجات

ويشتمل هذا المكون من مكونات المنهاج على كم واسع من العناصر, نذكر منها الأمثلة التالية :

أ- التغيرات السلوكية التي يمكن ملاحظتها في سلوك المتعلم وأداءاته بشكل عام .

ب- أداء التلاميذ في الجوانب المعرفية على شكل نتاجات تعليمية محددة يمكن تقويمها.

ت- أداء التلاميذ في الجوانب الانفعالية, والتي يمكن أن تنعكس على شكل اتجاهات وقيم يتمثلها الطلبة. وفي هذا السياق يجب أن نؤكد على أهمية الاتجاهات والقيم الإيجابية التي يسعى منهاج التربية المهنية لإكسابها للطلبة في هذه المرحلة العمرية المبكرة من حياة الطالب الدراسية .

بالرغم من خصوصية كل واحد من هذه المكونات التي يتشكل منها منهاج التربية المهنية (كنظام), حاله حال المناهج الأخرى, إلا أنه من الضرورة بمكان أن تؤكد أهمية النظرة التكاملية لهذه المكونات الثلاثة, لأنها مترابطة فيما بينها بحيث يؤثر ويتأثر كل منهما بالآخر.

ثانياً: كفايات منهاج التربية المهنية

جاء منهاج التربية المهنية لتنمية الكفايات المتطلبة لمواطن القرن الحادي والعشرين من أفضل النماذج في بناء المنهج حيث اختيرت الكفايات الدراسية أساساً للمنهج لاشتمالها على المعارف والمفاهيم والميول والاتجاهات والمهارات فهي شاملة لمطالب بناء المنهج من حيث الأهداف الإجرائية وأساليب واستراتيجيات لتحقيق أهداف التربية المهنية . ويمر الآن مبحث التربية المهنية في عملية تطوير مبنية على الاقتصاد المعرفي استناداً الى مراحل بناء المنهاج الآتية :

١- تصميم المنهج Curriculum Design

وضع الصورة العامة للمنهج، وهي مرحلة تشتمل على تحديد اهداف المنهاج المنبثقة عن الفلسفة العامة للتربية والتعليم ، وتضم هذه الصورة العلاقة التفاعلية بين مكونات المنهج من: (أهداف محتوى ، وطرق وأساليب ووسائل، وأنشطة وتقويم) ووضعها في بناء واحد متكامل يؤدي تنفيذه إلى تحقيق الأهداف العامة للمنهج.

٢- تجريب المنهج Curriculum Experimentation

وتعني تجريب المناهج الدراسية قبل تعميمها في عدد محدود من المدارس والفصول، بغرض التأكد من صلاحية المنهج المطور، وإجراء التعديلات اللازمة التي تكشف عنها التجربة الميدانية، ويشارك فيها أطراف العملية التربوية من خبير مناهج، وموجه ومعلم، وتلميذ وولي أمر، بهدف الوصول إلى الصورة المناسبة للمنهج.

٣- تقويم المنهج Curriculum Evaluation

مجموعة الإجراءات والأساليب المستخدمة لتعرف مدى صلاحية المنهج بكافة مكوناته وأبعاده: أهدافه، ومحتواه، وأنشطته، ومصادر تعلمه، وأساليب تقويمية، ومدى تحقيقه للأهداف المتوخاة منه وتتضمن هذه المرحلة كافة أشكال التقويم المختلفة (التشخيصي،التكويني،والختامي) (اليونسكو، ١٩٩٤)

٤- تطوير المنهج (Curriculum Development):

إحداث تغييرات في عنصر أو أكثر من عناصر منهج قائم بقصد تحسينه، ومواكبته للمستجدات العلمية والتربوية، والتغيرات في المجالات الاقتصادية، والاجتماعية، والثقافة بما يلبي حاجات المجتمع وأفراده، مع مراعاة الإمكانات المتاحة من الوقت والجهد والكلفة.

ويلاحظ مما سبق أن مفهوم تصميم (بناء) المنهج يختلف عن مفهوم تطويره في نقطه البداية لكل منهما، فتصميم المنهج يبدأ من نقطة الصفر، أما تطوير المنهج فيبدأ من منهج قائم ولكن يراد تحسينه أو الوصول إلى طموحات جديدة، ومن جهة أخرى تشترك عمليتا بناء المنهج وتطويره في أنهما تقومان على أسس مشتركة وهي المتعلم، والمجتمع، والمعرفة، وأنهما تتطلبان قدرة على استشراف المستقبل وحاجات المجتمع وأفراده.

ثالثا : أسس بناء المنهج :

إن فلسفة التربية هي بعد من أبعاد الفلسفة العامة للمجتمع، وقد ظهرت أول فلسفة تربوية في الأردن عام ١٩٦٤م، بموجب قانون التربية والتعليم رقم (١٦) حيث حددت مرتكزات السياسة التربوية والإشارة إلى العمل وقدسيته، وقد جرى تعديل هذا القانون عام

١٩٩٤م، نتيجة للتطورات التكنولوجية، والتغيرات الاجتماعية على بنية المجتمع الأردني، وليوافق بالتالي على المستجدات على النظام التعليمي، ولمواكبة الأردن للتطور العالمي، واعتبر هذا القانون أن فلسفة التربية في الأردن تقوم على أسس فكرية ترفع من مكانة العقل، وأسس وطنية ترتكز على التوازن بين مقومات الشخصية الوطنية والقومية، وأسس اجتماعية تحقق للفرد نمواً متوازناً ومتكاملاً من جميع جوانب شخصيته، مما يتطلب إكساب الفرد معارف نظرية وتطبيقية تؤهله لممارسة العمل بأشكاله المختلفة، والمحافظة عل التوازن بين حاجات الفرد وحاجات المجتمع من خلال تعليم فعال، وقد جاء منهاج التربية مستنداً إلى أسس فلسفة التربية في الأردن

-الأسس الفلسفية Philosophical principles:

وتعني الأطر الفكرية التي تقوم عليها المناهج بما تعكس خصوصية المجتمع الأردني المتمثلة في عقيدته، وتراثه، وحقوق أفراده وواجباتهم وقيمهم .

-الأسس الاجتماعية Sociological principles:

وتعني الأسس التي تتعلق بحاجات المجتمع وأفراده وتطورها في المجالات الاقتصادية، والعلمية التقنية، وكذلك ثقافة المجتمع، وقيمه الدينية، والأخلاقية، والوطنية، والإنسانية.

-الأسس النفسية Psychological principles:

وتعني الأسس التي تتعلق بطبيعة المتعلم وخصائصه النفسية والاجتماعية، والعوامل المؤثرة في نموه بمراحله المختلفة، وينبغي أن تبرز هذه الأسس قدرات المتعلمين وحاجاتهم ومشكلاتهم وربطها بالمنهج بما ينسجم مع مبادئ نظريات التعلم والتعليم، واحترام شخصية المتعلم.

-الأسس المعرفية Cognitive principles:

وتعني الأسس التي تتعلق بالمادة الدراسية من حيث طبيعتها، ومصادرها ومستجداتها، وعلاقاتها بحقول المعرفة الأخرى، وتطبيقات التعلم والتعليم فيها، والتوجهات

المعاصرة في تعليم المادة، وتطبيقاتها. ويحتوي منهج التربية المهنية في تركيبه المعرفي على مجالات عديدة منها:

- مهارات حياتية

- أنشطة زراعية

- أنشطة صناعية

- أنشطة تجارية

- أنشطة الصحة والسلامة

- أنشطة العلوم المنزلية

وينبغي هنا تأكيد تتابع مكونات المعرفة في المواد الدراسية الأخرى، وعلى العلاقة العضوية بين المعرفة والقيم والاتجاهات والمهارات المختلفة.

رابعاً : مداخل تنفيذ مبحث التربية المهنية

في ضوء التغيرات التكنولوجية المعاصرة و التطور المستمر في وسائل المعيشة ، أصبحت الحاجة ماسة إلى إدخال مادة التربية المهنية إلى الخطة الدراسية العامة بغرض توجيه الطلبة إلى ممارسة الأعمال و النشاطات التي تناسب مستوياتهم الدراسية و العقلية ، و تتواءم و ميولهم و رغباتهم، و تسعى إلى إكسابهم مهارات عملية أساسية تمكنهم من استخدام أيديهم و عقولهم بشكل ذكي و هادف، مستخدمين في ذلك المواد و العدد اليدوية البسيطة ، مما يشجعهم على المبادرة لحل مشكلاتهم الحياتية العملية و البيتية البسيطة بأسلوب يوفر السلامة العامة ، و لا يؤدي إلى تلوث بيئي.

وهناك ثلاثة أنماط للتربية المهنية:

١. المدخل المستقل

٢. مدخل النشاطات اللاصفية

٣. المدخل التكاملي

أولاً :المدخل المستقل :

يعتمد هذا المنهج على حقيقة أن تكون التربية المهنية مبحثاً مستقلاً عن المباحث الأخر وبذلك تكون التربية المهنية مادة منفصلة إلى حد كبير من المواد الدراسية الأخرى وبذلك يكون لها مقرر شأنه شأن المواد الدراسية الأخرى يقوم المعلم بتدريسه في حصص خاصة بذلك .

ويتم تنفيذ برامج التربية المهنية بموجب التطبيق المستقل من خلال نشاطات مرتبطة بقطاعات العمل والإنتاج الصناعية/ الزراعية/الخدمية / ومن خلال أعمال إنتاجية ومشاريع مرتبطة بالبيئة ويصلح هذا المنحنى لتزويد المتعلم بمهارات أدائية محددة مستمدة من عالم العمل والإنتاج حيث يصعب توافر مثل هذه المهارات من خلال المواد الدراسية الأخرى. ومن الأمثلة على ذلك :

المهارات المتعلقة بأعمال الأخشاب، المعادن، الكهرباء، الإلكترونيات، قراءة المخططات، الأعمال الزراعية ، الأعمال المنزلية والصحية .

ثانياً : مدخل النشاطات اللاصفية

تلعب النشاطات اللاصفية دوراً بارزاً في عمليتي التعليم و التعلم ، حيث أنه من الصعب الفصل بين ما يتم تعلمه داخل غرفة الصف(أو مشغل التربية المهنية) و بين ما يتم خارجها،إذ تعتبر النشاطات الصفية و اللاصفية في إطار هذه المادة وجهين لعملة واحدة ، فعند معالجة موضوع كالتصوير الفوتوغرافي مثلاً ، لا يمكن القول أن الطلبة من ذوي الاهتمام و الميل قد تمكنوا من امتلاك المهارات المتصلة بالموضوع بشكل كاف، فلا بد لأولئك الطلبة من ممارسة هذا النشاط عن طريق استحداث الأندية المدرسية التي تمارس من خلالها هذه النشاطات بصورة مخططة و هادفة.

و من الجدير بالذكر أن مدارسنا قد خطت في هذا المجال خطوات دؤوبه و فاعلة، فأسست أندية التصوير و الموسيقى و التجليد إلى جانب جمعيات و لجان مسؤولة عن تجميل البيئة المدرسية و صيانة تجهيزاتها و أخرى تمارس أشغال التطريز.

ثالثاً :المدخل التكاملي

يعتمد المدخل التكاملي على أن لكل مادة دراسية بعدين رئيسين هما :

-البعد النظري: وهو الذي يعتني بالحقائق والمفاهيم والمعارف والمهارات التي تشتمل عليها المادة العلمية.

-البعد العملي : وله عدة مسميات (التجريبي،التطبيقي،الأدائي، والذي يعنى بالمهارات الأدائية والأنشطة العملية .

ويتم تنفيذ برامج التربية المهنية بموجب المنحى التكاملي من خلال المشاغل المهنية والأعمال الميدانية والبيئية والمشاريع والتطبيقات المنبثقة من المادة الدراسية وفيه تصبح جميع المواد الدراسية مسرحاً لنشاطات التربية المهنية وميدانياً لتحقيق أهدافها وهذا يستدعي التنوع والإبداع في أساليب التدريس ، و عليه ، فقد ترى من الضروري تناول عدد من الأمور ، خاصة ما يتصل منها بتنفيذ المناهج للإطلالة من خلالها على النزعة التكاملية في التربية المهنية على مستوى:-

- البنية المنهجية للمادة المقررة.
- تنظيم الموقف التعليمي التعلّمي.

١. سمة التكامل في البنية المنهجية للمادة المقررة:

يتألف المنهاج المقرر في كل صف من صفوف المرحلة الإلزامية لكل من الذكور و الإناث على حدً سوء من ست وحدات دراسية متغايرة ، يختلف كل منها عن الأخرى في المضمون و الهدف ، تنضوي تحت كل منه نشاطات منتمية مقترحة ، ينم اختيارها وفقاً لمعاير و أسس تتسق محددتها و حاجات الطلبة و الإمكانات المتاحة ، وهذا الاختلاف و التغاير في البيئة المنهجية لمادة التربية المهنية أضفى عليها سمة التكامل في هذا المجال ، حتى لا يقال أن مادة التربية المهنية ما هي إلا جميع المواد الدراسية في مادة واحدة لشموليتها في معالجة موضوعات شتى، إلا أن التربية المهنية تنفرد عنها جميعها بأنها تأتي في مقدمة المواد التي

نسميها بالعلوم التطبيقية ، لكونها تُعنى بتعليم الطلبة وظيفة المعلومات و المعارف و ذلك بربط التعليم بالعمل ، و التعلم عن طريق العمل و الممارسة.

٢. سمة التكامل في تنظيم الموقف التعليمي التعلمي

يسعى منهاج التربية المهنية إلى ربط التعليم النظري بالجانب العلمي التطبيقي _كما مر أنفاً_ إلى جانب الحرص على تكوين اتجاهات إيجابية سليمة لدى الطلبة_في كل موقف تعليمي تعلمي_ فيكون هذا الموقف و الحالة هذه متكاملاً من حيث اشتماله على أنواع التعلم الثلاثة، فلا يجوز تناول أي موضوع من موضوعات التربية المهنية من خلال المعالجة النظرية البحتة ، أو الخوض مباشرة في التطبيقات العملية عن طريق التكليف العفوي للطلبة للقيام بأداءات عملية دون الارتكاز على خلفية نظرية تتيح لهم فرصة التعامل مع النشاطات عن دراية و وعي ، أو الإيهام بغرس اتجاهات إيجابية و عادات سليمة من خلال الوعظ و إلقاء التعليمات و التوجيهات و الإرشادات فحسب دون معايشة فعلية لها . بل ينبغي الحرص على إيجاد نوع من التوازن بين أنواع التعلم الثلاثة هذه في تنسيق و انسجام و تآلف، وغياب أي نوع منها يفقد الموقف التعليمي التعلمي تكامليته ويعتبر مبتوراً.

و تظهر سمة التكامل في تنظيم الموقف التعليمي التعلمي أيضاً في التأكيد على دور المعلم باعتباره منظما لهذه العملية ، و التأكيد على دور المعلم باعتباره محور العملية و أنه المستهدف أولاً و أخيراً، وينبغي توجيه وتطويع كل الجهود لتحسين تعلمه و يأتي ذلك عن طريق توظيف خبراته و إشراكه في عمليات التخطيط و التنفيذ للنشاطات المختلفة و إتاحة الفرصة بالاجتهاد في الاختيار و تطبيق نشاطات تتواءم و ميوله و رغباته، و ليس أدل على سمة التكامل و التميز في التربية المهنية من حيث الطريقة التي يتم فيها تناول عملية تعليم و تعلم المهارات العملية غير تلك الأساليب و الطرائق المتنوعة التي تتبع لتراعي الظروف و الإمكانات المتاحة . فتندرج الطريقة من أسلوب التعليم الفردي ، إلى أسلوب التدريب الرمزي، إلى أسلوب العرض الإيضاحي ما هو إلا مراعاة للظروف و الإمكانات المشار إليها.

وتجدر الإشارة هنا إلى ضرورة تنفيذ بعض النشاطات من خلال العمل الجماعي، انسجاماً مع أهداف التربية المهنية التي ترمي إلى تنمية روح العمل الجماعي (الفريق) بين الطلبة و تعويدهم على التعاون فيما بينهم لإنجاز بعض الأعمال و المشاريع.

و لا بد هنا من التنويه بضرورة التأكيد على ذاتية المتعلم و فرديته و حقه في إبراز قدراته و إمكاناته و تحقيق ذاته ، وخاصة في المرحلة الأولى من سني عمره دون مغالاة أو تطرف ، و ذلك تلافياً لما قد يقع فيه أطفالنا من مشكلات نفسية نتيجة التركيز المفرط غير الموجه على نمط محدد (نشاطات فردية أو نشاطات جماعية) من أنماط و طرائق و أساليب تنفيذ النشاطات كالخجل أو الانطواء ، و ضعف الانخراط في جماعة ، و صعوبة التكيف مع الآخرين.

وتدعيماً لموقف التكامل في الموقف التعليمي التعلمي يتم التأكيد على توظيف خبرات المتعلم من خلال إتاحة الفرصة له للتحدث عن مشاهدات و وقائع متصلة بموضوعات النشاطات المختلفة بهدف :-

● ربط موضوع النشاط بالواقع الحياتي للطلبة .

● تنمية القدرة على التعبير عن الرأي بحرية و جرأة .

● تسهيل اندماجه مع الآخرين و التفاعل معهم من خلال عمليتي التأثير والتأثر.

و في هذا الموقف يقتضي أن يطرح المعلم أسئلة متنوعة يمكن عن طريقها تحقيق ما ورد من أهداف كأسئلة عمليات التفكير العليا التي تنمي القدرة على التفكير، و الأسئلة السابرة التي تدعم عملية الاتصال و التواصل بين المعلم و التلاميذ و بين التلاميذ أنفسهم.

خامساً: العلاقة التكاملية بين التربية المهنية و المواد الدراسية الأخرى

التربية المهنية مثل غيرها من العلوم التطبيقية، تعنى بتوظيف المعارف النظرية من حقائق و نظريات و قوانين .....في مجالات عملية تطبيقية و حيث أن المنهاج يتألف في مجمله من خمسة مجالات دراسية، فإن أي نشاط مهني يتصل بأي منها ، سواء أكان زراعياً أو صناعياً أو تجارياً .... سيعتمد على المعرفة في جميع الحقول التي لها علاقة بهذه

النشاطات. فالمهارات المتصلة بوحدة الزراعة تعتمد على فهم الإنسان لكثير من العلوم الحياتية و الفيزيائية و الكيمائية و غيرها ، و المهارات المتصلة بالتطبيقات الغذائية تعتمد على فهم المجموعة الغذائية و فائدة كل منها للجسم و ذلك للتوصل إلى مفهوم الوجبة الغذائية الكاملة ، و إمكان اختيار نوعية الغذاء المناسبة في الحالات المختلفة للإنسان كما أن النشاطات الصناعية تعتمد على فهم البنية التركيبية للمادة و خواصها و قوانين الحركة و الكهرباء.كما أن الأعمال التجارية تحتاج إلى معرفة مسبقة بالعمليات الرياضية ، و عليه يمكن القول إن التربية المهنية بتأكيدها على وظيفة المعلومات و التركيز على ما يدرسه الطالب في الموضوعات المهنية يمكن أن يكون رافداً لزيادة فهم هذه الموضوعات الأخرى ، لا يعني مطلقاً أن الجانب النظري للتربية المهنية يعتمد في أساسه و كليته على موضوعات المواد الدراسية الأخرى ، فالتأكيد على الجانب النظري والعملي للمادة يعتبر من ركائزها و مقوماتها و بالتالي فإن المادة النظرية التي تعالج من خلال التربية المهنية لها خصوصيتها و انتمائها كمادة دراسية متكاملة . فاستعمال الآلة الحاسبة و الحاسوب الإلكتروني و الارتقاء بالنشاط الموسيقي قي مدارسنا من مستوى النشاطات اللاصفية إلى مستوى التنهيج الفعلي، وغير ذلك كثير انفردت به التربية المهنية دون سواها من المواد الدراسية الأخرى. إلا أن ذلك يؤكد و يعزز العلاقة التكاملية بين المادة و موضوعات المواد الدراسية الأخرى .فاستعمال الحاسوب الإلكتروني مثلاً يحتاج إلى خبرات رياضية سابقة و كذلك بقية المواد الدراسية الأخرى.

و يمكن للمعلم حصر العلاقة التكاملية هذه عن طريق:-

- فهمه دوره الجديد من حيث أنه معلم للتربية المهنية.
- امتلاك الكفايات التعليمية الأدائية الأساسية التي ينبغي توافرها في معلم التربية المهنية من حيث:-

١. فهم مادة التربية المهنية فهماً ذا معنى، أي معرفة العلاقات بين أجزاء هذه المادة و إدراك بنيتها المنطقية.

٢. الإطلاع على مواد المناهج الدراسية الأخرى في المرحلة التي يضطلع بمهمة التدريس فيها.

٣. إجراء نوع من الدراسة المسحية لموضوعات متشابهة في المضمون و الأهداف لما في التربية المهنية.

٤. يستعاض عما ورد في بند (٣) بالنسبة لمعلم المرحلة الابتدائية الدنيا بعمل ينفرد به المعلم عن طريق تناول الموضوعات المتشابهة في المضمون والهدف وفقاً لتزامن مدروس.

٥. تسخير مادة التربية المهنية لخدمة المواد الدراسية الأخرى و خاصة اللغة العربية بطريقة هادفة و موجهة ، عن طريق تكليف الطلبة القيام بنشاطات تخدم هذا الغرض مثل التكلم بالفصحى في أثناء المناقشة ، أو الإجابة عن الأسئلة المطروحة ، وتدوين الملاحظات والمشاهدات ، ونقل الملخص السبوري في كراسات التربية المهنية بلغة سليمة، و كتابة و إعداد تقارير و أبحاث مناسبة لمستوى الطلبة العقلي والتحصيلي.

٦. إعداد نصوص قرائية متصلة بموضوعات التربية المهنية للمرحلة الابتدائية الدنيا عن طريق توظيف المفردات و التراكيب اللغوية التي خبرها الطلبة في مواقف تعليمية تعلمية سابقة.

٧. تشجيع الطلبة على المطالعة الحرة و استخدام المكتبة استخداماً موجهاً باعتبارها مصدراً من مصادر التعلم.

٨. استخدام و توظيف التقنيات التعليمية المتوافرة في تعليم و تعلم الموضوعات المشتركة بين التربية المهنية و الموضوعات الدراسية الأخرى.

٩. التعاون مع مدير المدرسة و المشرف التربوي المسؤول بصدد تنفيذ المنهاج ، و التأكيد على دور مدير المدرسة الإشرافي من حيث تربوي و مقيم. (سلامة، ١٩٩٥)

تكامل التربية مهنية مع كتاب التربية الاجتماعية والوطنية للصف الرابع الأساسي

من خلال إطلاعي على كتاب التربية الاجتماعية والوطنية للصف الرابع وجدت إن دروس الكتاب تتكامل مع التربية المهنية في معظم المواضيع الموجودة في الكتاب بحيث:

١. يوجد في أخر جميع الدروس نشاطات متنوعة مثل:

أ. مهارات البحث والاتصال والتي تمنح الفرصة للطالب للبحث والاستقصاء وتنمي قدرة الطالب على التفكير.

ب. التطبيقات التي تساعد الطالب على المشاركة الفعلية في العملية.

ومثال على ذلك الوحدة الثانية – الدرس الأول بعنوان الموارد يوجد في التطبيقات في صفحة (٤٨) يطلب من الطالب في هذا النشاط إن يقوم بالزراعة في حديقة المنزل أو المدرسة النباتات التي ذكرت في هذا الدرس وفي نفس الدرس يوجد صورة للخضار شكل (٢٩) صفحة (٤٧).

ويتكامل أيضا كتاب التربية المهنية للصف الرابع مع كتاب التربية الاجتماعية والوطنية و كمثال على ذلك الوحدة الأولى الصحة والتغذية من كتاب التربية المهنية الدرس الأول صفحة(٥) يعرف الدرس الطالب على تصنيف الخضار التي تؤكل طازجة والتي تؤكل مطبوخة ويوجد أيضا صور للخضار في صفحة (٥) وهذا التكامل بين الكتابين التربية المهنية وكتاب التربية الاجتماعية والوطنية بهذا الموضوع يستطيع الطالب إن يعرف أنواع الخضار التي تزرع في بيئته وكيف تزرع هذه الخضار.

مما يؤدي إلى إكساب الطالب مهارات:

١. مهارات البحث والاتصال.

٢. مهارة المشاركة بالأعمال الجماعية.

٣. مهارة القدرة على تكوين مهارات.

التكامل مع كتاب اللغة العربية

في درس ثغر الأردن الباسم (العقبة) صفحة٣٣

١. في هذا الدرس يتعرف الطالب على موقع العقبة بالنسبة للأردن.

٢. يتعرف الطالب على معاني مصطلحات مثل: الاقتصاد، المشاريع، المستثمرين.

٣. يتعرف الطالب على مهنة سكان العقبة الأصليين وهي صيد السمك والتجارة به وصيد المرجان الثمين وركوب البحر.

حيث يكتسب الطالب المهارات وتحديد المفاهيم والمصطلحات ذات الصلة وعندما يحاور المعلم الطلاب عن هذا الموضوع وهذه المصطلحات يكتسب الطالب مهارات التواصل مع زملائه ومعلمهُ والإصغاء له.

يوجد في الكتاب أو معظمه أنشطه تتكامل مع التربية المهنية مثل نشاط صفحة (٤) حيث يطلب من الطالب إن يحاور زملاءه في الصف عن أهم الأنشطة الاقتصادية في العقبة .

ويطلب منه أيضا استخدام الرمال في بيئته لصنع إشكال في قوارير زجاجية.

وتتكامل التربية المهنية مع اللغة العربية في هذا الدرس في الوحدة الرابعة من كتاب التربية المهنية للصف الرابع بعنوان أنشطة مهنية درس الرسم الصناعي والتشكيل صفحة ٤٤ حيث يستطيع الطالب دلالات كل من الرسم البلاغية بالرغم من عدم وجود كتابة تدل عليها. كما في الأشكال في عمل قوارير التي يقوم بها أبناء العقبة مما يكسب الطالب المهارات التالية:

١. العمل اليدوي .

٢. التواصل بين الأشخاص.

٣. الإصغاء الجيد.

تكامل كتاب العلوم مع التربية المهنية

يتكامل في معظم أنشطة ودروس الكتاب وكمثال على ذلك:

درس طرائق فصل مكونات المخلوط - طريقة الغربلة

سؤال: كيف تفصل مكونات المخلوط إذا كانت صلبة وصغيرة الحجم لا يمكن فصلها باليد مثل العدس والرمل؟

يمكن إن يتعرف الطالب من خلال هذا الدرس على طريقة فصل المواد الصلبة ويتعرف أيضا على الاداه التي تستخدم في الغربلة .

ويتكامل هذا الدرس مع كتاب التربية المهنية في استخدام العمل اليدوي والتعرف على أدوات جديدة ممكن إن تحل مشاكل معينة عند الطالب. ومثال على ذلك في كتاب التربية المهنية الوحدة الأولى صفحة٧ الصحة والتغذية في درس غسل الخضراوات حيث يتكامل هذين الموضوعين في التأكد من تنظيف الخضراوات والحبوب التي يتناولها الإنسان من الشوائب والمواد السامة من اجل الحفاظ على الصحة.وفي الصفحة (٧٦) من كتاب العلوم يوجد سؤال يطلب من الطالب حل مشكلة انجراف التربة في الشتاء وهذا السؤال يكسب الطالب

١.   مهارات حل المشكلات.

٢.   مهارة استخدام أفضل المواد.

٣.   مهارة التعلم الذاتي والتعلم المستمر.

التكامل مع كتاب التربية الإسلامية

يتكامل كتاب التربية الإسلامية للصف الرابع مع كتاب التربية المهنية في معظم الدروس وكمثال على ذلك الدرس الخامس عشر والذي يتحدث عن التعاون وأهمية التعاون للإنسان وان الإسلام حث على التعاون ولكي نعيش حياة سعيدة وكيف إن الرسول الكريم صلى الله عليه وسلم ضرب لنا المثل والقدوة في التعاون في بناء المسجد النبوي بالمدينة المنورة وفي الدرس أمثلة عديدة على التعاون مثل:

١. معاونة الابن لأبيه في العمل.

٢. معاونة الابن والبنت لوالدتهما في ترتيب البيت وتنظيفه وأعمال أخرى.

٣. معاونة الزوج أهل بيته على إعمال البيت.

٤. تعاون التلاميذ على تنظيف ساحات وغرف المدرسة.

٥. معاونة كل أفراد المجتمع لأنفسهم.

وتتكامل التربية المهنية مع التربية الإسلامية في هذا الدرس حيث يوجد في الوحدة الثانية

مهارات حياتية حيث يوجد للطالب تمرين فيه صورة الأداة المستخدمة في التنظيف ورقمها واسمها وكمثال على ذلك الأداة المستخدمة للكنس تحت قطع الأثاث ومسح الأرض وكنس السجاد.

التكامل مع كتاب الرياضيات

يتكامل كتاب الرياضيات مع كتاب التربية المهنية في معظم الدروس في المسائل والتمرينات التي فيها أمثلة من أمور في الحياة اليومية ، ومثال على ذلك صفحة (٣٥) (الجمع ضمن ٧منازل) حيث يوجد سؤال هو: في احد الغابات تم غرس (٢٥١٥٥٢٤) شجرة سرو و(٣٢٧٣١١٠) شجرة زيتون فكم شجرة غرس ذلك اليوم ؟

وتوجد صورة للأشجار في نفس الصفحة كما يوجد في كتاب التربية المهنية صفحة(٦٠) الوحدة الرابعة: أنشطة مهنية يوجد درس بعنوان زراعة البذور في المنابت وهذا يجعل الطالب يتعرف أنواع النبات في البيئة التي يعيش فيها مثمرة وغير مثمرة ويعرف طريقة زراعتها.

سادسا: معوقات تطبيق التربية المهنية وصعوباتها

في ضوء التطور التكنولوجي المتسارع في العصر- الحديث والتغيرات المستمرة في وسائل الحياة والمعيشة ، ظهرت الحاجة الماسة إلى تربية مهنية في مرحلة التعليم الأساسي، ومن اجل توجيه الطلبة إلى ممارسة الأعمال والنشاطات المختلفة التي تناسب مستويات

قدراتهم الفعلية ، وتلائم رغباتهم . ومن اجل تنمية مهارات أساسية يعملون على توظيفها في المستقبل ، لتوفير معيشة مناسبة لهم ، لذا فان وزارة التربية والتعليم تُولي مبحث التربية المهنية في المرحلة الأساسية اهتماماً بالغاً على اعتبار انه أساس تمهيدي للتعليم المهني فيما بعد ، يعتمد عليه نجاح برامج التعليم المهني الثانوي العالي وتطويرها ، فضلا عن إسهامه في إكساب الطلبة مهارات عملية في مجالات مهنية .

وقد طُبق هذا في المدارس الأساسية ، ووضعت إرشادات لذلك ، لكن التجارب المعنية بتطعيم التعليم العام بالجوانب المهنية والنشاطات العملية واجهتها صعوبات وقفت حائلا دون تطبيق المنهج بصورة تحقق الأهداف ، نظراً لطبيعته العملية التي تحتاج إلى مشاغل وتكلفة عالية ، ولتنوع مجالاته ، فأصبح من الصعوبة بمكان توفير معلم قادر على تدريس جميع النشاطات ، وقد لمس المشرفون المهنيون هذه الصعوبات أثناء زياراتهم للمدارس ، وشعروا بضرورة إخضاع موضوع الصعوبات لدراسة موضوعية ، وتقويم الجهود المبذولة في هذا الميدان تمهيداً لوضع اقتراحات تنطلق من تفحص الواقع ومعرفة سلبياته وايجابياته ، والاطلاع على رأي العاملين فيه للمساهمة في علاج مشكلاته .

حيث أجرت السيد (١٩٩٨) دراسة بعنوان (الصعوبات الإدارية والتقنية التي تعاني منها التربية المهنية في المرحلة الأساسية)، وخلصت الدراسة إلى النتائج التالية :

١- إن مبحث التربية المهنية في مرحلة التعليم الأساسي يعاني من صعوبات إدارية بدرجات متفاوتة ، كان أهمها يتركز في المجالات التالية: البناء المدرسي ، أولياء الأمور والمجتمع المحلي ، والطلبة .

٢- إن مبحث التربية المهنية يعاني من صعوبات تقنية عديدة ، بدرجات متفاوتة ، كان أهمها يتركز في المجالات التالية: المعلمين ، المناهج ، الإشراف ، الوسائل والأساليب والأنشطة.

أوصت الدراسة بضرورة الأخذ بمبدأ التعليم المستمر والتربية المستمرة في إعداد المعلم المهني وتدريبه ، عن طريق تزويده بشكل دوري بخبرات متجددة في مجالات التربية المهنية

كافة، وشمول برامج إعداد معلمي التربية المهنية وتدريبهم على عناصر التعليم العام والمهني لمجالات التربية المهنية كافة بشكل متوازن مع حاجات المبحث .

وأجرى القرعان (٢٠٠٢) دراسة بعنوان (المشكلات التي يواجهها المعلمون في تدريسهم لمقرر التربية المهنية لطلاب المرحلة الأساسية العليا في محافظة أربد ،وقد أشارت الدراسة إلى بروز العديد من المشكلات ، وأوصت بضرورة التوعية الإعلامية بأهمية معلم التربية المهنية ودوره في العملية التربوية ، وفي دراسة للمصري (١٩٩٤) صنف الصعوبات التي تواجه تطبيق التربية المهنية إلى أربعة محاور :

١. الصعوبات /المعيقات/المشكلات المتعلقة بالاتجاهات والقيم .

٢. الصعوبات/المعيقات/المشكلات البشرية.

٣. الصعوبات/المعيقات/المشكلات الإدارية.

٤. الصعوبات/المعيقات/المشكلات الاقتصادية.

أولاً : الصعوبات/المعيقات/المشكلات المتعلقة بالاتجاهات والقيم .

تعتبر الاتجاهات محوراً رئيساً من المحاور التي تقوم عليها أهمية التربية المهنية. ولذا فإننا نجد أن أحد الأهداف العامة للتربية المهنية هو "تكوين الاتجاهات الإيجابية السليمة نحو العمل اليدوي واحترام العاملين وتقديرهم" (وزارة التربية والتعليم, ١٩٩٢), يؤكد نصر الله والنبتيتي (١٩٩٥) أن من الضروري أن يكون لدى الإدارات والأجهزة التربوية الوعي الكافي بأهمية تحقيق أهداف التربية المهنية. وإن كان هناك من ترجمة لهذا التأكيد فإن لموضوع الاتجاهات لدى صانع القرار النصيب الأكبر من هذه الترجمة, حيث تشير دارسة الطوسي (١٩٩٨) إلى أن الممارسة العملية للإداري التربوي تؤكد نظرته الثانوية تجاه تطبيق التربية المهنية, فإذا كان هذا هو حال اتجاهات أصحاب القرار فكيف نتوقع الإيجابية في اتجاهات التلاميذ والمعلمين, وفي هذا السياق يشير المصري (١٩٩٤) إلى أن الكثير من المحاولات لإدخال المهارات المهنية ضمن مناهج التعليم الأساسي فقد تم إجهاضها, وذلك بسبب الاتجاهات السلبية نحو العمل المهني لدى صانع القرار التربوي.

ويعزو المصري هذه النظرة إلى ضيق الأفق, لدى صناع القرار, في تفسير مفهوم التربية المهنية, حيث تقتصر نظرتهم على مفهوم المدخل المستقل للتربية المهنية, والمبني على تطبيق التربية المهنية بشكل مستقل عن بقية المواد, في حين يفترض أن تكون النظرة لعنصر التربية المهنية نظرة شمولية ضمن مناهج التعليم العام, بحيث تهدف إلى اعتماد المداخل الثلاثة في تدريس التربية المهنية (المدخل المستقبل, ومدخل الأنظمة الثلاثة اللاصفية) والتي ناقشناها في الفصل الثالث(مفهوم التربية المهنية) .

تتسم نظرة المجتمع نحو التربية المهنية وتعلم مهاراتها بالدونية, فعلى مستوى المجتمع, وبالرغم من قناعة المجتمعات المختلفة بأهمية المهن وأهمية تعليمها وتعلمها, وعلى الرغم مما تؤكده نتائج الدراسات التربوية لخبراء التربية والاقتصاد, من أهمية المهن والتعليم المهني (وبالتالي أهمية التربية المهنية), كإحدى مفاتيح التنمية, فلا زالت نظرة هذه المجتمعات تتسم بالدونية نحو تعلم المهارات المهنية. بل إلى أبعد من ذلك فإن النظرة الاجتماعية الدونية للتعليم المهني وتعلم المهارات المهنية انعكست على حكم المجتمع على أن التعليم المهني وجد كحل لمن فشلوا في دراستهم في مرحلة التعليم الأساسي.

بطبيعة الحال فإن مثل هذه القيم الاجتماعية تؤثر في نفسية التلاميذ كأفراد في هذه المجتمعات, وينسحب ذلك على معلميهم, إن خطورة مثل هذه القيم وأثرها السلبي على التلاميذ في إقبالهم على تعلم المهارات التي يشتمل عليها منهاج التربية المهنية, سيشكل حتماً عائقاً أمام تحقيق الأهداف المرسومة لهذا المنهاج :

أ.   يجب أن ينظر أي مؤتمرٍ أو لقاءٍ تربوي لهذا التحدي بكل عين فاحصة وثاقبة.

ب.   تفعيل دور حملات التوعية المهنية داخل المدارس وخارجها .

ج.   أن تضطلع المؤسسات الوطنية المختلفة (المؤسسات الإعلامية, دور العبادة كالمساجد والكنائس, والأندية والمراكز الشبابية...الخ)مسئوليتها تجاه ذلك.

ان استمرارية سيادة مثل هذه القيم السلبية لن يتوقف تأثيرها على عدم الفاعلية في تحقيق أهداف التربية المهنية, بل سيمتد إلى أبعد من ذلك, مثل :

أ.   بقاء مشكلة العزوف عن الالتحاق بالتعليم المهني.

ب. السماح لغير المؤهلين من القطاعات الأدنى للقيام بالأعمال التقنية, التي تحتاج إلى المتخصص, مما سيضر بعجلة الإنتاج ومستوى الخدمات .

ج. تضخم مشكلة البطالة, والتي تعج بذوي الاختصاصات النظرية.

د. اللجوء إلى استخدام الأيدي العاملة الوافدة, وما يتبع ذلك من أثر سلبي على الاقتصاد الوطني.

ثانياً : الصعوبات/المعيقات/المشكلات البشرية :

يعتبر المعلم, إلى جانب المنهاج, المحور الأساس في رفع سوية التلميذ كمخرج رئيس من مخرجات العملية التربوية. وعليه فإن كفاية المعلم في تدريس التربية المهنية ستؤثر في الكفايات المرجو تحققها لدى التلميذ, ويتمثل أحد أنماط الصعوبات البشرية بشكل أساس في توفير المعلم المؤهل تأهيلاً يتناسب ومتطلبات تدريس مبحث متعدد ومتنوع المهارات, وكذلك صعوبة تأمين الأعداد الكافية من المعلمين, وبالتالي فنحن نتحدث عن الصعوبات البشرية من خلال بعدين البعد النوعي(التأهيل) والبعد الكمي (العدد الكافي من المعلمين), ومن الأمثلة على الصعوبات البشرية التي تواجه تطبيق التربية المهنية :

غياب المعلم المتخصص, مما يؤدي بالإدارات التربوية إلى إسناد تدريس هذا المبحث بمعلمين غير مؤهلين, وهذا ناجم عن قلة عدد مؤسسات التعليم العالي التي تطرح تخصص التربية المهنية, وبالتالي فعندما لا يكون المعلم متخصص فإنه, وكنتيجة حتمية, قد يجهل الكثير من أبجديات التعامل مع منهاج ذي صبغة عملية. مثل عدم مراعاة مراحل النمو الحركي عند التلميذ في السنوات الأولى من سني دراسته, أو عدم استخدام الأساليب المناسبة لكل مهارة من المهارات المهنية المختلفة, ومثل هذه الممارسات سيكون لها أثر نفسي واجتماعي في المراحل الدراسية التالية للطالب.

ويرتبط بعنصر المعلمين الإشراف التربوي الذي يعتبر المساند للمعلمين والموجه لهم. وحتى يستطيع الإشراف التربوي أداء الدور المناط به بفاعلية وكفاءة, يجب أن تكون أعداد المشرفين كافية لتغطي جميع معلمي التربية المهنية, حيث تشير بعض الدراسات التربوية؛ الطوسي (١٩٩٨) ونصر الله والنبتيتي (١٩٩٥), إلى أن هناك نقصاً ملحوظاً في عدد مشرفي التربية المهنية الذين يساعدون المعلمين في تحقيق أهداف التربية المهنية الذين يساعدون المعلمين في تحقيق أهداف التربية المهنية بشكل فاعل .

من ناحية أخرى يجب أن يكون المشرف التربوي مؤهلاً تأهيلاً كافياً, وذلك في كافة الأبعاد: الفنية, الإدارية, والإنسانية, إذ أن النقص الكمي في أعداد المشرفين يوازيه بنفس الأهمية النقص في نوعية المشرفين, أي في إعداد وتأهيل المشرفين, كيف لا والمشرف التربوي يمارس أيضاً مهام المدرب لمعلم التربية المهنية, كذلك فإن النقص الحاصل في عدد مشرفي التربية المهنية مما سيؤثر على نوعية الإشراف التربوي المقدم لمعلم التربية المهنية, ويعزز ذلك ما أشارت له دراسة الريحاني وزملائه (١٩٩٧) بأن نقص عدد مشرفي التربية المهنية, يؤدي إلى قلة الزيارات الإشرافية للمعلمين, والتي قد لا تتجاوز زيادة واحدة طيلة السنة الدراسية, مما قد يقلل من فاعلية العملية الإشرافية والذي سينعكس سلباً على أداء المعلمين. وتشير نتائج دراسة الطويسي (١٩٩٥) ودراسته (١٩٩٨) إلى أن معظم مشرفي التربية المهنية يمتلكون كفايات تربوية عامة وليست فنية متخصصة. ويمكن أن يُعزى ذلك إلى التأهيل السابق للمشرفين, حيث أن معظمهم متخصصون في جانب واحد من مجالات التربية المهنية, وبالتالي فمن الناحية الفنية التخصصية لا يمتلكون كفايات مناسبة في جميع مجالات التربية المهنية الخمسة (النشاط الزراعي, والنشاط الصناعي, والنشاط التجاري, ونشاط العلوم المنزلية, ونشاط الصحة والسلامة العامة) .

ويقترح المصري (١٩٩٤) مجموعة من البدائل وذلك للتغلب مؤقتاً على الصعوبات البشرية. من هذه البدائل :

أ. تأهيل معلمي الصفوف الأساسية الأولى من خلال برامج متخصصة تُعنى بتزويد المعلم بالمهارات والمعلومات والاتجاهات الأساسية فيما يتعلق بكيفية تدريس مبحث التربية المهنية بشكل فاعل.

ب. الاستعانة بالمعلمين المتخصصين في المجالات المهنية المختلفة لتدريس الصفوف الأساسية المتقدمة, ويمكن أن يكون ذلك بعد اجتيازهم لدورات في المجالات الرئيسة لمبحث التربية المهنية.

ج. إعادة النظر في تأهيل معلمي التربية المهنية الذين هم على رأس عملهم, من خلال التأهيل التطويري أثناء الخدمة, مما قد يرفع من كفايتهم في تدريس المنهاج, وخير مثال على ذلك الدورات التي تقيمها الوزارة في المركز وفي مراكز مديريات التربية والتعليم في المحافظات (المصري, ١٩٩٤) .

ثالثاً : الصعوبات/المعيقات/المشكلات الإدارية

إن الصبغة العملية لمبحث التربية المهنية خلقت للإدارات المدرسية مشكلات لم تتعود عليها في المباحث الأخرى, فارتفاع تكلفة تطبيق مهارات المنهاج المختلفة والنقص في مستلزمات التطبيق وعدم توفر المعلم المؤهل, يؤدي بالإدارة المدرسية إلى بعض الممارسات الخاطئة, من هذه الممارسات تحويل حصص التربية المهنية باستغلالها لتدريس المباحث الأخرى, وكذلك توزيع حصص التربية المهنية على معلمي المباحث الأخرى, إضافة إلى بعض الصعوبات الإدارية في التنسيق مع البيئة أو المجتمع , وهذا يمكن أن يعزى إلى عدم وضوح الأهداف, التي يسعى منهاج التربية المهنية لتحقيقها, لدى المستويات الإدارية المختلفة سواء المركزية منها أو في الميدان, مما سيؤدي إلى تدني الاهتمام بهذا المنهاج.

كذلك يمكن ربط جزء من الصعوبات الإدارية بشكل أو بآخر بالصعوبات أو المعيقات المتعلقة بالاتجاهات, حيث أكدنا سالفاً أن من الضروري أن يكون لدى الإدارات والأجهزة التربوية الوعي الكافي بأهمية تحقيق أهداف التربية المهنية, وهذا الوعي تترجمه اتجاهات هذه الإدارات نحو التطبيق الفاعل لمبحث التربية المهنية, إلى جانب ذلك تؤكد الكثير من الدراسات, حول تطبيق التربية المهنية في الأردن, أن الصعوبات الإدارية تكمن في النهج

المتبع في اتخاذ القرارات, حيث أن النمط المتبع هو صناعة ا لقرارات على المستوى المركزي دون أي مشاركة من الميدان, مما يؤدي إلى ضعف فاعلية القرارات, أو حتى أن الإدارة المركزية قد لا تعطي الميدان الفرصة الكافية للاستعداد بإعداد الخطط التنفيذية لما تم إقراره على المستوى المركزي (المصري:١٩٩٤ نصر الله والنبتيتي: ١٩٩٥, الطويسي ١٩٩٨).

ويعتبر المصري (١٩٩٤) أن هناك بعض الإجراءات التي يمكن أن تحسن من فاعلية أداء الإدارة التربوية في تطبيق برامج التربية المهنية, وفي هذا السياق يؤكد المصري على ما يلي :

أ)   بعد إقرار الخطوط العريضة للمنهاج, يجب على الإدارة المركزية أن تطلب من الميدان وضع خططه التنفيذية, والتي يجب أن تتواءم والبيئات المختلفة للمدارس في الميدان, ويعتقد المصري أن مثل هذا الإجراء سيوفر الكثير من القناعة لدى الميدان وسيؤدي بالتالي إلى المشاركة الفاعلة في تطبيق قرارات الإدارة التربوية المركزية .

ب) أن يكون القرار الإداري مبنياً على واقع العملية التربوية في الميدان, بحيث يتم مراعاة توفر الإمكانات والتدرج في تنفيذ القرارات والتطبيق عندما يكون ذلك ضرورياً .

ج)   المتابعة الميدانية لتنفيذ القرارات على أرض الواقع مما قد يساعد في التقييم المستمر للتجربة ومراجعة القرارات المختلفة, وبناء عليه يتم تعزيز القرارات ذات الفاعلية العالية وإعادة النظر في القرارات الأخرى التي تحتاج إلى التعديل من وقت إلى آخر .

رابعاً : الصعوبات/المعيقات/المشكلات الاقتصادية

إن مجرد التفكير بأن تطبيق التربية المهنية يحتاج إلى متطلبات إضافية (مثل متطلبات التطبيق العملي من معدات وأجهزة ومواد خام), تختلف إلى حد ما عن متطلبات تطبيق المباحث الأخرى, يولد لدينا الشعور بأن الكلفة الاقتصادية ستكون أعلى, فحاجة التربية المهنية من مبان وتجهيزات إضافية لمشاغل التربية المهنية, والحاجة إلى المواد الخام

للقيام بالتطبيق العملي لمهارات المبحث, تزيد وبدون أدنى شك من الكلفة الاقتصادية للتطبيق.

ويقترح المصري (١٩٩٤) أن نهتم بأن تتصف تصاميم برامج التربية المهنية بالمرونة التي تتيح للمدارس الاستفادة من موجودات البيئة المحيطة, حيث تشير الإرشادات الخاصة بتدريس التربية المهنية إلى إمكانية اختيار الوحدات التدريسية وفق ما يتوفر في البيئة المحيطة بالمدرسة, للتقليل من الاعتماد على المستلزمات ذات الكلفة الاقتصادية العالية, وبناء عليه أكدت إرشادات تطبيق المنهاج على مجموعة من الأمور منها :

أ. التركيز على تطبيق الأنشطة والمهارات التي تتلاءم وموجودات البيئة التي توجد فيها المدرسة, مثال التوسع في تطبيق الأنشطة الزراعية في المناطق الريفية, والصناعية في المناطق ذات الصبغة الحرفية ... الخ .

ب. الاجتهاد في تطبيق أنشطة إضافية غير تلك الواردة في المنهاج وبما يتلاءم مع الإمكانات المتوافرة, وبذلك فإنه يتوفر لمعلم التربية المهنية المرونة الكافية بإضافة مهارات جديدة لم يحتويها المنهاج.

ج. اعتماداً على ما جاء في نقطة (ب) فإنه لا يُشترط تدريس الوحدات والأنشطة المهنية حسب الترتيب الوارد في المنهاج, وبالتالي فإن لدى المعلم باباً آخر يعطيه المرونة في اختيار الوحدات حسب المواسم والمناسبات.

مثال : تطبيق بعض الأنشطة الزراعية في مواسم حدوثها .

د. الاستفادة من الخامات الموجودة في البيئة المحلية وتوظيف ذلك في عمل بعض المشغولات والأنشطة الواردة في المبحث , وذلك مثل علب الكرتون والصفيح, وبقايا قطع الخشب والقماش(وزارة التربية والتعليم, ١٩٩٢) .

ويمكن المساهمة في توفير المشاغل من خلال اعتماد نمط من المباني ذات التكلفة المنخفضة, وذلك عند توفر المكان المناسب, كذلك يمكن للمدارس التي يتوافر فيها غرف أو قاعات صفية غير مستخدمة أن تستغلها لأغراض التربية المهنية .

الخاتمة :

يستخلص من مناقشة الصعوبات/ المعيقات التي تواجه تدريس التربية المهنية بأن كثيراً من مقومات تطبيق مبحث التربية المهنية بحاجة إلى مزيد من العناية والاهتمام, حيث تؤكد تجارب بعض الدول العربية, مثل الجزائر, إن تدريس الكثير من مهارات التربية المهنية لا يرقى إلى مستوى تعلم المهارات المرتبطة بالمفاهيم العلمية, أي تدريس التربية المهنية يبقى رهن التعليم النظري, وليس هناك أي شكل من الممارسة أو الخبرة أو المهارة التي يمكن أن تكسب التلميذ أساساً مهنياً سليماً .

بطبيعة الحال, فإن تصحيح هذا الوضع يتطلب جهداً كبيراً من خلال التغلب على المشكلات الآنفة الذكر في هذا الفصل ويمكن الاستعانة ببعض الحلول البديلة والمطروحة في الأبواب المختلفة لهذا الفصل .

إن هذا التصور, لطبيعة المشكلات/ المعيقات التي تعيق التطبيق الفاعل للتربية المهنية, سيساعد في التنبؤ بالمشكلات لدى التجارب التي لا زالت في بداية تطبيقها لتدريس التربية المهنية .

الفصل السادس

التخطيط لتدريس التربية المهنية

أولا: التعلم والتعليم

ثانيا : تخطيط معلم التربية المهنية لعمله

ثالثا : أهمية التخطيط للتدريس

رابعا : علاقة التخطيط بالأهداف التربوية

خامسا : مستويات التخطيط

الفصل السادس

التخطيط لتدريس التربية المهنية

مقدمة

يعتبر التخطيط للمنهج المدرسي لمكانته في العملية التربوية فهو الوعاء الذي يأخذ منه المتعلمون معارفهم وخبراتهم وتنتج عنه سلوكياتهم وتتركز أهميته في اهتمامه بالمتعلمين في اتجاهاتهم وميولهم واهتمامهم واهتمامه بالتغيرات الحادثة في المجتمع المحيط بالطالب في عاداته وتقاليده وثقافته ومواكبته للتقدم العلمي والتكنولوجي إذ أن نجاح المنهج يعتمد بدرجة كبيرة على التخطيط الدقيق له وترجع أهميته أيضاً إلى أنه يعكس فلسفة المجتمع وتوجهاته العامة.

أولاً: التعلم والتعليم

التعلم : هو نشاط يقوم فيه المتعلم بإشراف المعلم أو بدونه ، بهدف اكتساب معرفة أو مهارة أو تغيير سلوك .

التعليم : هو التصميم المنظم المقصود للخبرة (الخبرات) التي تساعد المتعلم على إنجاز التغيير المرغوب فيه في الأداء، وعموماً هو إدارة التعلم التي يقودها المعلم.

مراحل العملية التدريسية

١- تحديد الأهداف

٢- اختيار طريقة أو إستراتيجية التدريس

٣- إعداد الخطة الصفية

٤- إعداد الخطة الفصلية

٥- التقويم المتواصل والتغذية الراجعة

٦- تقويم التحصيل بشكل نهائي

الأمور الواجب مراعاتها عند تدريس التربية المهنية

١- ربط التعليم بالتطبيق العملي

٢- التركيز على الجانب العملي أكثر من النظري

٣- الإكثار من المشاهدات

٤- الإكثار من الرحلات العلمية

٥- مراعاة الفروق الفردية بين التلاميذ مع الميول المهنية

٦- تشجيع الطلاب على عمل النماذج والمجسمات

ثانياً : تخطيط معلم التربية المهنية لعمله

إن العملية التربوية و التعليمية لها مرتكزات عديدة ، وقواعد أساسية و من هذه المرتكزات أو العناصر عنصر التخطيط ،ولقد أصبح الإيمان بأهمية المعلم وبدوره القيادي في العملية التربوية أحد المبادئ والمسلمات الأساسية التي تقوم عليها التربية الحديثة ونجاح المعلم في ذلك يعتمد اعتماداً كلياً على دقة التخطيط وفاعلية الخطة وقد أثبتت تجارب عديدة على أن التخطيط للتدريس أمر ضروري للمعلم .

تعريف التخطيط

- التخطيط لغة: مأخوذ من الخط، وهو القلم

- والخطة بالضم تعني الأمر ، ويقال جاء في رأسه خطة ، أي جاء في رأسه حاجة قد عزم عليها

- والخطة بالكسر: الأرض التي يختطها الرجل لنفسه، وهو أن يعلّم عليها علامة بالخط ليعلم أنه قد اختارها.

- التخطيط: بمعنى التسطير والتهذيب (لسان العرب)

- التخطيط :عمل ذهني موضوعه الترتيبات التي يفكر فيها المرء في حاضره لكي يواجه بها ظروف مستقبله في سبيل هدف ينبغي الوصول إليه

- التخطيط وسيلة من وسائل تسديد الأعمال قال تعالى (يا أيها الذين آمنوا اتقوا الله وقولوا قولاً سديداً * يصلح لكم أعمالكم)

- وضع خطة لاستخدام الموارد المتاحة أفضل استخدام ممكن بغية تحقيق أهداف معينة

التخطيط للتدريس : هو تصور مسبق لمواقف تعليمية يهيئها المعلم لتحقيق أهداف تعليمية

العناصر الأساسية لخطة التدريس

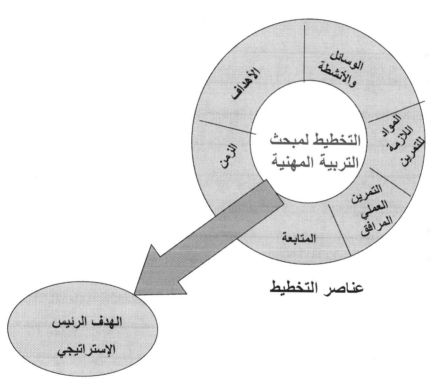

عناصر التخطيط

علاقة الهدف الرئيس بعناصر التخطيط

ثالثاً : أهمية التخطيط للتدريس

ما من عمل جديّ إلاّ ويسبقه تخطيط له ، وليس المعلم بأقل حاجة للتخطيط من المهندس الذي يخطط لمشروعاته ، أو القائد العسكري الذي يرسم خطته . فالتدريس من أكثر ميادين العمل تعقيداً ، و معلم التربية المهنية قائد وموجه ومربّ في الوقت نفسه وهذا كله يستلزم وجود مخطط تفصيلي لعمله داخل غرفة الصف أو المشغل .

وتتلخص أهمية التخطيط للتدريس في الجوانب التالية :

١- تحقيق الأهداف العامة والسلوكية (المعرفية والمهارية والوجدانية) .

٢- التحضير الذهني .

٣- تحديد الأنشطة والوسائل التعليمية المناسبة .

٤- إكتساب الثقة بالنفس .

٥- تنمية المعلم والمتعلم .

٦- إستبعاد سمات الإرتجالية والعشوائية .

٧- وضوح الرؤية أمام المعلم .

٨- إجتناب الكثير من المواقف الطارئة أو المحرجة .

مبادئ التخطيط للتدريس

* تحديد الأهداف التعليمية

* تحليل المحتوى

* مراعاة المرونة في الخطة

* تحديد الوقت المتاح والتوقيت المناسب

* معرفه أحوال الطلبة وخصائصهم النمائية

رابعاً : علاقة التخطيط بالأهداف التربوية

الأهداف التربوية عنصر هام من عناصر المنهج التي تمثل نقطة البداية في العمليات التخطيطية للمنهج الدراسي. إذ أن المنهج الدراسي له صلة وثيقة بالمحتوى وأسلوب تنظيمه لأن عناصر المنهج الأربعة: الأهداف والمحتوى والوسائل و الأساليب والتقويم يعملون بشكل متكامل، بمعنى أنه لا معنى لعنصر دون الأخر ومن خلال ذلك يتم التوصل إلى الحقائق والمفاهيم والمعلومات و الاتجاهات.

وبناءً على ذلك فإن تجاهل الأهداف في عملية تخطيط المناهج يعكس تصورات خاطئة لمفهوم الفكر ويعطي تصوراً غير محدد للأبعاد التربوية التي تعتمد على بناء الشخصية للطلاب .

أصبح الإيمان بأهمية المعلم وبدوره القيادي في العملية التربوية أحد المبادئ والمسلمات الأساسية التي تقوم عليها التربية الحديثة ، ونجاح المعلم في ذلك يعتمد اعتماداً كلياً على دقة التخطيط وفاعلية الخطة ، وقد أثبتت تجارب عديدة على أن التخطيط للتدريس أمر ضروري للمعلم لتحقيق الأهداف التربوية والتي تمثل التغيرات الايجابية التي يتوقع أن تظهر في المتعلم نتيجة مروره بالخبرات التربوية التي يتضمنها المنهج والتي تلبي حاجاته ومتطلبات نموه المختلفة

مصادر اشتقاق الأهداف :-

أن سلامة اختيار الأهداف التربوية تستدعي القيام بتحليل دقيق ومنظم للمجتمع والثقافة وعملية التعلم وطبيعة المتعلمين وحقول المعرفة.

ومن أبرز مصادر اشتقاق الأهداف :-

١- المجتمع وفلسفته التربوية وحاجاته وتراثه الثقافي وما يسوده من قيم واتجاهات وما هو عليه من حضارة ومن فكر وأدب وما فيه من عناصر جمالية في البيئة .

٢- خصائص المتعلمين وحاجاتهم وقبولهم ودوافعهم ومتطلباتهم ومشكلاتهم وخلفياتهم ومستوى نضجهم وقدراتهم العقلية وطريق تفكيرهم وتعلمهم .

٣- مكونات عملية التعلم وأشكال المعرفة ومتطلباتها وما يواجه المجتمع من مشكلات نتيجة التطور العلمي والتكنولوجي .

٤- اقتراحات المختصين في التربية وعلم النفس .

٥- دوافع ورغبات واتجاهات معدي المناهج والبرامج التربوية والمعلمين المشاركين في إعدادها وتنفيذها .

أهميـــة الأهـــداف التربوية :-

الأهداف التربوية سواء كانت العامة أو الخاصة لها أهميتها ومن هذه الأهمية:-

١- أنها الغاية النهائية في عملية التربية .

٢- تحدد الغايات العريضة للتعليم مثل نقل الثقافة أو إعادة بناء المجتمع أو توفير أو في النمو للفرد أو الابتكار

٣- تساعد في نقل حاجات المجتمع والأفراد إلى المنهج التربوي لتمثل على حقيقتها .

٤- أنها تساعد في بلوغ الأهداف العامة من خلال ترجمتها إلى أهداف قريبة وصيغ سلوكية محددة يسهل تقويمها حيث تقسم الأهداف التعليمية إلى ثلاثة مستويات أو مجالات:

أ- المجال المعرفي Cognitive Field

ب- المجال الانفعالي Affective Field

ج- المجال النفسي حركي Psychomotor Field

فالمجال الأول يطلق على الناحية الإدراكية المعرفية أما الثاني : فيشمل الاتجاهات والقيم ،اما الثالث: فيشمل الناحية الحركية متمثلة في اتقان المهارات التعليمية وسنتطرق لهذه المجالات التى جاءت بها دراسة (بلوم) بشيء من التفصيل.

أولاً: المجال المعرفي (Cognitive)

هذا المجال يعتمد على التذكر والاستدعاء ، ويشمل على تقسيمات فرعية منها:

١- التذكر : من أشهر الأفعال التي يبدأ بها الهدف: يعدد ، يصف، يذكر، يسمي، يتعرف، يحدد .

٢- استيعاب والفهم: ومن أفعال هذا المجال : يلخص، يوضح ، يعطي ، يفسر، يشتق، يشرح

٣- التطبيق : ومن أفعال هذا المجال : يحل، يجيب، يشكل ، يطبق ، يستخدم ، يوظف .

٤- التحليل: ومن أهم الأفعال التي يبدأ بها الهدف في هذا المجال: يحلل، يحدد، يكتشف، يستنتج، يصنف .

٥- التركيب: ومن أهم أفعال هذا المجال : يؤلف، يجمع، يصمم، يربط، يركب، يرسم، يطور .

٦- التقويم: ومن الأفعال السلوكية الدارجة في هذا المجال: يقوّم ، يثمّن، يحكم ، يبرر ، يقارن ، يحدد. أمثلة على الأهداف المعرفية:

- أن يميز أنواع السيارات واستخداماتها.

- أن يعرف كيفية خفض حرارة الجسم بالوسائل الطبيعية.

- أن يعدد بعض الأغذية والأشربة المناسبة في حالات الإصابة بالإسهال.

- أن يرسم الطالب الدارة الكهربائية توضح التوصيل على التوالي

- أن يقارن الطالب بين طريقة التطعيم بالعين والتطعيم بالقلم . .

ثانيا: المجال الانفعالي العاطفي (Affective)

١ – استقبال: ومن الأفعال السلوكية في هذا المجال: يستمع، ينتبه، يشير إلى ، يشرح .

٢- الاستجابة: تدل على المشاركة الايجابية للمتعلم ، وهذا المجال له عدة أفعال : يناقش ، يقارن، يعارض ، يتقبل، يشارك .

٣- التقييم(التثمين): ونعني بهذا تقبل المتعلم للاتجاهات.

٤- التنظيم: يشير هذا الهدف إلى التطوير، وبناء نظام قيمي للفرد ويمثل الأفعال التالية : يتعرّف ، يحفظ ، يمثّل .

٥- التمييز: يبرز هذا النوع من الأهداف تطوير الفرد لنفسه، ومن الأفعال المتعلقة بهذا الهدف: يمارس، يميز، يتبنى، يحدد.

أمثلة على الأهداف الانفعالية

- أن يتجنب الطالب تناول أدوية الآخرين.
- أن يلتزم الطالب بتعليمات المختص عند تناول الأدوية .
- أن يشارك الطالب في حملات المحافظة على البيئة .
- أن يراعي الطالب شروط السلامة عند عبور الشارع ذي الاتجاهين.
- أن يهتم الطالب بالعناية بالنباتات .

ثالثا: المجال النفسحركي (psychomotor)

في هذا المجال تستخدم الحركات والمهارات، وخاصة فيما يتعلق بالتناسق العضلي، وهذا المجال يشتمل على عدة حركات من أشهرها:

١- حركة الانعكاس -وهي الاستجابة التلقائية لموقف يتعرض له المتعلم.

٢- حركة أساسية قاعدية -تشمل حركات العضلات والحركات الطبيعية المرتبطة بها.

٣- الحركات الإدراكية -حركات تعبر عن الادراك الحسي، السمعي والبصري.

٤- الحركات الفيزيائية -حركات الجسم المختلفة المرتبط بالناحية العامة.

٥- حركات المهارة: تشمل الحركات الفنية التي تتطلب مهارة عالية في الأداء.

أمثلة على الأهداف النفسحركية

- أن يتحكم الطالب بحركة يده وأصابعه لانجاز مشغولات بسيطة.

- أن يقص الطالب الورق بحواف صحيحة باستخدام المقص .

- أن يستخدم الطالب بعض العدد اليدوية لعمل أشكال ومجسمات بسيطة .

- أن يزرع الطالب البذور بطريقة صحيحة

ويشير هذا المجال إلى المهارات المختلفة سواء كانت عقلية، أو يدوية أو أدائية في القراءة والكتابة وممارسة المهارات في التربية المهنية والرياضية. وهذا المجال يتطلب استخدام مهارة عالية في الدقة ، وفيه نوع من التنسيق الداخلي.

ومن خلال ما تقدم يمكن القول أن الهدف التعليمي التربوي هو عملية التدريس ، كما أنه الموجه لها، وفي الوقت نفسه يتطلب خططاً وأنشطة تعليمية وأساليب معينة لتحقيقه ، ويجب أن يصاغ في ضوء حاجات واستعدادات التلاميذ ، ولهذا لابد لنا من معرفة طرق التقييم المختلفة المرتبطة به . كما أن الأهداف والأساليب التعليمية تملى علينا أساليب القياس والتقويم المختلفة .

صياغة الأهداف

تشتق الأهداف العامة من فلسفة المجتمع ، والتي يطلق عليها فلسفة التربية، التي تتبع العادات والقيم والاتجاهات والدين ، وهذا ما يطلق عليه بالأهداف العامة، ومن ثم يشتق منها الأهداف الخاصة التي يطلق عليها الأهداف التعليمية أو السلوكية ، والتي بحد ذاتها تقسم إلى نوعين : أهداف تعليمية طويلة الأمد، وأهداف تعليمية قصيرة الأمد، وتشير بعض الدراسات في بناء تصميم الأهداف إلى وجود ثلاثة مستويات من الأهداف :

- المستوى العام- الغايات (الأهداف العامة) Goals : الأهداف التعليمية العامة هذه الأهداف تتميز بالعمومية والتجريد ، وتشق من فلسفة المجتمع التربوية، وعلى أساسها يتم بناء المنهج ومن الأمثلة عليها: إيجاد مواطن صالح منتمياً لمجتمعه. ويحتاج إلى وقت طويل لتحقيقها .

- المستوى المتوسط (الأغراض المتوسطة) (Aims): هذا المستوى أقل عمومية من الغايات ويتم تحقيقها في نهاية المرحلة التعليمية مثل الخطوط العريضة ولكن هذا النوع بحاجة إلى وقت ليس طويلا وليس قصيرا.

- المستوى الخاص (الهدف السلوكي): يقيس سلوكاً ضمن غرفة الصف، ويشير هذا النوع إلى سلوك المتعلم ،وهو قابل للملاحظة والقياس ، كما أنه يشير إلى نتائج التعلم ومستوى الأداء، ويكون قابلاً للتقويم .

الهدف السلوكي

يعرّف بلوم (Bloom) الهدف التعليمي بأنه : تصور مستقبلي لما ستقوم عليه عملية التعليم ،أو التغير في أداء المتعلم ويشتمل على فعل سلوكي إجرائي يصف أداء الطالب المتوقع ويتكون الهدف السلوكي من :

أن + فعل سلوكي + الطالب + المصطلح العلمي + الحد الأدنى من الأداء + ظروف تحقيق الهدف

مواصفات الهدف السلوكي (شروط لصياغته)

• ينبغي أن يصاغ الهدف بفعل سلوكي يشير إلى سلوك المتعلم

• ينبغي أن يشير الهدف السلوكي إلى نتاج التعلم.

• أن تشمل العبارة الهدفية في محتواها على سلوك.

• أن تحدد العبارة الهدفية مستوى الأداء المقبول

• أن يكون السلوك الموصوف في العبارة الهدفية قابلاً للملاحظة والقياس.

• أن لا يحتوى الهدف السلوكي على فعلين .

خامساً: مستويات التخطيط للتدريس

- تخطيط طويل المدى خطة سنوية فصلية

- تخطيط قصير المدى خطة التدريس اليومية

الخطة السنوية أو الفصلية : هي تصور شامل لتدريس مادة دراسية مقررة إما في عام دراسي وتكـون خطــة سنــوية، أو خــلال فصــل دراسي واحد وتكـون خطة فصلية

عناصر الخطة الفصلية لمعلم التربية المهنية

- هوية الخطة : المبحث ، العام الدراسي ، الصف ، اسم المعلم ، المدرسة

- الأهداف: هو ترجمان كل عمل ، ويجب أن تكون واقعية قابلة للتنفيذ ، بعيدة عن الخيال

- الوسائل والأساليب والأنشطة: وتعني كافة القوى المادية والبشرية اللازمة لإنجاز الخطة

- المواد اللازمة للتمرين

- التمرين العملي المرافق

- المتابعة والتقويم: وهي عملية لازمة لتحسين الأعمال بعد الوقوف على الايجابيات لتنميتها والسلبيات لتداركها

- الزمن : حيث يتم برمجة الخطة وتوزيعها على مراحل تقدر بزمن يتم اداؤها خلاله

- الملاحظات

نموذج الخطة الفصلية

المدرسة	السنة الدراسية	اسم معلم/معلمة المادة

المبحث:	الصف :

الأهداف	المحتوى التعليمي (الوحدة)	الأساليب والوسائل والأنشطة	الأدوات اللازمة للتمرين	التمرين العملي المرافق	الزمن	التقويم

ملاحظات عامة:

....

اسم المعلمة: .... خطة الفصل الثاني الصف الرابع الأساسي

مدرسة: .... مادة التربية المهنية العام الدراسي ٢٠٠٦ - ٢٠٠٧

الرقم	الوحدات	الأهداف	الوسائل والأساليب والأنشطة	التقويم	الأدوات اللازمة	التمرين العملي	الزمن
١	سلامة عامة وتوعية مرورية	١. أن يتعرف الطالب على اسباب الرعاف. ٢. ان يصف حالة الرعاف بالطريقة الصحيحة. ٣. ان يجري إسعافات أولية في حالتي اللسع واللدغ. ٤. أن يتعرف على دلالات واشارات المرور الرئيسية. ٥. ان يتوخى الحذر والسلامة من المشاة والركاب. ٦. أن يفهم أسباب الحوادث في استخدام الدراجات الهوائية. ٧. أن يستخدم الدراجة الهوائية بصورة ايجابية ومفيدة. ٨. أن تنمي حب الوقاية والحرص من الحوادث.	الشرح، التمثيل، المناقشة الصعبة، عرض صور لإشارات المرور أو رسمها على السبورة، استخدام السبورة.	حل أسئلة الدرس في الكراس، امتحانات يومية. تمثيل عملية إسعاف الرعاف ولسع العقرب ولدغ الأفعى.	قطن، زيت، رباط من الشاش، إشارات مرور مرسومة على اللوحة دراجة هوائية أو أجزائها.	إسعاف حالة رعاف. تمثيل طريقة قطع الطريق. مراعاة الإشارات المرورية.	٢/١٠- ٤/١٠
٢	أنشطة مهنية	١. أن يستخدم أدوات الرسم الصناعي مراعيا الدقة. ٢. أن يستخدم الأسلاك الكهربائية بطريقة مامونة. ٣. أن يعمل غرز الخياطة اليدوية على القماش والكنفا والخيش. ٤. ان يزرع بذور في منابت حسب الأصول. ٥. أن ينقل الاشتال من المنبت الى الأرض الدائمة بطريقة صحيحة. ٦. ان يعبىء الطالب تصاميم بالغرز التالية: السلسلة، السلالة، الضرب، عظمة السمكة. ٧. أن تنمي لدى الطالب حب الاعتماد على النفس ومساعدة الآخرين.	الشرح المناقشة، استخدام الكتاب و السبورة وعرض الوسيلة المناسبة. العمل على التطريز على الخيش، الكنفا. الزراعة في أحواض المدرسة	حل أسئلة الدرس في الكراسة. امتحانات يومية متابعة التلاميذ خلال العمل	إبرة ، كنفا ، قطعة خيش، خيوط تطريز، أنواع مختلفة من البذار، فأس ، مشط، مجرفة.	حفر أشكال مختلفة على الصابون والبطاطا. عمل غرز مختلفة على الخيش والكنفا. زراعة بذور مختلفة في أحواض حديقة المدرسة.	٤/١٠ ٥/١٠

خطة الدرس اليومي

تمثل المستوى الأدنى أي قصير المدى في التخطيط وعناصرها نفس عناصر الخطط السابقة ويجب ان تشتمل على تهيئة حافزة في بداية الدرس

عناصر الخطة اليومية

١- هوية الخطة : المبحث ، ترتيب الحصة ، الصف ، الموضوع ، اليوم والتاريخ

٢- تحديد أهداف الدرس :

عندما يلمّ المعلم بجميع جزئيات مادته أو موضوعه، فإنه يكون قادراً على إشتقاق أهدافه السلوكية من ذلك الموضوع منطلقاً مما يلي :

- أهداف تدريس التربية المهنية - الحقائق والمفاهيم والنظريات - قدرات الطلاب ومستوياتهم

٣ - تحديد طريقة سير الدرس والوسائل والأنشطة المناسبة والمواد اللازمة للتمرين العملي :

حيث يبني المعلم إطاراً فكرياً عن كيفية سير الدرس ، بحيث يحتوي هذا الإطار على مقدمة أو مدخل به نوع من الإثارة ،أو تساؤل يثير فضول الطلاب وحماسهم للإجابة عليه ، لذا على المعلم أن يضع تصوراً لما سوف يقوم به أثناء الدرس منذ بدايته إلى نهايته .

٤- التقويم : في نهاية الدرس يطرح المعلم أسئلة (معدة مسبقاً) تقيس مدى ما تحقق من أهدافه ، ويراعى أن تكون الأسئلة عميقة ومتنوعة بحيث يستطيع المعلم من إجابات طلابه معرفة مقدار ما تحقق من أهدافه .

٥- الملاحظات : لتسجيل معلومات حول التغذية الراجعة أو إعادة الحصة ، وما تحقق وما لم يتحقق من الأهداف

نموذج الخطة اليومية

المبحث: الموضوع : الصف والشعبة:

الحصة : اليوم التاريخ:

الأهداف الخاصة للحصة	الأساليب والوسائل والأنشطة	الزمن	التقويم

ملاحظات عامة:

....

الفصل السابع

استراتيجيات تدريس التربية المهنية

أولا : المنحى العلمي وربط المعرفة بالحياة

ثانيا : استراتيجيات تدريس المهارات النظرية والعملية

١-إستراتيجية الأسئلة والمناقشة

٢- لعب الأدوار والمحاكاة

٣- إستراتيجية العروض العملية

٤- إستراتيجية حل المشكلات

٥- إستراتيجية المشروع

٦- إستراتيجية التعلم الفرقي

٧- إستراتيجية التعلم التعاوني عبر الويب

الفصل السابع

استراتيجيات تدريس التربية المهنية

مقدمة

يهدف التعليم المهني بشكل أساسي إلى تدريب الطلبة على أعمال مهنية تساعدهم مستقبلاً على اكتساب مهنة معينة يعملون بها ويغلب على الأعمال المهنية عادةً الطابع العملي.

وحتى يكتسب الطالب أداءً ماهراً للعمل لابد من اكتساب المعرفة النظرية ، والمهارة العملية اللازمتين لأي عمل. وتتفاوت نسبة المعرفة والمهارة العملية في كل مستوى من مستويات العمل التي يعد المتدرب لها ويقصد بالمهارة "مجموعة من الحركات يقوم بها الشخص لإنجاز عمل معين وقد تكون المهارة عقلية أو حركية".

تعرف إستراتيجية التدريس في التربية بأنها كافة الظروف والإمكانات التي يوفرها المعلم في موقف تعليمي معين والإجراءات التي يتخذها في سبيل مساعدة طلبته على تحقيق الأهداف المحددة لذلك الموقف ويسهم المنحى العملي في تحقيق ذلك .

أولاً: المنحى العملي وربط المعرفة بالحياة

- المنحى العملي في التدريس :هو مجموعة الفعاليات التعليمية المخطط لها سابقاً والتي تحقق تعلماً فعالاً من خلال سياقات إجرائية عملية

- تشجع استراتيجيات التعلم القائمة على المنحى العملي الطلبة على التعلم من خلال العمل وتوفير فرص حياتية حقيقية لهم للمساهمة في تعلم موجَّه ذاتياً. ويمكن استخدام هذه الإستراتيجية لتفحص وضع غير مألوف ، أو لاستكشاف موضوع ما بشكل عميق .

كيف يمكن ربط المعرفة بالحياة

هناك عدة طرق لربط المعرفة بالحياة تعتمد على تقريب المعرفة من واقع الحياة أو محاكاتها أو إيجاد التطبيق المناسب ومنها:-

- الخبرة الحسية وتعتمد الخبرة المباشرة بوساطة الحواس فأنت تنظر إلى الكائنات الحية وتتعرف إلى أشكالها وأنواعها وطباعها وفي كل حالة تكون قد حصلت على خبرة حسية معينة

- الطريقة العقلية النظرية وتقوم على التفكير فيما وراء الخبرة الحسية المباشرة للتوصل إلى تعميمات وقواعد بعد محاكمة المعلومات عقلياً من خلال الربط والتحليل والمقارنة والاستنتاج والقياس لتوليد مفاهيم تكامل بين هذه المعلومات وتعطيها معنى ما لربط المعلومات والتوصل إلى نتيجة جديدة أو علاقات جديدة

- التجربة العملية

- التقليد والمحاكاة

أهمية ربط المعرفة بالحياة

-تيسير حياة الناس وإشعارهم بالسعادة (توفر الأجهزة الكهربائية مثل الغسالة والثلاجة والتلفاز)

- توفير الوقت والمال ويظهر ذلك من استخدام وسائل الاتصال والمواصلات الحديثة (التلفون والفاكس، والإنترنت)

- المحافظة على أرواح الناس وذلك من خلال صناعة الأجهزة الطبية ، وتركيب العلاجات الحديثة ومبيدات الآفات الحشرية.

- جسر الفجوة بين النظرية والتطبيق فمهما كانت النظرية سهلة لا يمكن الاعتماد عليها وفهم محتواها إذا لم يتم توظيفها وتطبيقها .

- تفجير الطاقات الإبداعية عند الإنسان إذ يساعد ذلك على كشف حقائق جديدة ومـن ثـم تطوير حقائق ونظريات جديدة

- التكيف مع الواقع والتواصل مع الناس وذلك بتطبيق قواعد السلوك الاجتماعية السائدة وأصول التعامل مع الناس وآداب الطريق وآداب المائدة

ما دور المنحى العملي في عملية التدريس ؟

ينمي مهارات عدة لدى كل من المعلم والمتعلم ومن هذه المهارات :

-مهارات تحليلية

تتمثل في القدرة على تحليل البيانات واستخراج العناصر المشتركة فيما بينها وتحويلها إلى معلومات ذات معنى وترتيبها ترتيباً منطقياً وربط الأسـباب بالمسببات والخـروج بتعميمات مناسبة

- مهارات اتصالية

تعتمد هذه المهارات على الكيفية التي يتم فيها النشـاط فقـد يكـون في مجموعـات صغـيرة يتحاور فيها أعضاء المجموعة الواحدة للإجابة عـلى تسـاؤلات معينة يعرضـون فيها آراءهـم ويقوم بعض الطلبة بتمثيل بعض المهـارات الاتصالية التـي تسـاعد عـلى نجـاحهم في الحيـاة مستقبلاً

- مهارات تطبيقية

يعطي هذا المنحى للمتعلمين فرصة تطبيق بعض المفاهيم والمبادئ والأسـاليب ضـمن سـياق تجريبي أو تطبيقي في الموضوعات الدراسية المختلفة مما يكسب المتعلم عدداً مـن المهـارات التطبيقية المناسبة

-مهارات إبداعية

يتضمن المنحى العملي حالات و تمارين لا تكفي لها العمليات العقلية العادية، وإنما تحتاج إلى قدرات خيالية إبداعية تمكن المتدرب من الوصول إلى الحل أو خيارات للحل ،والتنبؤ بنتائج وأوضاع مستقبلية .

- مهارات اجتماعية

تتضمن مهارات التوصل و الإصغاء ودعم وجهة نظر المتدرب أو المتدربين ومعارضة رأي متدرب آخر ،وتوجيه النقاش وضبطه وضبط المشاعر في أثناء النقاش ،والعمل مع الآخرين وفهم سلوكهم .

- مهارات تحليل القيم الشخصية وفهمها :

يفيد المنحى العملي في تحليل القيم الشخصية للمتعلم وفهمها وطرح المعلم لأسئلة تركز على جوانب قيمية ،مثل الصدق،الأمانة ،التعاون،وحب الآخرين.

ثانياً: استراتيجيات تدريس المهارات النظرية والعملية

إن مهمة المدرسة أن تخرج متعلمين مستقلين فعالين ، ليتمكنوا من تنظيم شئونهم الحياتية اليومية ، وأن يكونوا أفراداً منتجين في المجمع ، متعاونين ومبادرين ، يتمتعون بقدرة الإبداع والتفكير في بدائل متعددة ، وهذا يحتاج إلى تعلم فعال في بيئة تعليمية سارة ومناسبة ، وموارد ومواد تعليمية ومصادر معلومات ، واستراتيجيات تدريسية للتعلم، تركز على المعلومات والمهارات والاتجاهات في أن واحد ، وحتى يكتسب الطالب أداءً ماهراً للعمل لا بد من اكتساب المعرفة والنظرية والمهارة العملية اللازمين لأي نشاط

١ـ إستراتيجية الأسئلة والمناقشة

وهما طريقتان فعالتان مرتبطان معاً على شكل تفاعل لفظي بين المعلم والطلبة ، وبين الطلبة أنفسهم ، ولا تستخدم طريقة التدريس هذه لوحدها ، إنما مع كل طرق التعليم الأخرى ، وتستخدم في تدريس الجانب النظري من النشاط للتركيز على الجوانب الفنية في التمرين ، وتساعد هذه الطريقة الطلاب على التفكير البناء ، والتوصيل إلى التعليل

والتفسير، ومحاولة تطبيق ما تعلموه ، وتؤدي كذلك إلى تنمية اتجاهات عملية وأنماط سلوكية إيجابية ، مثل احترام آراء الآخرين ، وعدم التسرع في الحكم والاستماع بذكاء. والتعاون في الحلول.

ويشير الأدب التربوي إلى أنه لا بد من توافر شروط لتحقق المناقشة أهدافها، من أهمها:

- وعي المعلم والمتعلمين بالأهداف المرجوة من المناقشة.

- أن لا يتجاوز حجم المجموعة عشرين طالباً، وأن لا يقل عن اثنين.

- أن تكون الفرصة متاحة لاستخدام المناقشة.

- أن يعد المعلم الأسئلة المناسبة التي تسهل عملية المناقشة بحيث تكون مبسطة ومتتابعة وهادفة، وتنمي التفكير، والاستفسار، وحب الاستطلاع.

- أن يكون الطلبة على قدر من الدراية والعلم بالموضوع المراد مناقشته.

- أن تكون الأسئلة من النوع الذي يؤدي إلى تنمية قدرة الطلبة على إدراك العلاقات

٢- لعب الأدوار والمحاكاة

في هذا الطريقة يمارس الطلبة أدواراً مختلفة كما لو أنهم كانوا في لعبة ، ولكن بدلا من الكلمات . يتم تزويدهم بمذكرات مكتوبة في حالة معينة ، كما هو في تدريس مهارة فتح حساب في بنك ، أو مهارة البيع والشراء ، حيث يتم اختيار الدور الذي يحبه المتعلم .

وفي اللعبة التربوية إن هذه الممارسة تكسب الطالب المهارة على اتخاذ القرار في المهنة التي يريد ، وتطبيق القواعد العلمية والنظرية في مجال الممارسة العلمية للدور الذي يمثله دون الخوف من النتائج التي قد يكون لها مردودها في الواقع الفعلي ، وبهذا توفر له الفرصة التدريبية الكافية في مراكز التعلم ، وهذه الطريقة تمثل تصورا لواقع العمل وطرق تنفيذه ، ومتطلبات ذلك التنفيذ من إجراءات علمية عملية .

وتكون المحاكاة طريقة فعالة في التربية لمهنية بقدر دقة التصميم للنموذج ووضوح عناصره ، وترابطها ، وتوضيحها للمفاهيم العلمية التي يراد ايصالها ، ويتم تدريب الطلبة على بيئة مصغرة ، أو ممثلة لواقع العمل في الحياة العملية ، وطريقتا المحاكاة ولعب الأدوار تزيد دافعية الطلبة نحو التعلم ويعتبر هذا النشاط مناسبا في جميع المستويات التعليمية ، وبشكل خاص في مستوى التهيئة والاستكشاف .

إن فعالية التعليم تعتمد على اختيار طرق التدريب ،وأساليب التدريب المتنوعة وفي الوقت والمكان المناسبين ، فضلا عن ملاءمتها لمستوى المتعلمين من جميع الجوانب السيكولوجية ، وكونها تسعى لهدف محدد وحتى تكون كل من طريقة لعب الأدوار وطريقة المحاكاة مفيدة ، وتؤدي الغرض المطلوب ، لا بد من الإعداد والتخطيط المسبق لهذه الطرق بحيث يتمكن المتعلم من المشاركة بممارسة المهارات المتعددة، ويتخذ القرار المناسب من أجل ضبط جميع جوانب النشاط المدروس .

أهمية تدريس المهارات :

إن تدريس أي مهارة عملية في التخصصات المختلفة للتعليم المهني يجب أن يسبق بتحليل العمل لتحديد هذه المهارات وعادةً يتكون أي عمل عند تحليله مما يلي :

١. مجموعة من المهمات تشكل كل واحدة منها جزءاً متكاملاً من العمل يستغرق أداؤه جزءاً من الوقت.

٢. مجموعة من الواجبات : أحد عناصر النشاطات التي يقوم بها العامل خلال إنجازه مهمة من مهمات العمل.

٣. المهارة : هي الخطوة أو العملية الذهنية أو الأدائية أو الاتجاهية التي يمارسها العامل خلال قيامه بأداء واجبات عمله وتعتبر أدق أجزاء العمل.

ويبين الشكل هرم تحليل العمل المهني ومثالاً عليه :

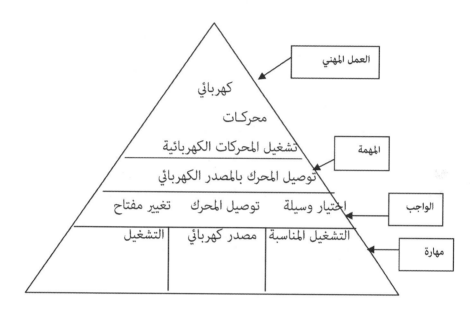

إن المصدر الأساسي للوصول إلى المعرفة هي الخبرة الحسية ، وعند الوصول إلى معرفة جديدة فإننا ننحى منحى عملياً تجريبياً في التعامل مع المعرفة وبذلك ترتبط المعرفة بالحياة سابقاً ولاحقاً لاكتشافها فعندما نريد تعليم موضوع ما، علينا البدء من الواقع ومن المشاهدات الحسية والتجارب المضبوطة والعروض العملية للوصول إلى تعميمات ومن ثم نعود إلى تطبيق تلك التعميمات وتوظيفها في مواقف جديدة

٣ـ إستراتيجية العروض العملية :

يهدف التعليم المهني بشكل أساسي إلى تدريب الطلبة على أعمال مهنية تساعدهم مستقبلاً على اكتساب مهنة معينة يعملون بها ويغلب على الأعمال المهنية عادةً الطابع العملي.

وحتى يكتسب الطالب أداءً ماهراً للعمل لابد من اكتساب المعرفة النظرية والمهارة العملية اللازمتين لأي عمل. وتتفاوت نسبة المعرفة والمهارة العملية في كل مستوى من مستويات العمل التي يعد المتدرب لها ويقصد بالمهارة "مجموعة من الحركات يقوم بها الشخص لإنجاز عمل معين وقد تكون المهارة عقلية أو حركية".

إن إستراتيجية العروض العملية ، هي الإستراتيجية الأكثر استعمالا في مجال التعليم المهني ،والأفضل في حال عدم توفر أدوات ومواد تكفي لعدد الطلاب وهي الإستراتيجية التدريسية الرئيسة التي تستخدم في مستويات التهيئة والاستكشاف والإعداد، وهي تساعد المعلم على أن يصف تفاصيل العمليات المتنوعة خطوة خطوة ، ويوضح الإجراءات والأساليب الفنية الموجودة في مهمات ومهارات متنوعة ، ومرتبط بالمهن، ويتعين على المعلم أن يعطي الطالب فرصة لإجراء وتطبيق المهارات العملية المتعلقة بما تخدمه مادة العرض.

ويأتي تعليم المهارات بهذه الطريقة في أربع خطوات :

١- وصف المهارة : في هذه المرحلة على المعلم أن يوضح لماذا على الطالب أن يتعلمها ومتى يستخدمها ، وعليه أن يقوم بتحليل المهارات إلى مهمات صغيرة ، ثم إلى خطوات ويفيد التحليل في هذه المرحلة بدرجة كبيرة ، لان التحليل يصف حقيقة ماذا يتم عمله، والترتيب الذي تنفذ فيه كل مرحلة ، ويفضل كتابة المهارة للطلبة على شكل قائمة تعليمات (بطاقة التمرين العملي) تبين بوضوح معايير الأداء المتوقعة.

٢- عرض المهارة : يتم عرض المهارة بعدما يصفها المعلم ، وأحيانا يكون العرض متوافقاً مع الوصف وعند عرض المهارة على المعلم مراعاة ما يلي : ـ

أ- أن يكون العرض صحيحا وأن يبتعد المعلم عن ذكر الممارسات الخاطئة في العمل، والتأكد من أن العدد والأدوات اللازمة للنشاط متوفرة وصالحة للعمل.

ب- أن يكون العرض منظورا وأن يكون الطلبة جميعهم قادرين على مشاهدة ما يفعله المدرب، وإذا كان عدد الطلبة كبيرا، أو كانت المهارة التي تعرض صعبة الرؤيا من بعيد على المعلم أن يعيد العرض . ويمكن أن يفيد أحيانا استخدام التسجيل التلفزيوني لعرض المهارة.

ج- على المعلم أن يوضح ما الذي يفعله فليس كافيا أن يقوم بتأدية المهارة بشكل صحيح فحسب، إنما التركيز على النقاط المهمة ومعايير الأداء السليم.

د- اتخاذ احتياطات الأمن والسلامة المهنية ومراعاة التركيز عليها .

هـ - يفضل أن يعيد المعلم عرض المهارة عرضا سريعا بعد انتهاء العرض يلخص خلاله أهم الأعمال التي قام بها ، واستخدام التلخيص السابق يساعد المعلم كثيرا ، ويعطي الطلب سجلا بالمراحل التي تهمه لتكوين المهارة ، وهذا يعني أن بإمكانه التركيز على ملاحظة العرض بدلا من الكتابة .

٣- تطبيق المهارة : في هذه المرحلة يطلب المعلم من احد الطلبة إعادة العرض امام زملائه، وتحت إشراف المعلم المباشر ، ويتولى المعلم مناقشة الأداء مع باقي الطلاب مراعيا تصويب الأخطاء عند حدوثها ، وعليه في هذه المرحلة أن يراعي اختيار الطالب الكفء ، وفي ضوء الرغبة وذلك للتقليل من الأخطاء وفرص الفشل الذي قد يولد لدى الطلاب انطباعا سيئا عن المهارة .

٤- ممارسة المهارة : من أهم المراحل في تعلمها ، وهي الأكثر صعوبة في التنظيم ، أو تستغرق وقتا طويلا وتعني الممارسة تكرار المهارة للوصول إلى مستوى الأداء المطلوب، وحتى تكون الممارسة هادفة ومنظمة ، يقوم المعلم بإعداد بطاقات العمل (بطاقة التمرين العملي) مسبقا ، ويعلقها في مكان بارز أو يوزعها على الطلبة، وخلال هذه المرحلة يتركز دور المعلم في متابعة الطلبة والإشراف عليهم

إن تدريس أي مهارة عملية في التخصصات المختلفة للتعليم المهني يجب أن يسبق بتحليـل للعمل إلى مهمات ومهارات، وعادةً يتكون أي عمل عند تحليله من خطوات عدة كما يأتي مثلاً:

تحضير طبق السلطة

- غسل الخضار

- تجهيز أدوات التقطيع

- مراعاة متطلبات السلامة المهنية

- مسك السكين بطريقة آمنة

- تقطيع الخضار

- خلط محتويات الطبق

- تزيين الطبق وتقديمه

- التعاون مع الزملاء

- مراعاة نظافة المكان

نموذج بطاقة التمرين العملي

اسم التمرين : إعداد طبق السلطة نوع التمرين : انتاجي تدريبي

مكان تنفيذ التمرين: المشغل الحديقة المدرسية غرفة الصف

الصف : السابع الأساسي

الأهداف	المواد والادوات اللازمة	مستوى الاداء	الزمن
- أن يحضر الطالب طبق سلطة الخضار - أن يراعي آداب المائدة أثناء تقديم الطعام - ان يتعاون مع زملائه في المشغل - ان ينظف المشغل والأدوات بعد الانتهاء من العمل		- تحت اشراف المعلمة كلياً - تحت إشراف المعلمة جزئياً - ممكن ان يعمل الطالب بمفرده بمتابعة خفيفة من المعلم	
خطوات التمرين	**النقاط الحاكمة**	**الأسئلة والمناقشة**	**الصور والنماذج**
غسل الخضار - تجهيز أدوات التقطيع - مراعاة متطلبات السلامة المهنية - مسلك السكين بطريقة آمنة - تقطيع الخضار - خلط محتويات الطبق - تزيين الطبق وتقديمه			

٤- إستراتيجية حل المشكلات

يعرّف بعض التربويين إستراتيجية حل المشكلات على أنها نشاط تعليمي يواجه فيه الطالب مشكلة (مسألة أو سؤال) فيسعى إلى أيجاد حل أو حلول لها ، لذلك فإن عليه أن يقوم بخطوات(إجراءات) مرتبة في نسق تماثل خطوات الطريقة العلمية في البحث والتفكير، يصل من خلالها المتعلم أو (المتعلمين) إلى حل لهذه المشكلة، و تكون على شكل مبدأ أو تعميم.

وأما الإجراءات فهي عبارة عن نشاطات تجريبية تساعد على توضيح الظاهرة قيد الدراسة والبحث ثم وصفها وتفسيرها

وتتضمن إستراتيجية حل المشكلات جملة من الخطوات تبدأ بـ:

- تحديد المشكلة

- جمع البيانات

- وضع الفرضيات

- الحكم على الفرضيات

- الوصول إلى حل للمشكلة

- التعميم من النتائج

ولاستخدام هذه الاستراتيجية في التدريس لا بد من توافر عدد من الشروط من أبرزها:

- أن يكون المعلم قادراً على حل المشكلات بأسلوب علمي صحيح، ويعرف المبادئ والأسس والاستراتيجيات اللازمة لتنفيذ ذلك.

- أن يمتلك المعلم القدرة على تحديد الأهداف وتبني ذلك في كل خطوة من خطوات حل المشكلة.

- أن تستثير المشكلة مدار البحث اهتمامات المتعلمين وتتحدى قدراتهم بشكل معقول، بحيث تكون قابلة للحل .

- أن يستخدم المعلم التقويم التكويني ، بحيث يقدم للمتعلمين التغذية الراجعة بالوقت المناسب.

- أن يتأكد المعلم من امتلاك المتعلمين للمهارات والمعلومات الأساسية لحل المشكلة قبل الشروع في حلها .

- أن يوفر المعلم للمتعلمين المواقف التعليمية التي تساعدهم على ممارسة أسلوب حل المشكلات.
- أن يساعد المعلم المتعلمين على تكوين نمط أو نموذج أو استراتيجية يتبنونها في التصدي للمشكلات ومحاولة حلها.
- أن يجرب المعلم استراتيجية الحل على مشكلات جديدة تيسر عملية انتقال الطريقة، وتمكن المتعلم من استخدام النظرة الشمولية لحل المشكلة.
- أن يوظف المعلم التعلم التعاوني في حل المشكلات.

السمات المميزة للموقف المشكلة (مرعي، بلقيس ،ص ٢٥٤- ٤٥٥)

أ- تختلف المشكلات من موقف إلى آخر

ب- تحتوي المشكلة على هوة بين قدرات الفرد وما يريد عمله وتحقيقه أو بين ما يستطيع الفرد فعله وما يريد فعله

ج- تختلف المشكلات من حيث تعقيدها وطرائق حلها من مجال إلى آخر حيث لا يكاد يخلو مجال من مجالات التعليم من مشكلات

د- يواجه الإنسان المشكلات ويتصدى لها منذ وجد ولقد استطاع أن يتوصل إلى معادلات وأسس ومبادئ واستراتيجيات مختلفة .

دور المعلم في تطوير واستخدام أسلوب حل المشكلات

- يحدد المعرفة والمهارات التي يحتاجها الطلبة لإجراء البحث والاستقصاء والاستطلاع.

-يحدد النتاجات الأولية أو المفاهيم التي يكتسبها الطلبة نتيجة لقيامهم بالبحث والاستقصاء.

-يعلم الطلبة نماذج لطرق حل المشكلات والبحث تفيدهم مستقبلاً

-يساعد الطلبة في تحديد المراجع المطلوبة لإجراء البحث.

- يقدم نموذجاً في كل من اتجاهات البحث (مثل المثابرة) وعملية إجراء البحث.

- يراقب تقدم الطلبة ويتدخل لدعمهم كلما تطلب الأمر

دور المتعلم في إستراتيجية حل المشكلات

- يظهر اهتماماً فعالاً في التعلم ويمارس مهارات حل المشكلات.

- يقترح مواضيع ذات اهتمام شخصي.

- يظهر حسب الاستطلاع حول اكتساب معرفة جديدة عن القضايا والمشكلات.

- يبدي المثابرة في حل المشكلات.

- يكون راغباً في تجريب طرق مختلفة لحل المشكلة وتقويم نفع هذه الطرق.

- يعمل مستقلاً أو في فريق لحل المشكلات

٥- إستراتيجية المشروع

تعريفها: يقرن اسم المشروعات باسم المربي الأمريكي وليام كلباتريك تلميذ جون ديوي (عميد الفلسفة البراجماتية)، وتهدف إلى تقديم مشخص حي للتعليم ، بدلاً من المحتوى اللفظي واتباع المجرى الطبيعي لاكتساب المعرفة بدلاً من التلقين، أما الأسس النفسية والاجتماعية لهذه الطريقة فتتضمن الاهتمام بطبيعة المتعلم واعتباره المحور الرئيس الذي تدور حوله عملية التربية، وكذلك النشاط الذاتي والتعلم عن طريق العمل، ومراعاة ميول الطالب واتجاهاته ، واعتبار المدرسة مؤسسة اجتماعية وأنها صور الحياة الاجتماعية للطلبة

- عرّف كلباتريك المشروع بأنه: الفعالية القصدية التي تجري في محيط اجتماعي". فهو يعتبر العمل اليدوي والعقلي مشروعاً إذا كان قصدياً متصلاً بالحياة، فالشرط الذي يشترطه كلباتريك هو الهدف في العمل، واتصال هذا العمل بحياة المتعلم

تصنيفات المشروعات:

صنف كلباتريك المشروعات إلى:

١. المشروعات البنائية: وتستهدف الأعمال التي تغلب عليها الصبغة العملية في الدرجة الأولى.

٢. المشروعات الإستمتاعية: وهي التي تستهدف الفعاليات التي يرمي المتعلم من ورائها إلى التمتع بها كالإستماع إلى موسيقى ، أو إلى قصة أدبية وغيرها.

٣. مشروعات المشكلات: وهي التي تستهدف المتعلم، ومنها حل معضلة ما فكرية وغير ذلك.

٤. مشروعات لتعلم بعض المهارات أو لغرض الحصول على بعض المعرفة.

أنواعها حسب عدد المشتركين:

تنقسم المجموعات ، بحسب عدد المشاركين فيها على الأقل ، إلى قسمين ، هما:

المشروعات الجماعية: وهي تلك المجموعات التي يطلب فيها إلى الطلبة جميعهم في غرفة الصف أو المجموعة الدراسية الواحدة القيام بعمل واحد كأن يقوم الطلبة جميعهم بتمثيل مسرحية أو رواية معينة كمشاركة منهم في احتفالات المدرسة أو كأحد الواجبات الدراسية المطلوبة منهم.

المشروعات الفردية: وتنقسم هذه المشروعات بدورها إلى نوعين ، هما :

النوع الأول: حيث يطلب إلى الطلبة جميعهم تنفيذ المشروع نفسه كلاً على حده ،

النوع الثاني: من المشروعات الفردية ، فهو عندما يقوم كل طالب في المجموعة الدراسية باختيار مشروع معين من مجموعة مشروعات مختلفة و تنفيذه ، يتم تحديدها من قبل المعلم أو الطلبة ، أو الاثنين معاً.

خطوات عمل المشروع

تمر عملية عمل المشروع بأربع خطوات رئيسة هي:

أولاً: اختيار المشروع تبدأ هذه الخطوة بقيام المعلم بالتعاون مع طلابه بتحديد أغراضهم ورغباتهم، والأهداف المراد تحقيقها من المشروعات، وتنتهي باختيار المشروع المناسب للطالب. ويفضل عند اختيار المشروع ، أن يكون من النوع الذي يرغب فيه الطالب وليس المعلم ؛ لأن ذلك يدفع الطالب ويشجعه على القيام بالعمل الجاد وإنجاز المشروع ، ولأنه في الغالب سوف يشعر بنوع من الرضا في إنجازه ، والعكس صحيح إذا كان المشروع من النوع الذي لا يلبي رغبة أو ميلاً لدى الطالب.

ثانياً: وضع الخطة إنّ أهم ما يمكن أن يقال حول وضع الخطة هو أن تكون خطواتها واضحة ومحددة لا لبس فيها ولا نقص ، وإلا كانت النتيجة إرباك الطالب وفتح المجال أمامه للاجتهادات غير المدروسة التي من شأنها عرقلة العمل وضياع وقت الطالب وجهده. ولا بد هنا من التأكيد على أهمية مشاركة الطلبة في وضع هذه الخطة وإبداء آرائهم ووجهات نظرهم . ويكون دور المعلم هنا ذا صبغة أو طابع استشاري حيث يستمع آراء الطلبة ووجهات نظرهم. ويعلق عليها ولكن ، ليس من أجل النقد أو التهكم وإنما من أجل توجيههم ومساعدتهم.

ثالثاً: تنفيذ المشروع ويتم في هذه المرحلة ترجمة الجانب النظري المتمثل في بنود خطة المشروع إلى واقع عملي محسوس ، حيث يقوم الطالب- في هذه المرحلة - بتنفيذ بنود خطة المشروع تحت مراقبة المعلم وإشرافه وتوجيهاته ، ويقوم المعلم بإرشاد الطلبة وحفزهم على العمل وتنمية روح الجماعة والتعاون بينهم والتحقق من قيام كل منهم بالعمل المطلوب منهم وعدم الاتكال على غيره لأداء عمله. هذا ويجب التأكيد هنا على ضرورة التزام الطلبة ببنود خطة المشروع وعدم الخروج عنها إلا إذا طرأت ظروف تستدعي إعادة النظر في بنود هذه الخطة وعندها يقوم المعلم بمناقشة الموضوع مع الطلبة والاتفاق معهم على التعديلات الجديدة.

رابعاً: تقويم المشروع بعد أن أمضى الطلبة وقتاً كافياً في اختيار المشروع ووضع الخطة التفصيلية له وتنفيذه ، تأتي الخطوة الرابعة والأخيرة من خطوات إعداد المشروع ، وهي تقويم المشروع والحكم عليه ؛ حيث يقوم المعلم بالاطلاع على كل ما أنجزه الطالب مبيناً له أوجه الضعف والقوة والأخطاء التي وقع فيها وكيفية تلافيها في المرات المقبلة ، وبمعنى آخر يقوم المعلم بتقديم تغذية راجعة للطالب.

شروط اختيار المشاريع

هناك مجموعة من الشروط لا بدّ من الأخذ بها عند اختيار المشاريع ، نذكر منها الآتي:

- يجب أن تكون للمشروع المختار قيمة تربوية معينة، ويجب أن تكون هذه القيمة التربوية ذات علاقة معينة باحتياجات المتعلم.
- الاهتمام بتوفير المواد اللازمة لتنفيذ المشروع.
- يجب أن يكون الوقت الذي يصرف في تنفيذ مشروعٍ ما متناسباً مع قيمة المشروع.
- يجب أن لا يتعارض المشروع المختار مع جدول الدروس المدرسي ؛ أو بعبارة أخرى يجب ألا يؤثر في سير الدروس خوفاً من اختلال النظام.
- مراعاة الاقتصاد في أثمان المواد التي يحتاجها المعلم لمشروع ما.
- ملاءمة المشروع للحصول على القيم التربوية المطلوبة.
- يجب ألا يكون المشروع معقداً، ويجب ألا يستغرق وقتاً طويلاً، ويستحسن ألا يتجاوز الوقت المخصص للمشروع أكثر من أسبوعين.
- يجب أن يكون المشروع متناسباً مع قابلية الطلبة في تصميمه وتنفيذه، ويجب ألا يتطلب مهارات معقدة، أو معلومات صعبة لا يستطيع الطلبة أن يحصلوا عليها، ويجب ألا يكون صعباً، بدرجة تضطر المعلم إلى أن يصرف وقتاً طويلاً مع كل طالب لتعليمه وإرشاده.

- يجب ألا يكون المشروع تافهاً ، فيؤدي بالطلبة إلى أن ينشغلوا كثيراً بفعاليات غير مثمرة.

- يجب تجنب التداخل غير الضروري في المشروعات المتعاقبة.

إيجابيات طريقة المشروع

يمكن إيجاز أهم إيجابيات طريقة المشروع ، كطريقة في التعليم ، في النقاط الآتية:

- تنمي طريقة المشروع عند الطلبة روح العمل الجماعي والتعاون.

- تعد طريقة المشروع من طرائق التدريس التي تشجع على تفريد التعليم ومراعاة الفروق الفردية بين المتعلمين ، وذلك ما تنادي به التربية الحديثة.

- يشكل المتعلم في هذه الطريقة محور العملية التربوية بدلاً من المعلم ، فهو الـذي يختار المشروع وينفذه تحت إشراف المعلم.

- تعمل هذه الطريقة على إعداد الطالب وتهيئته للحياة خارج أسوار المدرسة ، حيـث يقوم بترجمة ما تعلمه نظرياً إلى واقع عملي ملموس.

- تنمي عند الطالب الثقة بالنفس وحب العمل ، كما تشجعه على الإبداع وتحمل المسؤولية وكل ما من شأنه مساعدته في حياته العملية.

- تساهم في دعم العلاقات بين مؤسسات التعليم المهني وسوق العمل.

معايير المشروع الناجح

إن تحديد الأهداف التدريسية والفرعية لمشاريع التلاميذ والمتدربين، ومـدى ملاءمتها لقابليات المتدربين واحتياجات المدرسة، يعد مـن المقومات الأساسية في نجاح المشاريع ، لذلك لابد من اختيار المشروع بناء على معايير عديدة يستلزم توافرها لتأمين جودته وهي:

١-   ملاءمة المشروع للمستوى العلمي للمتدربين.

٢- شمولية المشروع لمعظم المعلومات والمعرفة والمهارات التي درسها الطالب ومارسها فعلياً في الدروس العملية خلال مدة دراسته.

٣- إمكانية إنجاز المشروع في المدة الزمنية المحددة.

٤- إمكانية توفير المواد الأولية اللازمة للتدريب.

٥- تنمية مهارات المتدربين النظرية والعملية.

٦- إمكانية قياس وتقويم المشروع .

٧- إمكانية تحقيق المشروع زيادة في الخبرة ، وتقديم معلومات جديدة للمتدربين وإكسابهم مهارات عمل متميزة.

٦-استراتيجية التعليم الفرقي

وهي استراتيجية تعليمية يتعاون فيها فريق من المعلمين (اثنين أو ثلاثة) بتقديم مادة الدرس على أن يقوم كل معلم بتقديم جانب يبدع فيه من مادة الدرس، والتخطيط للفعاليات المنظمة له ، والتطبيقات العملية وتنظيم المعلمين ، وتحتاج هذه الطريقة تنسيقاً كبيراً بين أعضاء الفريق في اختيار ما سيقدمه كل منهم ، ومراعاة عدم حدوث تضارب في الأداء والمعلومات المطروحة ،أما مبررات هذه الطريقة فهي :

■ تحسين نوعية التعليم وذلك باستخدام استراتيجيات مختلفة لمجموعة من المعلمين لموضوع واحد.

■ المرونة في حجم مجموعات المتدربين ، إذ يتم توزيع المتدربين في مجموعات متجانسة ، وذلك بهدف الارتقاء إلى مستوى الكفاءة الإنتاجية.

■ تبادل الآراء والخبرات ما بين المعلمين عند اجتماعهم في مختلف الأمور ذات الأهمية

دور المعلم في تطوير استراتيجيات العمل الجماعي واستخدامها

١. يحدد بوضوح الخطوات العريضة والنهايات الزمنية لفعاليات المجموعة .

٢. عنده تفهم واضح لكيفية عمل المجموعات حسب مراحل التطور المختلفة للطلبة .

٣. يساعد الطلبة على اكتساب السلوك الإيجابي للعمل الجماعي .

٤. يلخّص أو يوجز العمل الذي تم في مجموعات .

٥. يدعم الطلبة الخجولين وغير المشاركين ويشجعهم .

٦. يقوّم تعلم الطلبة من خلال الملاحظة المستمرة .

٧. يراقب من خلال التجول والإصغاء .

٨. يوزع الطلبة في مجموعات بحيث يضمن التنويع في قدرات المجموعة الواحدة .

٩. يغير ترتيب الصف بحيث يسهل عمل المجموعات .

٧- استراتيجية التعلم التعاوني عبر الويب:

يقدم الوب فرصاً مكثفة للتعلم التعاوني. أن الشكل البسيط للتعلم التعاوني في غرف الصف التقليدية يقوم على عمل بعض الطلاب مع البعض الآخر للتشارك في الأفكار ولتطبيق هذا المفهوم عبر الويب يمكن أن يحدد للطلاب شركاء لهم عبر الويب يتبادلون معهم الأفكار التي تخص بعض الأسئلة المثارة من قبل معلميهم أو من قبل زملائهم وذلك من خلال البريد الإلكتروني. أو ربما يتبادل مجموعة من المتعلمين أفكاراً ذات علاقة بموضوعات صفية ممتعة أو صعبة ومن ثم تلخيص هذه الأفكار وتقديمها لبقية طلاب الصف ويكون ذلك عبر شبكة الإنترنت. ومن أساليب التعلم التعاوني التي يمكن تنفيذها عبر الويب أسلوب تقصي-المجموعة (Sharan, ١٩٧٦)، حيث يختار الطالب مواضيع كبيرة يقسمونها إلى موضوعات فرعية صغيرة توزع على أفراد المجموعة بحيث يعمل كل فرد منهم على جمع جهود كل الأعضاء وذلك لتقديم تقرير أو عرض نهائي عن الموضوع الرئيسي، ويكون المدرس هو الحكم الذي يقيم هذا العمل (Harasim et al). ومن الأساليب المقترحة للتعلم

التعاوني عبر الويب: مناقشة الشركاء والطاولة المستديرة والندوات المتزامنة وغير المتزامنة وتقصي المجموعة والتعلم من خلال المشاريع.

استراتيجية التعليم المبرمج

تتلخص فكرة التعليم المبرمج باختيار برنامج معين وتحليله وتجزئته إلى سلسلة من الخطوات الصغيرة ومن ثم تقديمه إلى المتدرب أو المتعلم بواسطة إحدى الأجهزة التعليمية وكل خطوة تقدم على شكل سؤال يتطلب إجابة وعندما يعطي المتدرب إجابته على السؤال يقوم الجهاز بتقديم التغذية الراجعة عن سؤاله.

أهم متطلبات التعليم المبرمج

١- وضع وصياغة الأهداف التربوية بطريقة سلوكية.

٢- تحديد المهمات والخبرات التربوية التي يجب أن يتعرض لها المتعلم.

٣- تجزئة المادة المراد تعلمها إلى أجزاء صغيرة.

٤- يتوقع أن تكون إجابات المتعلم سريعة.

مميزات التعليم المبرمج

تتميز البرامج التدريبية من هذا النوع بعدة صفات:

١- توفير حلول للمشكلات التدريبية الطارئة أو إعادة التدريب لرفع المهارات للمستوى المطلوب في المهارات التي تفقد بسبب عدم الممارسة المستمرة.

٢- تمكين المتدربين البارزين من إكمال التدريب مبكراً.

٣- تركيز ودعم التعليم بمراجعة وإعادة التمرين إلى المهارات.

٤- توفير قاعدة عامة بين المتدربين تمكنهم من تلقي تدريب أعلى .

٥- نسبة الفشل فيها قليلة جداً.

سلبيات التعليم المبرمج.

يمكن تلخيص أهم سلبيات التعليم المبرمج

٢- البرامج المعدة لأغراض معينة يتطلب إنتاجها محلياً، أما البرامج المتوفرة فقد تلائم الأغراض المستهدفة.

٣- ندرة توافر البرامج الجاهزة.

٤- التكلفة الباهظة للبرامج كما يتطلب استخدامها مجهوداً إدارياً كبيراً. (الحيلة، ١٩٩٨)

الفصل الثامن

استخدام التكنولوجيا في تدريس التربية المهنية

أولا : مقدمة وتعريف

ثانيا : توظيف تكنولوجيا المعلومات والاتصالات في التربية

ثالثا: توظيف التكنولوجيا بفاعلية في غرفة الصف

رابعا : الوسائل المستخدمة في تدريس التربية المهنية

الفصل الثامن

استخدام التكنولوجيا في تدريس التربية المهنية

أولاً: مقدمة وتعريف

تكنولوجيا(Technology) تكنولوجيا كلمة إغريقية قديمة مشتقة من كلمتين هما(Techno) وتعني مهارة فنية وكلمة (Logos) وتعني علما أو دراسة، وبذلك فان مصطلح تكنولوجيا يعني تنظيم المهارة الفنية. وقد ارتبط مفهوم التكنولوجيا بالصناعات لمدة تزيد على القرن والنصف قبل أن يدخل المفهوم عالم التربية والتعليم.(جامعة القدس المفتوحة، ١٩٩٢، ص ٨) وتعني تكنولوجيا التي عربت إلى تقنيات، علم المهارات أو الفنون أي دراسة المهارات بشكل منطقي لتأدية وظيفة محددة.

- عرف جلبرت (Galbraith) التكنولوجيا: هي التطبيق النظامي للمعرفة العلمية، أو معرفة منظمة من اجل أغراض عملية. وفي ضوء ما تقدم يمكن الاستنتاج بان التكنولوجيا طريقة نظامية تسير وفق المعارف المنظمة، وتستخدم جميع الإمكانات المتاحة مادية كانت أم غير مادية، بأسلوب فعال لإنجاز العمل المرغوب فيه، إلى درجة عالية من الإتقان أو الكفاية وبذلك فان للتكنولوجيا ثلاثة معان:- ١. التكنولوجيا كعمليات (Processes) : وتعني التطبيق النظامي للمعرفة العلمية. ٢. التكنولوجيا كنواتج (Products) : وتعني الأدوات، والأجهزة والمواد الناتجة عن تطبيق المعرفة العلمية. ٣. التكنولوجيا كعملية ونواتج معا: وتستعمل بهذا المعنى عندما يشير النص إلى العمليات ونواتجها معا، مثل تقنيات الحاسوب. (الحيلة، ١٩٩٨، ص ص ٢١-٢٢) .

- عرف فؤاد زكريا التكنولوجيا بأنها \" الأدوات والوسائل التي تستخدم لأغراض عملية تطبيقية، والتي يستعين بها الإنسان في عمله لإكمال قواه وقدراته، وتلبية تلك الحاجات التي تظهر في إطار ظروفه الاجتماعية ومرحلته التاريخية ويتضح من هذا التعريف ما يلي:- ١. إن التكنولوجيا ليست نظرية بقدر ما هي عملية تطبيقية تهتم بالأجهزة والأدوات.

٢. إن التكنولوجيا تستكمل النقص في قدرات الإنسان وقواه. ٣. إن التكنولوجيا وسيلة للتطور العلمي. ٤. إن التكنولوجيا وسيلة لسد حاجات المجتمع. (نشوان، ٢٠٠٠، ص ١٦)

تكنولوجيا التربية Educatioal Technology : ظهر هذا المصطلح نتيجة الثورة العلمية والتكنولوجية التي بدأت عام ١٩٢٠م عندما أطلق العالم فين (Finn) هذا الاسم عليه. ويعني هذا المصطلح تخطيط وإعداد وتطوير وتنفيذ وتقويم كامل للعملية التعليمية من مختلف جوانبها ومن خلال وسائل تقنية متنوعة، تعمل معها وبشكل منسجم مع العناصر البشرية لتحقيق أهداف التعليم.(جامعة القدس المفتوحة، ١٩٩٢، ص ٨-٣١) تكنولوجيا التعليم Enstructional Technology: ويطلق عليها التقنيات التعليمية، مجموعة فرعية من التقنيات التربوية، فهي عملية متكاملة (مركبة) تشمل الأفراد والأساليب والأفكار والأدوات والتنظيمات التي تتبع في تحليل المشكلات، واستنباط الحلول المناسبة لها وتنفيذها، وتقويمها، وادارتها في مواقف يكون فيها التعليم هادفا وموجها يمكن التحكم فيه، وبالتالي،فهي إدارة مكونات النظام التعليمي، وتطويرها.(الحيلة،١٩٩٨،ص ٦)

أما التقنيات التعليمية فهي عملية منهجية في تصميم عملية التعليم والتعلم وتنفيذها وتقويمها في ضوء أهداف محددة تقوم أساسا على البحوث في تعليم الإنسان وتستثمر جميع المصادر المتاحة البشرية وغير البشرية، وذلك لإحداث تعلم مثالي.(الفرا، ١٩٩٩، ص ١٢٧) وهناك لبس آخر وهو بين معنى المصطلح \" تقنيات التربية \" ومعنى مصطلح \" التقنيات في التربية \" الذي يؤكد على استخدام الأجهزة والأدوات والمواد في التربية والتعليم. في حين ان المصطلح التقنيات التربوية (التكنولوجيا التربوية) مرادف لتحسين عملتي التعليم والتعلم والارتقاء بهما. (اسكندر و غزاوي، ١٩٩٤، ص ١٦).

ولتكنولوجيا المعلومات والاتصالات استخدامات متعددة تتضمن نقل المعلومات ورصدها وإدارتها وجمع البيانات وتحليلها ، وفي اقتصاد المعرفة ستصبح القدرة على استخدام تكنولوجيا المعلومات والاتصالات مهمة جداً . فبالإضافة إلى أهمية تكنولوجيا المعلومات والاتصالات كمهارة توظيفية ، فإن استخدام الحواسيب في المدارس بطرائق متعددة سيساعد الطلبة على التعلم .

وقد اكتشف العديد من الطلبة قدرة الحواسيب على متابعة اهتماماتهم وليكونوا مبتكرين ومبدعين . فكثير من ألعاب الحواسيب المعقدة ، على سبيل المثال تعمل على تنمية مهارات التفكير العليا .

وعندما يتم ربط المدارس كلّها في الأردن بالإنترنت ، سيصبح المعلمون قادرين على الاستفادة من التكنولوجيا بطرائق متعددة قابلة للتطبيق في معظم المواضيع الدراسية .

وفيما يلي أمثلة على استخدام التكنولوجيا بوصفها أداة تعلم :

١) الوصول إلى معلومات في الإنترنت .

٢) عمل رسومات من المعلومات و البيانات .

٣) استخدام البرمجيات التعليمية وتطويرها .

٤) تطوير عروض تمثيلية متعددة الوسائل .

٥) البحث عن مراجع الموسوعات على الأقراص المدمجة .

إن تكنولوجيا المعلومات والاتصالات أداة تعليمية تجذب الطلبة وتشجعهم ليكونوا متعلمين مستقلين ، حيث تساعدهم على الوصول إلى المعلومات بسرعة من مصادر عالمية واسعة. كما تحقق تكنولوجيا المعلومات والاتصالات العناصر الآتية من التعلم المتمركز حول الطالب :

١) التعلّم الفعّال :

تسمح تكنولوجيا المعلومات والاتصالات للطلبة ، سواء أكانوا فرادى أم في مجموعات صغيرة ، أن يشتقوا البيانات ويفسروها ، وأن يرصدوا المعلومات ويحللوها.

٢) مركزية الطالب :

يمكن استخدام تكنولوجيا المعلومات والاتصالات لأنماط متعددة من المتعلمين لتسمح لهم بحرية الاختيار والاستقلالية. فبعض المتعلمين سمعيّون ، وبعضهم الآخر بصريون، وآخرون يتعلمون أسرع باستخدام لوحة المفاتيح (الحاسوب) أكثر من استخدام الورقة والقلم . ويمكن استخدام تكنولوجيا المعلومات والاتصالات للتعبير عن الأفكار من

خــلال كتابـة القصـة والرسـم والعمليـات الحسـابية وتـأليف الموسيقى . وتتيـح البرمجيات التربوية للطلبة العمل بسرعات متفاوتة .

٣) نمذجة المواقف الحياتية الحقيقية و محاكاتها :

يستطيع المعلمون والمتعلمون ، باستخدام البرمجيات التربوية ، أن يتعرفوا مواقف حياتية بطريقة أكثر ديناميكية من التي تسمح بها الكتب التقليدية .

فعلى سبيل المثال، يستطيع الطلبة استخدام الإنترنت لعمل رحلة افتراضية إلى الكواكب . وباستخدام الكتب الأردنية الإلكترونية سيكون لدى الطالب القدرة على محاكاة المواقف الموجودة في النصوص

مما يتطلب أن تتوافر لدى الطلبة والمعلمين مهارات أساسية معينة قبل أن يكونوا قادرين على استخدام الحواسيب في المباحث المختلفة وهي:

١. تشغيل الحاسوب وإغلاقه .

٢. استخدام لوحة المفاتيح والفأرة لتشغيل وظائف الحاسوب الأساسية .

٣. الكتابة باستخدام لوحة المفاتيح .

٤. عمل وثيقة وتخزينها واسترجاعها .

٥. عمل الملفات وتنظيمها وإدارتها .

٦. فتح البرمجيات واستخدامها وإغلاقها .

٧. طباعة الوثائق .

٨. استخدام ملحقات الحواسيب المألوفة ، مثل الطابعات والماسح الضوئي والكاميرات الرقمية وآلات العرض الرقمية .

ثانياً: توظيف تكنولوجيا المعلومات والاتصالات في التربية

لم يعد الحاسوب جهازاً إلكترونياً يقوم بمعالجة البيانات وفق برنامج مخزن فحسب ، بل تعداه إلى مجالات عدة. وفي كل من هذه المجالات لعب دوراً مهمّاً ومميزاً، ومن أمثلة ذلك :

عمله كناقل للمعلومات في العملية التعليمية - التعلمية

فالحاسوب يعدّ مساعداً على نقل المعلومات وانتشارها في العملية التعليمية-التعلمية؛ وذلك بقدرته وإمكاناته على معالجة الكم الهائل من البيانات وبقدرته التخزينية على تخزين كم هائل من البيانات والمعلومات في ذاكرتيه الدائمة والمؤقتة، وبانتشار وسائطه التخزينية مثل :

القرص المدمج ، القرص البصري، و القلم المتحرك القابل للنقل . وساعد على هذا الإنتشار كلفتها القليلة حيث أصبح بمقدور أغلبية مستخدمي الحاسوب اقتناء هذه الوحدات التخزينية ، وبالتالي تواجدها لديهم كمصدر للمعلومات في العملية التعليمية التعلمية ، فعلى سبيل المثال : أصبح من السهل اقتناء الموسوعة الإلكترونية الموجودة على الأقراص الصلبة وشراء الأقراص المدمجة المحتوية عليها.

فالكم الهائل من المعلومات (السعة التخزينية) والتكلفة المناسبة ساعدتا على أن يلعب الحاسوب دوراً مهمّا كمصدر للمعلومات في العملية التعليمية التعلمية .

ولعبت الاتصالات وعملية الربط الإلكتروني لجهاز الحاسوب مع الشبكات بنوعيها الإنترانت والإنترنت على توفير كم هائل من المعلومات والمعرفة تجعل من الحاسوب نبع المعرفة ونبع المعلومة في الوقت والتوقيت المناسبين.

عمله كميسر لعملية التعلم .

من خلال البرمجيات التربوية الحديثة ومن خلال تيسير وسائل الربط والاتصال مع العالم الداخلي والخارجي ، أصبح العالم وكأنه قرية صغيرة ، بالإضافة لعملية توظيف الفيديو في عملية الربط ، بحيث يسهل على المتعلم الحصول على المعرفة والدخول إلى

الدروس التعليمية المعدة إعداداً جيداً والمصممة بطريقة تفاعلية ، واستدعائها وتخزينها لديه وطباعتها ورقياً .

هذا بالإضافة إلى إمكانية الاتصال مع المعلم أو المتابع لنشر المادة التعليمية من خلال الرسائل الإلكترونية (البريد الإلكتروني) والرد على المتعلم بأسلوب مماثل .

وكذلك يمكن الاتصال والتواصل من خلال جلسات الدردشة عن طريق الإنترنت والدخول في حوار ونقاش إلكتروني.

ونشأت شركات لإعداد المناهج المحوسبة بالتعاون مع خبراء تدريب مختصين كل في مجاله ، وأعدوا المادة التعليمية مصنفة حسب الموضوع وحسب العمر، وأصبح بالإمكان الرجوع إليها ودراستها وأخذ نسخة مطبوعة منها .

ويمكن أن يكون هناك مدارس افتراضية إلكترونية ، كما أن هناك جامعات افتراضية يمكن التسجيل فيها إلكترونيا ودراسة موادها والتقدم للامتحانات والحصول على مؤهل أكاديمي أو تربوي عبر الشبكات الحاسوبية وعبر الإنترنت.

لذا ، فقد لعب الحاسوب دوراً مهمّاًَ في العملية التعليمية-التعلمية ، ليس فقط في توفير المادة التعليمية ، وإنما في إثرائها وتعليمها والإجابة عن استفساراتها والدخول في امتحانات .

و بهذا تم توفير كثير من الجهد والوقت والمال بالتعامل مع الحاسوب كمصدر كبير ومميز من مصادر العلم والمعرفة .

وهذا التيسير لم يكن نصوصاً إلكترونية فحسب ، بل دعماً بالصوت والصورة والألوان والحركة ليجعل التفاعل أكثر بين المعلم (الحاسوب) والمتعلم (الطالب) .

ولا ننسى أن البرمجيات التعليمية الناجحة تكون محكمة البناء من النواحي المعرفية والتربوية و السيكولوجية جميعها ،بحيث تجعل من الحاسوب معلماً يقدم المعرفة والخبرات بأساليب مختلفة وطرائق متعددة ، ليقوم المتعلم بدراستها والتفكير بها أو إعادة التفكير

بطريقة تفكيره ، وذلك عندما يقدم الحاسوب تعزيزاً أو تغذية راجعة للمتعلم يدعوه فيها إلى إعادة المحاولة والتفكير بطرائق أخرى .

عمله في بناء الاختبارات.

يمكن عن طريق الحاسوب إجراء امتحانات بالمادة التعليمية لقياس مدى الاستفادة منه في عملية التعلم . وذلك على الرغم من أن قيام الحاسوب بذلك لم يكن متوقعا .

وهذه الامتحانات قد تكون مقالية بحيث تدع المجال للمتعلم أن يكتب نصوصاً يعبر فيها عن رأيه وعن مدى استيعابه لموضوع التعلم ، وقد تكون موضوعية يختار فيها المتعلم الإجابة الصحيحة ويسلمها للحاسوب وتخزن ليتم التصحيح الآلي عن طريق الحاسوب والبرامج المعدة لذلك الهدف وبالتالي إصدار النتائج .

وبتدخل الحاسوب في عملية بناء الامتحانات أو الاختبارات نكون قد ابتعدنا عن التحيّز وسلكنا مسلك الموضوعية ؛ لأنه لا مجاملة مع الحاسوب في جمع العلامات وإصدار النتائج والأحكام على المتعلمين.

عدا عن ذلك فإنه يمكن ضبط الوقت المعد للاختبار أو الامتحان ؛ لأن الاختبار يغلق تلقائياً عند انتهاء الوقت المخصص للامتحان ، وعامل الوقت حساس في أثناء تقديم الاختبارات عن طريق الحاسوب ، فلا وقت للمحاولات ولا وقت للسرحان وإنما العملية تحتاج إلى تركيز وانتباه لأنها محسوبة بأجزاء من الثانية .

يعدّ هذا النمط وهذا الدور الذي يقوم به الحاسوب ويتعامل معه المتعلم ، سياسة جديدة في العالم التربوي تحتاج إلى مزيد من العناية والاهتمام والتطوير من المعدين وإلى تقبل ووعي من المتعلمين .

والجدير بالذكر أن كثيراً من الاختبارات العالمية الآن أصبحت من نوع On-line أي امتحانات على الخط مباشرة يتم الدخول إليها بكلمة سر ورقم مرور خاص بالمتعلم.

ويلعب المبرمجون دوراً قوياً في حماية برامجهم وامتحاناتهم وشبكاتهم من الاختراق حتى يبقى للإمتحان مصداقيته، لكن لا ننسى العابثين الذين يحاولون فضولياً وتحدياً اختراق هذه البرامج والشبكات وفك حمايتها للدخول إلى محتوى الاختبارات.

ودخول الامتحانات عن طريق الحاسوب يشبه تماماً في خطورته ووقته دخول الحسابات البنكية عن طريق الحاسوب .

عمله في إعداد مشاريع البحث .

لعب الحاسوب دوراً كبيراً في الحصول على الكم الهائل من العلم والمعرفة عند القيام بعملية البحث وباستخدام محركات البحث المختلفة العامة والمتخصصة وباللغات المختلفة .

فبزمن بسيط جداً تستطيع إعداد بحث عن طريق تجميع المعلومات من مصادر ومواقع متعددة باستخدام الإنترنت ، ومن ثم تتم عملية التنسيق وإدخال الرأي الخاص في مشروع البحث.

عدا عن ذلك فإن الحاسوب يوفر الجهد على الباحثين ، فبدلاً من الكتابة في موضوع سبقك إليه غيرك تستطيع الاستعلام من خلال الشبكة الحاسوبية ومعرفة ما كتب في هذا المجال والتعرف إلى أحدث ما توصل إليه العلم في موضوع البحث ، وبعد ذلك تنطلق في إعداد مشروع البحث الخاص بك .

كما يمكنك عن طريق الحاسوب وشبكاته (الإنترنت) التواصل مع الباحثين والعلماء ومراسلتهم والكتابة إليهم والاستفسار منهم ، ويتم الرد عليك إلكترونيا . وبذلك لعب الحاسوب دوراً كبيراً في إعداد مشروع البحث والتوصل إلى المعلومة الحديثة والدقيقة بوقت قصير وكلفة محدودة.

وهناك مجموعات عالمية مختلفة تراسل بعضها في عمليات البحث العلمي والجديد في البحث العلمي وتزويد العالم بالأخبار العالمية مثل (Group News) ، ويمكن ذلك ضمن بروتوكولات عالمية لنقل الملفات ونسخها وإرسالها واستقبالها.

وباستخدام الحاسوب يمكن توظيف مشاريع البحث في تعلم الطلبة والعمل على ربط هذه المشاريع بالبيئة والاستفادة منها .

ثالثاً : توظيف التكنولوجيا بفاعلية داخل غرفة الصف

وتلعب إدارة المعلم وتوظيفه للتكنولوجيا وإتقانه للتعامل معها دوراً كبيراً في إعطاء الصورة المشرقة عن استخدام التكنولوجيا في التعليم ، ونحن بحاجة إلى خبراء في استخدام التكنولوجيا لكي تكون الصورة إيجابية وتفاؤلية في استخدامها في عملية التعليم والتعلم .

كما يلعب الدمج والربط بين المحتوى التعليمي والتكنولوجيا دوراً في ذلك إضافة إلى أن استراتيجيات التدريس المستخدمة في ذلك تزيد من المردود التعليمي للتكنولوجيا .

كما أن حرص المعلم على التعلم التعاوني وتطبيقه بفاعلية يزيد من المحصلة التعليمية للطلاب ، عدا عن أن استراتيجياته في التركيز على التعلم بالعمل وعلى تنمية البحث والاستقصاء لدى الطالب تشكّل أهمية في تحسين تعلم الطلاب .

دور المعلم في توظيف التكنولوجيا: إن العملية التعليمية تحولت من الاعتماد على المعلم ومحاضراته وإلقاءاته إلى التركيز على الطالب وعلى استخدام التكنولوجيا و توظيفها. فالمعلم في النظام التربوي الجديد هو ميسر- يقوم بالتوضيح حسب الحاجة إلى المعرفة، ويعتمد العصف الذهني لطلابه وتنمية روح البحث والاستقصاء لديهم .

و يتمثل دوره الجديد في تنويعه في استراتيجياته ، لإعطاء تعلم أفضل وتدخل أقل، كما يتمثل ذلك في عمله على تفعيل عمل الطلاب و نشاطهم وعلى توظيف التكنولوجيا الموجودة في الصف أو في البيت أو في المرافق المجتمعية الأخرى.

لذا فإن للمعلم أدواراً جديدة في عمليات :

أ) التخطيط المدرسي ، حيث أصبح يتجه نحو التخطيط الإلكتروني القائم على عمل نماذج جاهزة إلكترونيا وتخزينها والعمل على تنفيذها.

ب) التنفيذ : إذ ينوع في الاستراتيجيات ويوجه الطلبة للاستفادة من كتبهم ومصادر المعرفة المتوافرة لديهم .

ج) التقييم : إذ يعمل على إعداد نماذج امتحانات جاهزة.

د) إدارة الصف : فالصف المملوء بالحواسيب والقائم على استخدام الحاسوب في الحصول على المعرفة يحتاج إلى نوع خاص من الإدارة الصفية.

هـ) علاقاته مع الطلبة وزملائه المعلمين : وتحتاج هذه العملية إلى اتصال أفقى بين المعلم وزميله كما تقوم على تبادل الخبرات، واتصال أفقي مع الطالب مبنية على الاحترام المتبادل ، وأن تتغير النظرة إلى المعلم على أنه المصدر الوحيد للمعرفة، ويكون لديه استعداد لأن يتعلم من بعض تلاميذه بعض الخبرات.

دور الطالب : أصبح الطالب بعد توظيف تكنولوجيا المعلومات والاتصالات محوراً للعملية التعليمية التعلمية ولم يعد متلقياً حافظاً كالسابق .

فعلى طالب اليوم أن يتعلم بالعمل وبالبحث للحصول على المعرفة ، وأن يتبع توجيهات معلمه لييسر له الوصول إلى المعرفة والحصول عليها من خلال أوراق عمل أو أنشطة يعدها المعلم فينفذها الطلاب

وطالب اليوم يحتاج إلى أن يتعلم أخلاقيات توظيف التكنولوجيا وتكون نظرته لها إيجابية و يعلم أنها وسيلة تعلم وليست وسيلة لعب فقط ، وإن كان هناك ألعاب تعليمية تنمي جوانب التفكير لدى الطالب فعليه أن يتعلمها، وأن يحرص الطالب على التعامل بدقة مع الأجهزة ويحافظ عليها لأنها ليست له وحده . وأن تنشأ وتتكون لديه روح البحث العلمي، ليتمكن من الحصول على المعرفة ، وأن يكون قادراً على عرض منتجاته التعليمية ، للتعبير عن ذاته وعن قدراته ، وأن يكون مستعداً لأداء الامتحانات باستخدام الحاسوب .

رابعاً : الوسائل الحديثة المستخدمة في تدريس المبحث

تعتبر الوسائل التعليمية القنوات التي يتم عن طريقها التعلم، واستخدامها لتحسين عملية التعلم والتعليم، مهارة لابد منها لمعلم التربية المهنية، وتتطلب المهارة أيضاً قدرة المعلم

على اختيار المناسب من هذه الوسائل وإمكانية الاستخدام الأمثل الـذي المعلومـات عـن طريق الحواس، وتربط الخـبرة الواقعيـة الحياتيـة مـع الخـبرة النظريـة. والوسائل التعليميـة تساعد على تقديم تعلم أفضل للدارسين على اخـتلاف مستوياتهم العمريـة والعقليـة، وهـي تعمل في الوقت نفسه على توفير الوقت والجهد في التدريس وتنوع الخـبرات التي تهيؤها .

أما أهم الوسائل المستخدمة في تدريس التربية المهنية فهي:

- المعارض:

تشمل المعارض كل ما يمكن عرضه لتوصيل الأفكار وغالباً ما يكون هدفها تعريف البيئة المحلية الداخلية والخارجية بما يجري من نشاطات في المدرسة مـن إنتـاج الطـلاب، وبإشراف المعلمـين وتـوجيههم، ويجـب أن يتـوفر في المعروضـات الدقـة، والتعبـير الصـادق، وعنصرـ التشويق.

- الرحلات المدرسية:

تعتبر الرحلات المدرسية مهمة في عملية التعلم والتعليم إذا مـا تـم الإعداد والتخطـيط السليم لها، فهي تهيئ الفرصة الواقعية والاتصال المباشر بالأماكن والأشخاص وما يجري في واقع العمل الحقيقي، ويجب أن تكون هادفة ومرتبطة بالمناهج وتجعل من الطالب مشاركاً واعياً، فهي توضح على الواقع الأسئلة التي تكون مثار نقاش نظري.

- الأفلام والتلفزيون التربوي:

تعتبر الأفلام والتلفزيون التربوي الدعامة الأساسية في عملية التعلم والتعليم لأنها تركـز انتباه الطلاب لمتابعة المشاهد ، وهي تعمل على ابراز الحقيقة للواقع العملي، وتعلم الطلاب على مهاراتهم وتعرض لهم التفصيلات فيشاهد الطالب كيـف يتم إنجـاز العمل بفاعليـة، وكيف يتم الإرشاد والتوجيه حتى يتم إتقان العمل ، وتفيد العروض في مسـتوى الاستكشـاف والتهيئة خاصة عندما تكون الرحلة غير ميسرة بسبب محددات معينة ، إذ للعروض دور كبير في سد نقص المعلمين وبخاصة الأكفاء ، حيث تكون المادة المتلفزة عالية المستوى والنوعية.

- الحاسوب والانترنت:

يعد الحاسوب من انجازات الثورة العلمية والتكنولوجية البارزة التي شهدها القرن العشرون بسبب إمكاناته الهائلة التي مكنت من انجاز مهامه ، وتحقيق أغراضه في مختلف مجالات الحياة الإنسانية بدقة ويسر وسهولة ، ولما يتمتع به هذا الجهاز المتطور من إمكانات تساعد الإداريين على تنفيذ واجباتهم وتسهل على المعلمين إنجاز مهامهم ، وتحقيق أهدافهم، وتيسر على المتعلمين استيعاب المفاهيم المختلفة ، وتسهم في تنمية مهاراتهم المتنوعة ، وقد استخدم الحاسوب في بداية الأمر في التربية لإجراء العمليات الحسابية ورصد العلامات ، ثم ازداد الاهتمام في رفع مستوى استخدام الحاسوب في المجالات التعليمية كافة فظهرت عدة استراتيجيات لاستخدام الحاسوب والإنترنت في التعليم .

ميزات استخدام الحاسوب في التعليم :

١- المرونة في استخدام الحاسوب في المكان والزمان المناسبين له .

٢- الحاسوب يوفر الفرص الكافية للمتعلم للعمل بسرعته الخاصة بما يقرب من مفهوم تفريد التعليم

٣- يزود الحاسوب المتعلم بالتغذية الراجعة الفورية وبحسب استجابته في الموقف التعليمي

٤- الحاسوب يعتبر مادة مشوقة للتعليم وذلك باستخدام أساليب تدريس متنوعة .

٥- الحاسوب لديه القدرة العالية لتخزين استجابات المتعلم ورصد ردود أفعاله ،مما يمكن من الكشف عن مستوى المتعلم وتشخيص مجالات الصعوبة التي تعترضه ،فضلا عن مراقبة مدى تقدمه في عملية التعلم .

٦- الحاسوب يمكن المتعلم من إجراء التقويم الذاتي ويشجع التفاعل الشخصي بين الطالب والحاسوب حيث يقدم التعزيز في حالة الإجابة الصحيحة .

٦-   تمكن إمكانات الحاسوب الفنية : المخططات والجداول ،الرسوم ،الرسوم المتحركة، والأشكال المعلم من توفير بيئة تعليمية أقرب ما تكون إلى الموقف التعليمي الحقيقي ،

لا سيما في المواقف التعليمية غير الممكنة عملياً أو الخطرة أو المكلفة (حركة الكواكب ، والتفاعلات النووية مثلا) .

٨- تمكن المعلمين والطلبة من إعداد الحقائب التعليمية الالكترونية والدروس المحوسبة مما يوفر للمتعلم تعلماً ذاتياً ينتقل المتعلم بموجبه وفق سرعته وقدراته .

٩- يوفر الحاسوب الوقت وجهد المعلم والطالب ،وتنمية القدرة على التحليل والتركيب وحل المشكلات كما ينمي القدرة على التركيز والصبر .(الحيلة ١٩٩٩)

متى نستخدم الحاسوب في التعليم ؟

نستخدم التعليم القائم على الحاسوب (CBI) بفاعلية أكبر في الحالات التالية : (Criswell،١٩٨٩) عندما لا يكون الموضوع قابلاً للتغيير بسرعة ،لأن التغيير في الموضوع يتطلب إعادة البرمجة .

عندما تكون هناك حاجة لتكرار وإعادة العرض للمساقات المطلوبة ،لأن الحاسوب يعتبر أداة جيدة في إعادة عرض المساقات لعدة مرات بدون ملل ولا تعب كما هو الحال في الإنسان عندما يكون التدريب على تعلم مهارة معينة مهم جداً.والحاسوب التعليمي ليس بديلا عن المعلم الإنسان ، ولكنه يسمح للمعلمين في الانخراط في نشاطات أخرى

الإنترنت كوسيلة تعليمية تعلمية

تقول سينغهال (١٩٩٧) ، بأنه يمكن استخدام شبكة الإنترنت لاسترجاع المعلومات والدخول إليها ، إضافة إلى فوائدها في الاتصال ، وترى أن الوب هي مكتبة عملية تحت الطلب، وهي عالم من المعلومات لكل من يتعلم اللغة، وبالتالي فإن الإنترنت هو مصدر غني لكل من المعلمين والمتعلمين بحيث يسمح البريد الإلكتروني لمتعلمي اللغة الاتصال بمتحدثي اللغة الأم، وبهذه الطريقة يسهل الإنترنت استخدام اللغة في جو من الأصالة.

* أن الإنترنت يمكن أن يستخدم كوسيلة لتقديم الأعمال الإبداعية، فبينما يستطيع الطلاب متابعة المعلومات على الشبكة ، فإنه يمكنهم أيضاً ومن خلال الإنترنت تقديم أعمالهم الإبداعية: مثل المقالات والشعر والقصص. فعلى سبيل المثال تستخدم العديد من المدارس

الحكومية شبكة الوب لنشر أعمال الطلبة بحيث يمكن تقييمها من قبل مستخدمي الشبكة، وبهذا يصبح الطلاب مولدين للمعرفة لا مستخدمين لها فقط.

* إن تكنولوجيا الحاسوب وخاصة شبكة الإنترنت توسع الخيارات التربوية للإداريين والمعلمين على حد سواء، من حيث التعلم عن بعد، وكتابة الأبحاث، وفي مساعدة المعلمين في إعداد المواد التعليمية، ونخلص بالقول إلى أن المسؤولية تقع على عاتق الإداريين ليعملوا مع المعلمين والطلاب على تطوير تطبيقات وإرشادات مناسبة للاستخدام الفعال لشبكة الإنترنت في المدارس.

الفوائد التعليمية للبريد الإلكتروني

* يوسع مكان وزمان تعلم اللغة: فالبريد الإلكتروني يزود المتعلم بمدخل للمقابلة والتواصل باستخدام اللغة الأجنبية خارج إطار الغرفة الصفية. فالمتعلم ليس بحاجة لأن يكون في غرفة الصف في وقت محدد للتواصل مع آخرين ممن يتكلمون اللغة الأجنبية كلغة أم.

* يقدم البريد الإلكتروني سياق لتواصل عالمي وحقيقي ولتفاعل ذو أصالة حيث يقدم شعور بواقعية جهد التواصل والتي قد تبدو متصنعة داخل غرفة الصف.

* يخرج عن إطار المواضيع الصفية حيث يزود المتعلمين بفرصة لمناقشة مواضيع إضافية ربما تربط أو لا ترتبط بالمواضيع المعطاة داخل غرفة الصف.

* يعمق البريد الإلكتروني تعلم اللغة من خلال التركيز على المتعلم نفسه حيث يكون التواصل بين المتعلمين بعيداً عن رقابة مدرسيهم حيث يستطيعون اختيار موضوع المناقشة وتغيير اتجاهها.

* يربط المتعلمين بسرعة وبكلفة رخيصة حيث يتيح الفرصة للطلاب ليتواصلوا مع من يتحدثون اللغة الأم دون الحاجة للسفر للخارج حيث لم يكن هذا متوفراً قبل اختراع الإنترنت.

استراتيجيات تفعيل البريد الإلكتروني داخل غرفة الصف

- الأنشطة القبلية للحصة: يمكن للمعلم أن يطلب من تلاميذه ترجمة حياة إحدى الشخصيات الشهيرة التي يختارونها وذلك للحصة التالية. ومن خلال البريد الإلكتروني يمكن للتلاميذ أن يتعاونوا مع آخرين لإنجاز المطلوب من أجل توفير وقت الحصة الثمين. ويمكن للمتعلمين أن يستخدموا البريد الإلكتروني في إعداد الخلفية المعرفية حول موضوع معين قبل أخذ حصة الاستيعاب السماعي، إذ يمكن للمعلم أن يزودهم بموضوع تمرين الاستيعاب القرائي وليكن مثلا الاحتفال بيوم الشكر في أمريكيا بحيث يمكن للطلبة أن يحصلوا من زملائهم وعبر البريد الإلكتروني على معلومات حول هذا الموضوع.

- الأنشطة البعدية للحصة: حيث يمكن للمعلمين أن يعطوا واجبات يمكن تنفيذها عبر البريد الإلكتروني للتعزيز والتوسع بما درسه الطلاب داخل غرفة الصف. وهذا يشجع الطلاب للحوار عبر الإنترنت مع زملاء البريد الإلكتروني ، وفي هذه الأنشطة البعدية التي تتم عبر البريد الإلكتروني ، يمكن للطلاب الاستفادة من المفردات والتراكيب القواعدية الجديدة التي تعرضوا لها داخل غرفة الصف.

- الأنشطة الإضافية: حيث يمكن للمعلمين أن يعينوا لطلابهم أنشطة إضافية يمكن تنفيذها من خلال البريد الإلكتروني. فمثلاً يطلب المعلمون من طلابهم القيام بالقراءات الإضافية خارج غرفة الصف، لكنهم لا يجدوا الوقت الكافي لمناقشة قراءات طلابهم. والحل يكون إجراء المناقشة عبر البريد الإلكتروني بحيث يقسم الصف إلى مجموعات بريد الكتروني صغيرة (من ٤-٥ طلاب في كل مجموعة) يمكن لها إجراء المناقشات المطلوبة عبر البريد الإلكتروني.

- التغذية الراجعة الإلكترونية حول الواجبات الكتابية: حيث يمكن للمعلمين منح الفرصة لطلابهم للتباحث معهم حول كتاباتهم. هذه الإمكانية مفيدة جداً وخاصة عندما لا يلتقي المعلم مع طلابه سوى مرة أو مرتين في الأسبوع إذ يمكن للطلاب إرسال أسئلتهم لمدرسيهم عبر البريد الإلكتروني دون الحاجة للانتظار حتى موعد الجلسة القادمة

الفصل التاسع

القياس والتقويم في التربية المهنية

الفصل التاسع

القياس والتقويم في التربية المهنية

مقدمة:

منذ أن وجد الإنسان على وجه الأرض استخدم القياس كمعيار اعتبره الركيزة الأساسية في التعرف على سمات الأشياء المحيطة به ،والانطلاق من خلالها للوصول إلى حكم شامل ودقيق ، ومتكامل، استناداً إلى قواعد وقوانين مناسبة لطبيعتها .

أولا: تعريف

القياس : عملية يتم بواسطتها التعبير عن الأشياء والحوادث بأعداد وأرقام أو رموز حسب قواعد محددة ودقيقة (عبد الهادي ، نقلاً عن استيفنز) .

القياس التربوي : مجموعة من الإجراءات التي يتم بواسطتها التعبير عن سلوك المتعلم بأعداد أو رموز حسب قواعد محددة .

التقويم : التقويم لغة : مشتق من الفعل (قوّم) بمعنى وزن وقدر ، وقيم القوم الذي يقومهم ويسوس امرهم (ابن منظور) أما التقويم التربوي فيعني عملية شاملة تتناول جوانب العملية التربوية كافة،ولهذا المفهوم مصطلحان التقويم والتقييم ، فالتقويم: إصدار حكم شامل وواضح على ظاهرة معينة بعد القيام بعملية منظمة لجمع المعلومات وتحليلها بغرض تحديد درجة تحقق الأهداف واتخاذ القرارات بشأنها.

والتقويم أشمل وأعم من عملية القياس، بالرغم من أنهما مرتبطان ، فمن خلاله نصدر حكما لمقارنة أداء التلاميذ، وصلاحية الأساليب التعليمية المستخدمة.

التقويم : يعتبر أشمل وأعم من التقييم،لا سيما أن هذه العملية شاملة بكل معنى الكلمة، والتقييم نعنى به تقدير الشيء،حيث نعتمد في ذلك على مدى ندرة ومنفعة الشيء.

فالتقييم في مجال التربية نعني به التثمين ،كأن ينظر إلى الأهداف العامة في مجتمع معين على أنها ذات قيمة ثمينة عالية لخدمة المجتمع ،وخدمة العملية التربوية،والتقييم نعني به مدى صلاحية ونجاعة الهدف المراد تحقيقه.

العلاقة بين القياس والتقويم:

يشير كل منهما إلى نوع معين من الإجراءات،إلا أنهما مرتبطان مع بعضهما ليحددا أو يخدما غرضا واحداً هو اتخاذ القرارات التربوية،كإصدار حكم يتعلق بالأهداف التعليمية الموضوعة مسبقا، وتتضح هذه العلاقة بصورة واضحة عند القياس وتقويم مدى فعاليتها بالنسبة للطلبة، ومن خلال عرض مصطلحي كل من القياس والتقويم ، يمكن القول بأن الأول يشير إلى مجموعة من الإجراءات، التي تكمن في تحديد وتعريف ما يجب قياسه وترجمته إلى معلومات،بينما التقويم أعم وأشمل من مفهوم القياس . فالقياس يصف السلوك وصفا كمياً ، بينما التقويم يصف الظواهر وصف نوعياً، ويعطي الحكم عليها بشكل مطلق، فالعلاقة بين القياس والتقويم علاقة تكاملية وطيدة فلا تقويم، دون استخدام عملية قياس .

ثانياً: أنواع التقويم التربوي :

التقويم التربوي هو إصدار حكم على ظاهرة تعليمية تحصيلية، مستنداً إلى عملية القياس، كالاختبارات التحصيلية التي تتمثل في عدة أنواع من التقويم، وهي على النحو التالي:

١- التقويم التشخيصي :

يشير التقويم التشخيصي إلى تلك الإجراءات التقويمية التي يقوم بها المعلم داخل غرفة الصف بحيث يبدأ التلاميذ بتعلم خبرة تعليمية جديدة ، قبل بدء المعلم بتعليم مهمة جديدة ، لا بد له أن يتعرف على مستويات الطلبة المعرفية،واستثارة دافعيتهم للتعلم ،ومن ثم تصنيفهم ،للتعرف على مواطن القوة والضعف، وعلى الجانب المهاري لديهم، وهذا يعطي مؤشرا للمعلم حيث أن معلم التربية المهنية للصف السابع، قبل أن يبدأ في تدريس المادة، في بداية العام، حول إعداد الوجبات الغذائية فانه لا بد له أن يتعرف على قدرات الطالب

المعرفية حول الهرم الغذائي ومجموعات الغذاء حتى يتسنى له معرفة مستواهم ، ومن ثم تحديد استراتيجيات تعليمية تناسبهم قبل البدء معهم.

٢- التقويم التكويني البنائي:

إجراء يستخدمه المعلم بين ألفينة والأخرى لمعرفة التقدم الذي طرأ على تحصيل الطلبة ، وللتأكد من إيصال المعرفة إليهم بشكل جيد غير مشوش، ويشمل ذلك عدة اختبارات الهدف منها معرفة مستويات التلاميذ والتعرف على مستوى استيعابهم، وهذا النوع من التقويم يشمل تقديرات مؤقتة من خلالها نتعرف على تقدم المتعلم.

ومع التشخيص المستمر لنواحي القوة والضعف لدى المعلم بحيث يكون ذلك بشكل منظم ومستمر لدى كل من المعلم والمتعلم، ومن خلال هذا النوع من التقويم يمكن أن نحدد ما يسمى بالتغذية الراجعة التي تعرف بتعديل الأخطاء التي وقع بها كل من المعلم والمتعلم سابقا، وهذا يساعدهم على التقدم في العملية التعليمية التعلمية، ومن خلال استخدام هذا النوع من التقويم يمكن أن يستخدم المعلم استراتيجيات تعليمية أخرى لتساعد المتعلمين على اكتساب المعرفة .

٣- التقويم الشامل أو الختامي

يستخدم التقويم الشامل كتقدير نهائي لتحديد مستوى التحصيل لدى الطلبة، للعملية التعليمية التعلمية ،ويكون ذلك في نهاية الفصل أو السنة الدراسية ، ومن خلاله يتم الحكم النهائي على تحصيلهم ، بوضع درجات نهائية رقمية على أساسها يستطيع المعلم تصنيفهم بشكل نهائي، والحكم عليهم، وإعطائهم صفات نهائية للحكم على مستوى التحصيل، فالتقويم الختامي النهائي من خلاله تصدر حكما نهائيا على عملية التحصيل . ومن الأمثلة على هذا التقويم : الاختبارات الفصلية أو السنوية التي تعقدها المؤسسات التعليمية ،كالمدارس والمعاهد والجامعات

يمكن القول بان الأنواع المختلفة من التقويم تعد من الأساسيات التي يقوم بها المعلم لسير عملية التعلم والتعليم ،ولذلك لا بد للمعلم أن يحدد أهم الإجراءات التي تفعّل دور الطالب باستخدامه لأنواع التقويم الثلاثة، وفيما يلي جدول يبين مقارنة بين الأنواع الثلاث

جدول يوضح الفرق بين الثلاثة أنواع من التقويم

العامل/ أنواع التقويم	التقويم الشخصي	التقويم التكويني	التقويم النهائي
(أ) الفترة الزمنية	يتم هذا التقويم في بداية العام او قبل البدء في عملية التدريس.	يتم أثناء العملية التعليمية او أثناء إعطاء الحصة الصفية.	يتم هذا التقويم في نهاية الفصل أو السنة.
(ب) الغرض منه	التعرف على مواطن القوة والضعف عند المتعلمين.	متابعة تحصيل الطلبة والتعرف على قدراتهم وتزويدهم بتغذية راجعة لتحسين مستواهم التحصيلي.	وضع الدرجات النهائية للطلبة وتقويم فعاليتهم، والحكم على انتقالهم من صف الى آخر.
(ج) الأدوات المستخدمة	الإجراءات القياسية لهذا التقويم عبارة عن اختبارات شخيصية.	الإجراءات القياسية اختبارات محكية المراجع.	الإجراءات اختبارات معيارية والمراجع.

ثالثاً: أغراض القياس والتقويم وأسسه:

إن أغراض التقويم والقياس متعددة الجوانب خاصة في مجال العملية التربوية التعليمية، وتشير الدراسات التربوية في هذا المجال إلى أن الأغراض متعددة وكثيرة ، ولذا يمكن أن نستعرض أهمها من خلال النقاط التالية:

١-تحديد الأهداف التعليمية:

يسهم القياس والتقويم في تحديد الأهداف التعليمية وصياغتها بشكل محدد،ومدى تحقيقها ضمن العملية التعليمية داخل غرفة الصف ،وهذا ما يطلق عليه ميكانيكية تحقيق الهدف السلوكي التعليمي ، وتشير كثير من الدراسات في مجال أساليب التدريس بأنه لا بد

أن يكون هناك ارتباط متكامل وعضوي بين الهدف والأساليب والأنشطة التقويمية نظراً لأن التقويم عملية نظمية .

ومما سبق نلاحظ وجود ارتباط بين الهدف والأساليب والأنشطة من ناحية ، والتقويم من ناحية أخرى ، وهذا ما يطلق عليه ميكانيكية تحقيق الأهداف وتقويمها، تشير المدخلات إلى تحديد الأهداف المراد تحقيقها، بينما العمليات تشير إلى الأساليب التعليمية التي يتبعها المعلم لإيصال المعلومات والمعارف للطلبة، بينما المخرجات تشير إلى التقويم النهائي، والتأكيد من مدى تحقيق الأهداف ، وكل ذلك يؤدي على تشكيل عملية التعليم الجيد حيث يقاس عن طريق التقويم.

٢ - تحسين مستوى الأداء التعليمي:

من خلال استخدام عمليتي القياس والتقويم بشكل جيد وصحيح ، يمكن ان تحدد استراتيجيات تعليمية تناسب مع قدرات الطلبة، فهذه النقطة ترتبط بين الأسلوب التعليمي المتبع وعملية التحصيل ، حيث نكتشف من خلالها الطرق الناجحة في عملية التدريس ، آخذين بعين الاعتبار الفروق الفردية بين المتعلمين ، وتحديد نقاط القوة والضعف لديهم.

وهناك دراسات في مجال التفاعل الصفي ، تؤكد على أهمية استخدام بعض الطرق التعليمية الحديثة في التعليم ممثلا ذلك بالطريقة التعاونية، والتعلم الذاتي في التدريس ، ومن خلال استخدامها يمكن الحكم على نجاح هذه الطرق وتقويمها، استنادا إلى بناء وتطبيق اختبارات تحصيلية على الطلبة.

٣- التوجيه والإرشاد التربوي:

إن الامتحانات المدرسية ونتائجها مرتبطة بعملية القياس والتقويم، لذلك لا بد من الاستناد على نتائج امتحانات الطلبة، وإرشادهم ، بخاصة الطلبة الذي يعانون من ضعف في التحصيل الدراسي، واكتشاف الطلبة المبدعين، وهذا بدوره يؤدي إلى توجيههم وإرشادهم وماذا يتوجب عليهم أن يدرسوا مستقبلاً

٤- تسهيل مهمات الإدارة المدرسية:

إن التقويم المدرسي الصحيح الخالي من الأخطاء، يساعد الإدارة المدرسية على وضع برامج تعليمية ناجعة، وهذا بدوره يساعد المختصين في التعرف على إمكانيات الطلبة المعرفية وتطويرها.

٥-المسح :

يعد المسح طريقة من طرق البحث العلمي،فمن خلاله يتم جمع المعلومات ومعالجتها، فهناك علاقة وطيدة بين التقويم والمسح ،لا سيما أن بعض الدراسات تعتبرها وجهين لعملية واحدة فمن خلاله تجمع العلاقات وتفسر ـ وتحدد قدرات الطلبة واستعداداتهم ،وهذا يعد من الأسس العلمية التي تقوم عليها مجالات القياس والتقويم.

٦-التنبؤ:

من خلال عملية التقويم الصحيح نستطيع أن نتنبأ بمستقبل الطلبة،لا سيما ما سيكون عليه تحصيلهم مستقبلا ، فالتقويم الجيد يعد مؤشراً يمكن أن يتنبأ بتحصيل الطلبة،فعلى سبيل المثال نتيجة امتحان الشهادة الثانوية العامة تكون مؤشراً نتنبأ من خلاله بما سيكون عليه تحصيل الطلبة في المستقبل /الجامعة،الدراسات العليا/والفروع التي سيبدع فيها.

٧- خدمة أغراض البحث العلمي:

للقياس والتقويم مكانة عالية ومهمة في مراحل البحث العلمي ، لا سيما وأنهما يعدان محكاً نعتمد عليه للكشف عن صلاحيته للتجريب، فعلى سبيل المثال يمكن القول أن بعض الطرق التعليمية في مجال الأساليب كالتعليم المبرمج والتعاوني تستند إلى عملية القياس والتقويم.، إذ أننا لا بد وأن نستند من خلال العمليتين السابقتين باعتبارهما من أركان البحث العلمي.

٨- تقويم المناهج الدراسية وأساليب التدريس:

من خلال استعراض المناهج الدراسية لا بد من إتباع التقويم خاصة في تقويم ركائز المنهاج ممثلاً ذلك في الأهداف والمحتوى والأساليب والأنشطة والتقويم ، ومـن خـلال اتبـاع عملية تقويم المنهج نصل إلى تغذية راجعة تسهم في تطوير العملية التربوية خاصة في مجال التدريس.

أسس القياس والتقويم :

حتى يحقق القياس والتقـويم أغراضهما التي وجـدا مـن اجلهـا لا بـد مـن مراعـاة الأسس التالية:

أ- اتساق الاختبارات مع الأهداف :

فإذا كان الهدف من الاختبـار هـو قياس تحيل الطلبـة فإن الاختبارات التحصيلية بأنواعها تحقق هذا الهدف . أما إذا كـان الهـدف قيـاس المـيول والاتجاهـات فـإن اسـتخدام الاختبارات الخاصة بالاستبيانات يكون أفضل.

ب- الشمول :

أي أن يشتمل المقياس جميع جوانب الموضوع المعرفية والاجتماعية والجسـمية وان تكون فقراته ممثلة لأهداف المادة الدراسية.

ج- القرب من الموقف التعليمي :

يجب مراعاة أن يكون التقويم في موقف يشبه الموقف التعليمي أو قريب منـه وان يكون الاختبار من المادة التي تعلمها الطالب.

د- مراعاة نفسية الطالب:

بحيث يترك الاختبار أثراً حسناً في نفس الطالب ويراعـي حالتـه النفسـية ولا يكون سبب في فشله .

هـ- التمييز ويقصد بذلك قدرة الاختبار على اكتشاف الفروق الفردية بين الطلبة مـن حيـث التحصيل أو الأداء وكذلك يبين مواطن الضعف لديهم.

و- سهولة التطبيق:

حيث يراعي أن لا يستغرق الاختبار وقتاً طويلاً وأن يكون محدد الصياغة ويسهل تصحيحه.

ز- الصدق:

وهذا يعني أن يقيس الاختبار فعلياً ما وضع من أجله.

ح- الثبات:

أن يعطي الاختبار نتائج ثابتة في حالة تكراره على نفس العينـة مـن الطلبـة وتحـت نفس الظروف.

ط- الموضوعية:

أي أن تكون نتائج الاختبار مستقلة عن الحكم الذاتي للمقوم

رابعاً: الرؤيا الجديدة للتقويم

تقوم وزارة التربية والتعليم بتنفيذ برنامج تحول نحو تطوير نظام تربوي يركـز علـى التميز والإتقان وتعزيز القدرة على البحث والتعلم، واستثمار المـوارد البشريـة لضمـان مساهمتها في بناء اقتصاد متجدد مبني على المعرفة، يسهم في تحقيق تنمية مستدامة تمكننا من التكيف مع متطلبات هذا العصر للمناقشة بقوة وفاعلية، لوضع الأردن علـى طريـق الدول المتقدمة والمصدرة للكفاءات البشرية المتميزة إقليميا وعالمياً.

وحيث يعتبر التقويم من أهم البرامج التربوية التي تؤثر في تشكيل النموذج التربوي ورفع كفايته وفاعليته فالتعلم النوعي المنشود للخروج مـن الجمـود التعليمـي القـائم علـى التلقين وحفظ المعلومات واسترجاعها، إلى حيوية التعلم الناتج عن الاستكشاف

والبحث والتحليل والتعليل وحل المشكلات يتطلب توظيف استراتيجيات وأدوات التقويم داعمة للاختبارات المدرسية .

شهدت السنوات الأخيرة ثورة في مفهوم التقويم وأدواته ، إذ أصبح للتقويم أهداف جديدة متنوعة ، فقد اقتضى التحول من المدرسة السلوكية - التي تؤكد على أن يكون لكل درس أهداف عالية التحديد مصوغة بسلوك قابل للملاحظة والقياس - إلى المدرسة المعرفية التي تركز على ما يجري بداخل عقل المتعلم من عمليات عقلية تؤثر في سلوكه ، والاهتمام بعمليات التفكير وبشكل خاص عمليات التفكير العليا مثل بلورة الأحكام واتخاذ القرارات ، وحل المشكلات باعتبارها مهارات عقلية تمكّن الإنسان من التعامل مع معطيات عصر المعلوماتية ، وتفجر المعرفة ، والتقنية المتسارعة التطور . وبذلك أصبح التوجه للاهتمام بنتاجات تعلم أساسية من الصعب التعبير عنها بسلوك قابل للملاحظة والقياس يتحقق في موقف تعليمي محدد

وهكذا فقدت الأهداف السلوكية بريقها الذي لمع في عقد الستينات ، ليحل مكانها كتابة أهداف حول نتاجات التعلم Learning outcomes والتي تكون على شكل أداءات أو إنجازات Performance يتوصل إليها المتعلم كنتيجة لعملية التعلم . وهذه النتاجات يجب أن تكون واضحة لكل من المعلم والمتعلم وبالتالي يستطيع المتعلم تقويم نفسه ذاتياً ليرى مقدار ما أنجزه مقارنة بمستويات الأداء المطلوبة

يسمى التقويم الذي يراعي توجهات التقويم الحديثة بالتقويم الواقعي authentic assessment. وهو التقويم الذي يعكس إنجازات الطالب ويقيسها في مواقف حقيقية. فهو تقويم يجعل الطلاب ينغمسون في مهمات ذات قيمة ومعنى بالنسبة لهم ، فيبدو كنشاطات تعلم وليس كاختبارات سرية . يمارس فيه الطلاب مهارات التفكير العليا ويوائمون بين مدى متسع من المعارف لبلورة الأحكام أو لاتخاذ القرارات أو لحل المشكلات الحياتية الحقيقية التي يعيشونها . وبذلك تتطور لديهم القدرة على التفكير التأملي reflective thinking الذي يساعدهم على معالجة المعلومات ونقدها وتحليلها ؛ فهو يوثق الصلة بين التعلم

والتعليم ، وتختفي فيه مهرجانات الامتحانات التقليدية التي تهتم بـالتفكير الانعكاسي reflexive thinking لصالح توجيه التعليم بما يساعد الطالب على التعلم مدى الحياة .

لماذا التقويم الواقعي ؟

لم يعد التقويم مقصوراً على قياس التحصيل الدراسي للطالب في المواد المختلفـة بـل تعداه لقياس مقومات شخصية الطالب بشتى جوانبها وبذلك اتسعت مجالاته وتنوعـت طرائقه وأساليبه.

- تطوير المهارات الحياتية الحقيقية .

- تنمية المهارات العقلية العليا .

- تنمية الأفكار والاستجابات الخلاقة والجديدة .

- التركيز على العمليات والمنتج في عملية التعلم .

- تنمية مهارات متعددة ضمن مشروع متكامل .

- تعزيز قدرة الطالب على التقويم الذاتي .

- جمع البيانات التي تبيّن درجة تحقيق المتعلمين لنتاجات التعلم .

- استخدام استراتيجيات وأدوات تقويم متعددة لقياس الجوانب المتنوعة في شخصية المتعلم

المبادئ الأساسية للقويم الواقعي

يقوم التقويم الواقعي على عـدد مـن الأسـس والمبـادئ التي يجـب مراعاتهـا عنـد تطبيقه. ولعل أبرز هذه المبادئ ما يأتي:

١-العمليات العقلية ومهارات التقصي والاكتشاف يجب رعايتها عند الطلبة وذلك باشغالهم بنشاطات تستدعي حـل المشـكلات وبلـورة أحكـام واتخـاذ قرارات تتناسب ومستوى نضجهم .

٢-التقويم الواقعي يقتضي أن تكون المشكلات والمهام أو الأعمال المطروحة للدراسة والتقصي- واقعية، وذات صلة بشؤون الحياة العملية التي يعيشها الطالب في حياته اليومية.

٣-إنجازات الطلاب هي مادة التقويم الواقعي وليس حفظهم للمعلومات واسترجاعها، ويقتضي ذلك أن يكون التقويم الواقعي متعدد الوجوه والميادين، متنوعاً في أساليبه وأدواته.

٤-مراعاة الفروق الفردية بين التلاميذ في قدراتهم وأنماط تعلمهم وخلفياتهم وذلك من خلال توفير العديد من نشاطات التقويم التي يتم من خلالها تحديد الإنجاز الذي حققه كل طالب.

٥-يتطلب التقويم الواقعي التعاون بين الطلاب . ولذلك فإنه يتبنى أسلوب التعلم في مجموعات متعاونة يُعين فيها الطالب القوي زملاءه الضعاف. بحيث يهيئ للجميع فرصة أفضل للتعلم ، ويهيئ للمعلم فرصة تقييم أعمال الطلاب أو مساعدة الحالات الخاصة بينهم وفق الاحتياجات اللازمة لكل حالة .

٦-التقويم الواقعي محكي المرجع يقتضي تجنب المقارنات بين الطلاب والتي تعتمد أصلاً على معايير أداء الجماعة والتي لا مكان فيها للتقويم الواقعي.

٧-التقويم الواقعي يركّز على المهارات التحليلية ، وتداخل المعلومات كما أنه يشجع الإبداع ويعكس المهارات الحقيقية في الحياة ويشجع على العمل التعاوني ، وينمي مهارات الاتصال الكتابية والشفوية كما أنه يتوافق مباشرة مع أنشطة التعليم ونتاجاته مؤكداً بذلك على تداخله مع التعليم مدى الحياة كما أنه يؤمن بدمج التقويم الكتابي والأدائي معاً ، ويشجع التشعب في التفكير لتعميم الإجابات الممكنة ، ويهدف إلى دعم تطوير المهارات ذات المعنى بالنسبة للطالب، ويوجه المنهاج ، ويركز على الوصول إلى إتقان مهارات الحياة الحقيقية ويدعم المعلومات التي تعنى ب (كيف)، ويوفر رصداً لتعلم الطلبة على مدار الزمن ، ويُعِد الطالب لمواجهة مشكلات لمحاولة حلها ، ويعطي الأولوية لتسلسل التعلم أو لعمليات التعلم .

كفايات المقوم

يقصد بالكفايات مجموعة من الخواص (المهـارات، والمعـارف، والاتجاهـات) التي تمكننا من النجاح عند تعاملنا مع الآخرين. ويعرفها آخرون بأنها مجموعـة مـن المهـارات والسلوك والمعرفة التي تحدد معايير أداء مهمة أو مهنة ما، كما يعرفها آخرون بأنها القدرات المطلوبة للقيام بدور ما في مكان ما. يقصد بالمقوم المعلم الذي يدير العملية التربوية داخل غرفة الصف وينفذها ويطور سلسلة من الاجراءات المنظمة تساعده على التأكد مـن تحقيـق النتاجات المخطط لها والتي تسهم في تحسين عملية التعلم والتعليم وتطورها.

ومن أجل تحقيق هذه الغاية لا بد للمقوم من امتلاك كفايات هي:

- كفايات شخصية.

- كفايات معرفية.

١.   الكفايات الشخصية:

يمتلك المقوم مجموعة من الكفايات الشخصية تتضمن:

● العدالة في التقويم وعدم التحيز.

● التركيز على التقويم الذاتي وجعله جزءاً من التقويم الصفي.

● تنمية ذاته مهنياً.

● التعامل مع المشكلات واقتراح الحلول المناسبة.

● مواكبة التطورات والتغيرات في مجال تخصصه والقدرة على التكيف معها.

● تقديم التغذية الراجعة للمعنيين بأسلوب ودي.

● إشراك الطلبة عند اختيار أدوات ومعايير التقويم والاتفاق عليها.

● تطبيق مهارات التقويم في مواقف صفية مختلفة.

● القدرة على توظيف التكنولوجيا في التقويم.

الكفايات المعرفية :

- معرفة فلسفة التربية والتعليم وأهدافها .

- تحديد هدف التقويم بوضوح .

- تنويع استراتيجيات التقويم وأدواته .

- جمع البيانات وتحليلها وتفسيرها .

- الاستفادة من نتائج التقويم وتوظيفها لمعالجة نقاط الضعف وإثراء نقاط القوة .

- معرفة محتوى المنهاج والكتب المدرسية المقررة للمبحث الذي يدرسه وأهدافها وتحليل محتواها

- معرفة حقوقه وواجباته ومسؤولياته .

- معرفة أساليب تقويم نتاجات تعلم الطلبة .

- بناء الاختبارات وتحليلها وتقديم التغذية الراجعة .

خامساً : استراتيجيات التقويم   Assessment Strategies

١- استراتيجية التقويم المعتمد على الأداء   Performance-based Assessment

التعريف : قيام المتعلم بتوضيح تعلمه ، من خلال توظيف مهاراته في مواقف حياتيه حقيقية ، أو مواقف تحاكي المواقف الحقيقية ، أو قيامه بعروض عملية يظهر من خلالها مدى إتقانه لما اكتسب من مهارات ، في ضوء النتاجات التعليمية المراد إنجازها .

- التقديم (Presentation)

عرض مخطط له ومنظم ، يقوم به المتعلم ، أو مجموعة من المتعلمين لموضوع محدد ، وفي موعد محدد ، لإظهار مدى امتلاكهم لمهارات محددة ، كأن يقدم المتعلم / المتعلمين شرحاً لموضوع ما مدعماً بالتقنيات مثل : الصور والرسومات والشرائح الإلكترونية .

- العرض التوضيحي (Demonstration)

عرض شفوي أو عملي يقوم به المتعلم أو مجموعة مـن المتعلمـين لتوضيح مفهـوم أو فكرة وذلك لإظهار مدى قدرة المتعلم على إعادة عرض المفهوم بطريقة ولغة واضحة . كأن يوضح المتعلم مفهوماً من خلال تجربة عملية أو ربطه بالواقع .

- الأداء العملي (Performance)

مجموعة من الإجراءات لإظهار المعرفـة ، والمهـارات ، والاتجاهـات مـن خلال أداء المـتعلم لمهمات محددة ينفذها عملياً . كأن يطلب إلى المتعلم إنتاج مجسم أو خريطـة أو نمـوذج أو إنتاج أو استخدام جهاز أو تصميم برنامج محوسب أو صيانة محرك سيارة أو تصفيف الشعر أو تصميم أزياء أو إعطاء الحقن أو إعداد طبق حلوى ....

- المعرض (Exhibition) :

عرض المتعلمين لإنتاجهم الفكري والعملي في مكان ما ووقت متفق عليه لإظهار مدى قدرتهم على توظيف مهاراتهم في مجال معين لتحقيق نتاج محدد مثل : أن يعرض المـتعلم نمـاذج أو مجسمات أو صور أو لوحات أو أعمال فنية أو منتجات أو أزياء أو أشغال يدوية .

- المناقشة / المناظرة (Debate)

لقاء بين فريقين من المتعلمين للمحاورة والنقاش حـول قضية مـا ، حيـث يتبنـى كـل فريـق وجهة نظر مختلفة ، بالإضافة إلى محكم (أحد المتعلمين) لإظهار مدى قدرة المتعلمـين عـلى الإقناع والتواصل والاستماع الفعال وتقديم الحجج والمبررات المؤيدة لوجهة نظره .

٢- استراتيجية القلم والورقة

تعد اسـتراتيجية التقويم القائمـة عـلى القلـم والورقـة المتمثلـة في الاختبـارات بأنواعهـا مـن الاستراتيجيات الهامة التى تقيس قدرات ومهارات المتعلم فى مجالات معينة ، وتشكل جـزءاً هاماً من برنامج التقويم في المدرسة

٣- استراتيجية الملاحظة Observation

عملية يتوجه فيها المعلم أو الملاحظ بحواسه المختلفة نحو المتعلم بقصد مراقبته في موقف نشط ،وذلك من أجل الحصول على معلومات تفيد في الحكم عليه ، وفي تقويم مهاراته وقيمه وسلوكه وأخلاقياته وطريقة تفكيره،

٤- استراتيجية التواصل

جمع المعلومات من خلال فعاليات التواصل عن مدى التقدم الذي حققه المتعلم ، وكذلك معرفة طبيعة تفكيره، وأسلوبه في حل المشكلات .

الفعاليات التي قد تندرج تحت إستراتيجية التواصل :

- لقاء بين المعلم والمتعلم محدد مسبقاً يمنح المعلم فرصة الحصول على معلومات تتعلق بأفكار المتعلم واتجاهاته نحو موضوع معين ، وتقويم مدى تقدم الطالب في (مشروع ، بحث، ...الخ) إلى تاريخ معين ، من خلال النقاش ، ومن ثم تحديد الخطوات اللاحقة واللازمة لتحسين تعلمه .

- أسئلة مباشرة من المعلم إلى المتعلم لرصد مدى تقدمه ، وجمع معلومات عن طبيعة تفكيره ، وأسلوبه في حل المشكلات ، وتختلف عن المقابلة في أن هذه الأسئلة وليدة اللحظة والموقف وليست بحاجة إلى إعداد مسبق .

٥- استراتيجية مراجعة الذات Reflection Assessment Strategy

● تحويل الخبرة السابقة الى تعلم بتقييم ما تعلمه ، وتحديد ما سيتم تعلمه لاحقاً .

● التمعن الجاد المقصود في الآراء ، والمعتقدات ، والمعارف ، من حيث أسسها، ومستنداتها ، وكذلك نواتجها ، في محاولة واعية لتشكيل منظومة معتقدات على أسس من العقلانية والأدلة .

فالتعلم عملية اشتقاق مغزى مـن الأحداث السـابقة والحاليـة للاستفادة منها كدليل في السلوك المستقبلي (وهذا التعريف ينوه بأن مراجعة الذات متكاملة مع المتعلم حين يعـرف التعلم بأنه استخلاص العبر من الخبرات السابقة بهدف التحكم وفهم الخبرات اللاحقة)

يندرج تحت استراتيجية مراجعة الذات كل من :

- تقويم الذات   - يوميات الطالب   - ملف الطالب

سادساً :الاختبارات الصفية التحصيلية

تعد الاختبارات الصفية من أكثر أدوات التقويم شيوعاً في المؤسسات التربويـة التعليميـة في العالم حيث تستخدم لقياس قدرات الطلبة التحصيلية، ونستدل من خلالها عـلى قـدراتهم المعرفية والمهارية، وبالاعتماد عليها نتنبأ بترتيب الطالب ضمن الصف الواحد ، ومـن خلالهـا نصنف الطلبة ونحدد مستوى نجاحهم أو رسوبهم .

وتشير الدراسات في مجال بناء الاختبار وتصميمه إلى أن تفسـير نتائج الاختبار تمكننا من التعرف على مستوى الطلبة من حيث قوتهم وضعفهم، ووضع خطة علاجية لهم .

فالاختبارات لها أهمية في عملية التقويم، إذ تعطينا فكرة واضحة عن قدرة وإمكانية الطلبة، ومستوى نشاطهم، ومن خلالها يمكننا وضع الخطط للطلبة الضعاف ونصنفهم، ومـن خلال النتائج نستطيع أن نعدل في مستوى الأساليب وتقنيات التدريس.

ويمكن القول أن الاختبارات تعد أمرا ضروريا في تحديـد القدرات التحصيلية لـدى الطلبة ، ومن هنا يمكن أن نعتبرها الأساس في قياس التحصيل ، وتقسم إلى قسمين :

* المقننة التي تخضع لأسس وقواعد في إعدادها.

* غير المقننة التي تكون عشوائية غير منتظمة .

وسنتحدث عن هذه الأنواع فيما بعد بشـئ مـن التفصيل ، حيث تشير الدراسـات في مجال تصميم الاختبارات أن هناك أنواعاً عدة من الاختبارات: الشفوية، والكتابية،والأدائية .

أولا : الاختبارات الشفوية

تعتبر الاختبارات الشفوية من أقدم أنواع الاختبارات في العالم حيث استخدمت منذ أقدم الأزمان فمن خلالها يوجه الفاحص للطالب عدة أسئلة يطلب منه الإجابة عليها.

وبالرغم من قدم هذا الاختبار إلا أنه ما زال مستخدماً حتى وقتنا الحالي حيث يستخدم في إلقاء الشعر وتلاوة القران الكريم ، ومناقشه رسائل الماجستير وأطاريح الدكتوراة، والتركيز على النواحي الفنية والاقتصادية والنقاط الحاكمة في أثناء تنفيذ التمرين العملي .

كيفية تحسين الاختبارات الشفوية

● التدريب الكافي على كيفية إجرائها.

● زيادة الاسئله بحيث تغطي عدد المفحوصين.

● توفير الدقة في الصياغة الجيدة في طرح السؤال.

● اختيار كل من المكان والزمان المناسب.

ثانيا : الاختبارات الكتابية

تعد من أدوات التقييم المهمة في تشخيص أداء الطالب لا سيما وأنها تحقق الأهداف المعرفية ، وتكشف عن جوانب التذكر والاستدعاء والفهم، وأن الهدف منها الترابط بين الأسئلة والمحتوى لتحقيق الأهداف ، وهذا ما أكدته نظريات التربية الحديثة في التطوير من إمكانيات المتعلمين ، لكي يتمكنوا من تحقيق الأهداف بشكل متكامل ، لهذا تعد الاختبارات الكتابية النوع الثاني من الاختبارات التحصيلية وتقسم إلى نوعين رئيسين هما:

* الاختبارات المقالية.

* الاختبارات الموضوعية.

- **الاختبارات المقالية**

يمكن استخدام هذا النوع من الاختبارات لتحقيق الأهداف المتمثلة في التركيب والتحليل، حيث أن هذه الاختبارات لها علاقة بالأهداف المعرفية كما صنفها (بلوم) ،فمن خلالها نقيس الأهداف التي تحتوي التركيب والتحليل ، وبالرغم من أنها سهلة الإعداد إلا أنها تحتاج إلى جهد في الإجابة الصحيحة والتصحيح ، كما أن أسئلتها تقسم إلى نوعين:

* اختبارات مقاليه مفتوحة.

* اختبارات مقاليه مغلقة. ويفضل أن تبدأ أسئلة الاختبارات المقالية بأحد أنواع الأفعال التالية :

أ- أفعال المعرفة : عرّف ، حدّد ، بوّب ، اذكر ، سمِّ ، قلّد ، كرِّر ، اختر .(سمّ أجزاء المحرك الكهربائي)

ب- أفعال الاستيعاب: حوّل، ترجم، أوجز، لخص ، فصّل ، اشرح ، وضّح ، برّر ، ميّز ، قدّر ، تكلم عن ، طابق .

ج- أفعال التطبيق: غيّر، استخدم، استعمل، طبّق ، استخرج ، عدّل ،أنجز ، ازرع، قص، قلّم، قارن ، احسب .

د- أفعال التحليل : جزّء ، ارسم ، فاضل ، فرّق ، حدّد ، وضح العلاقة ، استنتج ، أوجد ، ابحث ، ناقش ، اربط ، قسّم ، صنّف.

هـ- أفعال الربط : طوّر ، كوّن ، شكّل ، خطط ، عدّل ، اعد صياغة .

و- أفعال التقييم : قيّم ، وازن ، قارن ، استنتج ، انقد ، ميّز ، احكم ، قرّر ، ادعم بالرأي، اثبت صلاحية .

- **الاختبارات الموضوعية**

يطلق اسم الاختبارات الموضوعية على الأسئلة الحديثة، وقد اشتهرت بهذا الإسم لأنها لا تتأثر بذاتية المصحح ومن أشهرها اختبارات :

- الصواب والخطأ .		- الاختيار من متعدد .

-المقابلة		-التكميل .

وقد انتشرت في الأونه الاخيره هـذه الاختبـارات، ومهمتهـا قيـاس تحصيل الطالـب المـدرسي، ويطلق عليها اسم الاختبارات الحديثة، لأنها عكس الاختبارات المقاليه، ومـن خصائصـها أنهـا شاملة، ولا تدخل فيها ذاتية المصحح، وقد أطلق عليهـا العـالم (دوز) صـفة الموضـوعية لأنهـا تخرج عن رأي المصحح، بحيث يضع العلامة دون تحيز ايجـابي أو سـلبي ولـيس لذاتيتـه أثـر واضح على علامة الطالب ،بالإضافة إلى ذلك فإن هذه الأسئلة تتناسب مع جميع الطلبـة مـن ناحية الفردية ، وتحقق جميع الأهداف التي وضعت من أجلها.

بناء الاختبارات التحصيلية

تمر عمليـة بنـاء الاختبـارات التحصـيلية بخطـوات عـدة في إعـدادها الإعـداد الجيـد ، لتقـويم قـدرات الطالـب التحصـيلية بشـكل دقيـق ، ومتكامـل حيـث يؤخـذ بعـين الاعتبـار الخطوات الآتية-

- تحديد الأهداف التعليمية التي سيحققها الاختبار، بحيث تكون قابلة للقياس والتحقيق.

- تحليل محتوى المادة بحيث يتناسب مع الأهداف.

- إعداد جدول المواصفات واعتباره كأساس لبناء الاختبار .

١- الأهداف التعليمية: وأنوعها ومستوياتها تم مناقشتها في مجمع الأهداف التعليمية .

٢- تحليل المحتوى: يعرف المحتوى بأنه مجموعة المعارف والقواعد والقوانين التي يتضـمنها ، ويمتاز بالتسلسل والترتيب المنطق ، كما يعد المحتـوى ترجمـة للأهـداف المـراد تحقيقهـا خلال فترة زمنية محددة.

تشـير بعـض الدراسـات في مجـال تحليـل المـنهج، بـأن المحتـوى يشـمل عـلى المفـاهيم والمصطلحات والقوانين والنظريات التي يتوجب على المعلم أن يحلّلها بصورة منطقية.

لاسيما وأن مجموعة المعارف تكون مرتبطة ومتماسكة بحيث المعارف البسيطة (الأساسيات) والمعارف المتقدمة.

على المعلم عندما يحدد فترات الاختبار أن يأخذ بعين الاعتبار تحليل المحتوى الى خطوط عريضة، ومن ثم إلى تفاصيل تغطيها بحيث تشكل في المحصلة النهائية اختباراً شاملاً متكاملاً يغطي جميع المحتوى هذا لا يتم إلا من خلال استخدام جدول المواصفات.

من خلال ما تقدم يمكن القول أن هناك علاقة بين المحتوى والأهداف ، ولابد من إجراء عمليات مراجعة مستمرة للتحقق من مسار الدرس وفق التخطيط.

٣- جداول المواصفات

يعرّف جدول المواصفات بأنه قائمة تربط بين الأهداف والمحتوى من ناحية، وعدد فقرات الاختبار الذي سيقوم به المعلم. من ناحية أخرى حيث يبين فيه المعلم محتوى المادة الدراسية بشكل عناوين يركز عليها ضمن الاختبار التي تمثلها من ناحية ، وتشير بعض الدراسات في مجال تصميم الاختبارات إلى أن جدول المواصفات يعد الركيزة الأساسية التي يستند عليها الباحث في الكشف عن الاختبار. وخاصة في اكتشافه مدى الاتساق الداخلي للاختبار للموضوعات المطروحة ، وهذا يدل على صدق المحتوى للاختبار .

وتتمثل أهمية جداول المواصفات (table specification) في كونه يكشف عن تمثيل الاختبار لمحتوى المادة المطلوبة، كما تكمن أهميته في النقاط الآتية :-

١- تعطي حكماً دقيقاً على صلاحية الاختبار.

٢- يعطي حكماً دقيقاً على تحصيل الطلبة.

٣- يعطي مؤشراً واضحاً في قياس الأهداف المراد تحقيقها .

٤- من خلال جدول المواصفات ، نتعرف على نسبة تمثيل محتوى المنهج المراد قياسه من خلال الاختبار.

وجدول المواصفات يشكل الإطار العام للمحتوى ويتكون من ثلاثة حقول : الأهداف، المحتوى، وعدد الأسئلة (الفقرات) التي تمثل المحتوى .

والجدول يبين أحد أشكال جدول المواصفات بصورة عامة لاختبار علامته الكلية تساوي ٤٠.

نموذج عام لجدول المواصفات

العمليات / المحتوى	معرفة %٤٠	استيعاب %٣٠	تطبيق %٢٠	مستويات عليا %١٠	مجموع العلامات%١٠٠
الوحدة الأولى (%٥٠)	٥٠%×٤٠%×٤٠=٨	٦علامات	٤ علامات	٥٠%×١٠%×٤٠= ٢	٥٠%×٤٠=٢٠
الوحدة الثانية (%٣٠)	علامة ٤.٨	٣.٦ علامة	٢.٤ علامة	٣٠%×١٠%×٤٠=١.٢	٣٠%×٤٠=١٢
الوحدة الثالثة(%٢٠)	٣.٢ علامة	٢.٤ علامة	١.٦ علامة	٠.٨ علامة	٢٠ %×٤٠ =٨
المجموع (%١٠٠)	٤٠%×٤٠=١٦	١٢علامة	٨ علامات	٤ علامات	٤٠ علامة

ليتأكد المعلم من صدق محتوى الاختبار يطابق مجموعة من المعلمين بين فقرات الاختبار والأهداف التدريسية ومستويات المعرفة فكلما كان التوافق في أحكامهم كبيراً كلما كان الاختبار يتمتع بمصداقية أعلى.

ثالثاً: الاختبارات الأدائية :

تهتم الاختبارات الأدائية بقياس إتقان الطلبة للمهارات العملية التي لا يمكن قياسها عن طريق الاختبارات الكتابية ، تركز هذه الاختبارات على طريقة الأداء أو على المنتج أو عليهما معاً .

وقبل تقويم المهارات يجب أن يسبقها تحليل لواجبات المهارة ، ويتم التعرف على الواجبات من التحليل المهني الذي يحدد خطوات أداء المهارة .

عند تقويم المهارات العملية يجب التركيز على الأمور التالية :

١- أسلوب الأداء: ويشمل اختيار العدد والأدوات والمواد واستخدامها بشكل مأمون واقتصادي وتسلسل خطوات الأداء .

٢- سرعة الإنجاز : أي الزمن الذي يستغرقه إنجاز المهارة .

٣- دقة الأداء : مثل الالتزام بالمواصفات والقياسات .

٤- مراعاة تعليمات الأمن والسلامة.

٥- القدرة على قراءة الرسومات والرموز وتفسيرها .

٦- القدرة على التحليل والاستقصاء .

٧- القدرة على معالجة الأخطاء .

٨- مراعاة النقاط الحاكمة.

٩- الاقتصاد في استهلاك المواد .

استراتيجيات تقويم الأداء العملي:

يتم تقويم الأداء العملي بأساليب عديدة تختلف وطبيعة الأداء والمهارة المراد تقويم الطالب فيها ومنها

١- اختبار الأداء الكتابي:

يستخدم هذا الاختبار لتقويم المعلومات النظرية المرافقة للتدريبات العملية مثل تفسير الرموز أو تحليل الأعطال ومسبباتها.

مثال ١ : عدد خطوات لحام الأنابيب .

مثال ٢ : اذكر خطوات حمام المريض .

مثال ٣ : ما هو السبب لعدم سخونة المكواة ؟

يستخدم هذا النوع من الاختبارات في الحالات التي يكون الأداء العملي معقداً أو إذا كانت الأجهزة الواجب استخدامها ثمينة ويخشى ـ تلفها وفي الحالات التي يمكن أن يؤدي تطبيق المهارة في حالة الخطأ إلى إلحاق الأذى بشخص آخر .

٢- اختبار الأداء في موقف عملي :

يعتبر هذا الاختبار أعلى أنواع الاختبارات العملية واقعية وصدقاً لأنه يطلب من المفحوص أن يقوم بتنفيذ مهارة حقيقية.

١- نفذ دارة إنارة مصباح باستخدام مفتاح مفرد.

٢- قومي بقياس الضغط والنبض للمريضة التي أمامك

٣- حسب الرسم المعطى نفذي قص وخياطة فستان الطفلة

٤- اطبعي الجدول أدناه.

سابعاً أدوات قياس الاختبارات الأدائية :

١- قائمة الفحص : تتكون من قائمة تمثل خطوات إنجاز المهارة المراد قياسها ، وتكون مرتبة بتسلسل منطقي،ويوضع بجانب كل خطوة عبارة نعم أو لا لغرض بيان قدرة الطالب على إنجاز العمل ، فإذا أتم الخطوة بالشكل الصحيح توضع كلمة (نعم) وإذا كان العكس توضع كلمة (لا) مقابل الخطوة .

قائمة رصد لتقييم مهارة خرط قطعة معدنية أثناء أداء المهارة

الرقم	اسم الطالب	المعايير									
		يرتدي ملابس العمل	ينظف المخرطة ويتفقدها قبل استخدامها	يثبت قطعة العمل بشكل صحيح	يختار سكين القطع المناسبة	يثبت سكين القطع بصورة صحيحة	يشغل المخرطة بصورة صحيحة	يحدد سرعة التغذية	يختار عمق قطع مناسب	ينجز عملية القطع بصورة صحيحة	يتأكد من القياسات بين فترة وأخرى
١											
٢											
٣											
٤											

ملاحظة

✓ = ١ نعم   لا X = ٠

سلم التقدير الرقمي المنتج النهائي لخرط قطعة معدنية

الرقم	اسم الطالب	المعايير				
		استواء السطح	دقة القياسات	جودة الوصلات	جودة التشطيب	المجموع من ١٠

يستخدم هذا التقدير في تقويم المنتج النهائي ويعد عادة على شكل سلم من خمس درجات (ممتاز، جيد جداً ، جيد ، متوسط ، ضعيف) أو (٥، ٤ ، ٣ ، ٢ ، ١)

قائمة رصد لاعداد وجبة الفطور

الرقم	اسم الطالب	المعايير						
		يختار الأدوات المناسبة	استخدام الأدوات	يراعي التوازن في وجبة الفطور	مراعاة أمور السلامة اثناء	المحافظة على نظافة المكان	مراعاة آداب المائدة	[illegible]

وفيما يأتي نماذج مختلفة لأدوات التقويم

الصف: الخامس الأساسي.
المبحث: التربية المهنية.
النتاجات التعليمية: يحفظ الملفات بشكل مناسب.
الاستراتيجية المستخدمة للتقويم: مراجعة الذات / التقويم الذاتي
أداة التقويم: سلم التقدير

سلم التقدير المقترح لتقويم حفظ الملفات بشكل مناسب

الرقم	الصفة	التقدير			
١	اسجل المعلومات الشخصية بشكل دقيق	١	٢	٣	٤
٢	اعتمد على نفسي في تنظيم الملف	١	٢	٣	٤
٣	اقوم بتنظيم وترتيب الوثائق بشكل دقيق	١	٢	٣	٤
٤	أتمكن من الوصول الى الملف واستخراج المعلومات بسهولة	١	٢	٣	٤
٥	استخدام طرق مختلفة لحفظ الوثائق	١	٢	٣	٤

(١) بحاجة الى تحسين   (٢) جيد   (٣) جيد جدا   (٤) ممتاز

الصف: الرابع الأساسي.
المبحث: التربية المهنية.
النتاجات التعليمية: يتواصل مع الآخرين عن طريق الهاتف.
الاستراتيجية المستخدمة للتقويم: التواصل
أداة التقويم: سلم التقدير

سلم التقدير المقترح لتقويم قدرة الطالب على التواصل مع الاخرين باستخدام الهاتف

الرقم	الأداء	المستويات				
		١	٢	٣	٤	٥
١	خطط المتعلم الأسئلة والأجوبة بإتقان					
٢	اعد المتعلم اسئلة يود توجيهها للمعلم					
٣	تميزت اسئلة المتعلم بالوضوح					
٤	تميزت اسئلة المتعلم بارتباطها المباشر بالهاتف والاتصالات					
٥	وجه المتعلم اسئلة للمعلم دون تردد عن طريق الهاتف					
٦	استطاع المتعلم التوصل الى استنتاجات عن طريق الهاتف					
٧	استمع المتعلم للمعلم باهتمام					
٨	استطاع المتعلم التواصل مع المعلم من خلال الاسئلة والاجوبة					

١) عالي جداً ٢) عالي ٣) متوسطة ٤) مناسب ٥) غير مناسب

الصف: الثاني الأساسي.
المبحث: التربية المهنية.
النتاجات التعليمية : يتمكن من ترتيب فراشه.
الاستراتيجية المستخدمة للتقويم: الملاحظة.
أداة التقويم: قائمة الرصد (الشطب).

قائمة الرصد (الشطب) المقترحة لتقويم مدى اكتساب المتعلم لمهارات ترتيب الفراش

الرقم	الصفة	التقدير	
		نعم	لا
١	يرتب الفراش بالتسلسل المنطقي		
٢	يتخلص من الاغطية المتسخة بالشكل الصحيح		
٣	يحرص على تهوية الغرفة اثناء العمل		
٤	ينظف الغرفة بصورة جيدة		
٥	يرتب الغرفة بعد الانتهاء من تنظيفها		
٦	يشارك زملائه بتنظيم وترتيب الغرفة		
٧	يتعاون مع الاخرين اثناء العمل		
٨	يغسل يديه بعد انهاء العمل		

الصف: العاشر الأساسي.
المبحث: التربية المهنية.
النتاجات التعليمية: يحدد الطالب المفاهيم والاتجاهات التي تتعلق بالوقاية من التدخين
الاستراتيجية المستخدمة للتقويم: التقويم المعتمد على الأداء / العرض
أداة التقويم: سلم التقدير

سلم التقدير المقترح لتقويم أداء الطالب أثناء عرضه لمفاهيم واتجاهات تتعلق بالوقاية من التدخين

الرقم	الصفة	التقدير				
١	مناسبة العرض لموضوع أضرار التدخين	١	٢	٣	٤	٥
٢	استخدام الوسائل التعليمية بفاعلية في عملية التقديم	١	٢	٣	٤	٥
٣	تنظيم وترتيب الأفكار العامة للموضوع	١	٢	٣	٤	٥
٤	القدرة على جذب اهتمام زملائه	١	٢	٣	٤	٥
٥	القدرة على الاستجابة لملاحظات زملائه	١	٢	٣	٤	٥
٦	تقبل آراء الآخرين	١	٢	٣	٤	٥
٧	احترام اراء وافكار زملائه	١	٢	٣	٤	٥
٨	ادارته للوقت والنشاط	١	٢	٣	٤	٥

(١) بحاجة الى تحسين (٢) متوسط (٣) جيد (٤) جيد جداً (٥) ممتاز

الصف: الثالث الأساسي.
المبحث: التربية المهنية.
النتاجات التعليمية: يتقن الخياطة اليدوية.
الاستراتيجية المستخدمة للتقويم: الملاحظة.
أداة التقويم:سلم التقدير اللفظي.

سلم تقدير لفظي مقترح لتقويم مهارة الخياطة اليدوية

التقدير / الصفة	مبتدىء ١	مؤهل ٢	متطور او متقن ٣	خبير ٤
الأدوات والمواد	يختار بعض المواد اللازمة لعملية الخياطة ولا يستطيع استخدامها	يختار المواد اللازمة ولا يستخدمها بصورة جيدة او سليمة	يختار جميع المواد اللازمة ويستخدمها بصورة جيدة	يختار جميع المواد اللازمة ويستخدمها بشكل فعال
العمليات	يقوم ببعض عمليات الخياطة ولكنها غير دقيقة	يقوم بعمليات الخياطة وتنقصه الدقة والتنسيق	يقوم بعملية الخياطة اليدوية ويتقنها بدرجة مقبولة	مبدع في عملية الخياطة ويحاول ان يظهر قدرة متميزة فيها
السلامة العامة	لا يراعي شروط السلامة العامة عند التعامل مع ادوات الخياطة	لا يبدي حرصا كبيراً عند التعامل مع ادوات الخياطة	يراعي شروط السلامة العامة ويحاول أن يطبقها عليه وعلى زملائه	حريص وفعال في تطبيق شروط السلامة العامة
العلاقة مع الاخرين	لا يتعاون مع زملائه في الاعمال الجماعية	يبدي بعض التعاون مع زملائه	يبدي تعاون جيد ويحاول أن يكون عمله مرتبط مع عمل الاخرين	متعاون فعال مع زملائه وباستمرار

الصف: التاسع الأساسي.
المبحث: التربية المهنية.
النتاجات التعليمية: يتعرف خطوات تطعيم اشجار الفاكهة.
الاستراتيجية المستخدمة للتقويم: القلم والورقة.
أداة التقويم: اختبار.

عدد الاسئلة (٥) وعدد الصفحات (١) ، اختيار اجابة واحدة.

١. ان افضل موعد لنجاح عملية التطعيم الربيعي في النبات هو ما بين شهري:
أ- نيسان وحزيران ب- شباط واذار
ب- تموز وآب د- أيار وتموز

٢. من خطوات التطعيم بالبراعم ان لا يتجاوز ارتفاع البرعم عن سطح الأرض .... سم:
أ- ١٢ ب- ١٥
ج- ٢٠ د- ١٠

٣. إن الحكم على نجاح او فشل عملية التطعيم بالبراعم تظهر بعد .... اسابيع :
أ- (١-٤) ب- (٢-٣)
ج- (٣-٤) د- (٢-٤)

٤. ان التطعيم المستعمل لاغراض تغيير صنف اشجار الفاكهة هو التطعيم:
أ- السوطي ب- الشقي
ج- اللحائي د- اللساني

٥. ان الموعد المناسب لاجراء التطعيم القلفي هو بداية فصل:
أ- الشتاء ب- الربيع
ج- الصيف د- الخريف

الصف: السادس الأساسي.
النتاجات التعليمية: ري الاشجار المثمرة

السؤال: ضع دائرة حول رمز الاجابة الصحيحة للفقرات الآتية:

١- ان الترتيب الصحيح للأشجار التالية حسب حاجتها للماء تنازلياً هو :

أ- الموز ، التين ، التفاح   ب- التفاح ، التين ، الموز
ج- التفاح ، الموز ، التين   د- التين ، الموز ، التفاح

٢- يحدث انجراف التربة إذا كان الري :

أ- بالأحواض   ب- بالرشاشات
ج- بالتنقيط   د- الأمطار والأحواض

٣- واحدة مما يأتي تعتبر من مزايا الري بالتنقيط :

أ- يزيد من نمو الأعشاب   ب- يقلل من نمو الأعشاب
ج- يقلل من نمو الأعشاب ويوفر الماء   د- يزيد من نمو الأعشاب ويوفر الماء

٤- الشكل المجاور يمثل طريقة الري بـ :

أ- بالأحواض   ب- بالرشاشات
ج- بالتنقيط   د- الأمطار والأحواض

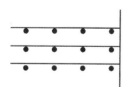

الصف: الثاني الأساسي.
المبحث: التربية المهنية.
النتاجات التعليمية: يطبق مهارة اللعب
الاستراتيجية المستخدمة للتقويم: الملاحظة
أداة التقويم: سلم التقدير

سلم تقدير مقترح لتقويم مهارة اللعب عند الطالب

اسم الطالب:

التاريخ:

الرقم	السؤال	التقدير		
		نعم	أحياناً	لا
١	يغضب عندما يختار المعلم لعبة أخرى			
٢	يتأثر بسلوكيات زملائه أثناء ممارسة اللعب			
٣	يحاول ممارسة الالعاب التي يوجد فيها مخاطرة			
٤	ينظم افكاره خلال اللعب			
٥	يتعاون مع زملائه اثناء ممارسة اللعب			
٦	يحب ممارسات الالعاب الفردية			
٧	يطور من مهاراته خلال ممارسة الالعاب المختلفة			

الصف: العاشر الأساسي.
المبحث: التربية المهنية.
النتاجات التعليمية: يلم بمهارة التعامل مع الزبائن
الاستراتيجية المستخدمة للتقويم: مراجعة الذات / التقويم الذاتي
أداة التقويم: قائمة الرصد

قائمة الرصد (الشطب) المقترحة لتفويم قدرة الطالب على مراجعة ذاته عند ممارسة مهارة البيع

الرقم	السلوك	التقدير	
		مرض	غير مرض
١	استقبل الزبائن بطريقة تثير الرغبة في الشراء		
٢	أستطيع أن اتصل مع الزبائن بسهولة		
٣	أتجاوب مع الزبائن من خلال إرسال الرسائل والأدلة		
٤	أتمكن من الاتصال مع الزبائن باستمرار شخصياً		
٥	أحترم الزبائن والتعاون معهم اثناء عملية البيع		
٦	أراعى عوامل السن والجنس والهوية عند عرض البضاعة		
٧	لدي القدرة على الاقناع وأحب النقاش		
٨	لدي القدرة على الترويج للمبيعات		

الصف: السابع الأساسي.
المبحث: التربية المهنية.
النتاجات التعليمية: يكتب محضر اجتماعات وفقاً لمعايير محددة
الاستراتيجية المستخدمة للتقويم: التواصل / المقابلة
أداة التقويم: المقابلة

سلم التقدير المقترح لتقويم قدرة الطالب على التواصل مع الآخرين خلال الاجتماعات

الرقم	الصفة	التقدير			
١	جمع البيانات وحلها بشكل مناسب	١	٢	٣	٤
٢	يتبع خطوات العمل بدقة	١	٢	٣	٤
٣	يتمكن من تنظيم وترتيب وثائق الاجتماع	١	٢	٣	٤
٤	قادر على إدارة الاجتماع	١	٢	٣	٤
٥	قادر على تنظيم الاجتماع والدعوة اليه	١	٢	٣	٤
٦	يتواصل مع الآخرين واحترام آرائهم	١	٢	٣	٤
٧	قادر على إدارة الوقت	١	٢	٣	٤

(٤) خبير   (٣) متطور   (٢) مؤهل   (١) بحاجة الى تحسين

الفصل العاشر

المهارات الحياتية

أولا : إدماج المهارات الحياتية في المناهج الأردنية المبنية على الاقتصاد المعرفي

ثانيا : صلة برنامج المهارات الحياتية مع مكونات الاقتصاد المعرفي

ثالثا : ما المقصود بالمهارات الحياتية

رابعا : المهارات التي تعتبر مهارات حياتية

خامسا : النتاجات المحورية والعامة للتربية المهنية

سادسا : أنشطة على المهارات الحياتية

الفصل العاشر

المهارات الحياتية

أولاً: إدماج المهارات الحياتية في المناهج الأردنية الجديدة المبنية على الاقتصاد المعرفي

مقدمة

تواجه المدرسة العربية عمومًا تحديًا كبيرًا في ظل ثورة المعلومات والاتصال والطفرة التقنية المعاصرة، وما أفرزته من مواقف ومشكلات تركت انعكاساتها على الأنظمة التربوية التي أضحى لزامًا عليها أن تعد الإنسان ليعيش في هذا القرن الجديد، حيث أضحى مستقبل الإنسان مرهونًا بتقدم التربية وتطوير مفاهيمها في التعاون والعيش مع الآخرين والإخاء الإنساني والعدالة والحرية وتقدير التنوع واحترام ثقافة الآخرين واعتماد الحوار سبيلاً للتفاهم وحل المنازعات بعد أن أصبح العالم قرية صغيرة في خارطة الكون ، وعليه فإن التربية العربية تقع في قلب هذا التغير، وفي صلب المواجهة، وعليها أن تعد إنسانًا يستطيع أن يتكيف مع متطلبات القرن الجديد بإيجابياته وسلبياته، وهذا يتطلب تنمية قدراته العقلية العليا، وبخاصة قدرته على الابتكار والتحليل ، واكتساب مهارات التفكير المتنوعة والقدرة على المحاكمة وحل المشكلات وتحمل المسؤولية....الخ.

من هنا فإن أنظمتنا العربية عامة بما فيها النظام التربوي الأردني مدعوة اليوم أكثر من أي وقت مضى إلى تطوير مناهجها وتجديد مضامينها وتحسين أساليبها ووسائلها، لمواجهة الآثار المترتبة عليها، وهي مطالبة بتضمين مناهجها وخططها الدراسية المهارات والسلوكيات التي يتطلبها إعداد الطلاب للمستقبل والمشاركة في بنائه.

ويقوم النظام التربوي الأردني من خلال مشروعاته التطويرية بإدماج نهج المهارات الحياتية في المناهج الأردنية الجديدة للاقتصاد المعرفي بهدف إحداث نقلة في مضامينه

وأساليبه من أجل إعداد الطالب/الطالبة للحياة. وتضمن هذه الخطة في طياتها عديد من المواد ذات الطابع المهاري التي من ضمنها مادة المهارات الحياتية.

أطلقت وزارة التربية والتعليم في الأردن رؤية تربوية تتلخص بأن النظام التربوي الذي يجسد التميز ويمنح كل طالب خبرة الإتقان ويعتمد على قدرات الإنسان الكامنة وعلى قدرة الإنسان على التعلم والنمو وعلى رغبته في المساهمة في المجتمع الأوسع بطريقة ذات معنى وحتى يمكن تحقيق هذه الرؤيا تم تطوير مشروع شامل متكامل مكون من مرحلتين بهدف الإصلاح التربوي(مشروع التطوير التربوي نحو الاقتصاد المعرفي).

ويشمل الإطار العام الذي اعد من قبل وزارة التربية والتعليم والفريق المشكل ل (ERFKE) في أيلول ٢٠٠٣ على بعض العناصر الهامة للتعليم المبني على المهارات الحياتية (LSBE)Life Skills Based Education. إن عملية إدماج هذه المهارات في المناهج سيسهم في فتح الآفاق أمام عناصر التعليم المبني على المهارات الحياتية وجعل هذا المنهج أكثر شمولاً ، إن الهدف العام للتعليم المبني على المهارات الحياتية هو التوصل إلى منهج متوازن للمعرفة والاتجاهات والمهارات المطلوبة من قبل الشاب ليتمكن من التقييم والاستجابة لأفضل اهتماماته واهتمامات مجتمعه وأمته .

يشير مصطلح التعليم المبني على المهارات الحياتية إلى عملية تفاعلية من التعلم والتعليم التي تمكن المتعلمين من اكتساب المعرفة وتطوير الاتجاهات والمهارات التي تدعم السلوكيات الصحية . إن أساليب التدريس المستخدمة تتمركز حول الطالب ، ويكون مدركاً للنوع الاجتماعي والثقافي والقيم ، وهي في الوقت ذاته تفاعلية وتشاركية إذ إنها تشجع الأطفال على أن يكونوا مشاركين نشطين في عملية تعلم وتعليم حيوية .

إن التعلم المبني على المهارات الحياتية كما تعرفه منظمة الصحة العالمية هي مجموعة قدرات تخدم سلوكيات ايجابية يمكن تكييفها بحيث تمكن الأفراد من التعامل بفاعلية مع متطلبات وتحديات الحياة اليومية

وبالتالي فإن التعليم المبني على المهارات الحياتية هو مجموعة من الكفايات النفسية الاجتماعية والمهارات الشخصية التي تساعد الناس على اتخاذ القرارات ، وحل المشكلات

والتفكير الناقد والإبداعي ، والاتصال الفعال وبناء علاقات صحية والتعاطف مع الآخرين والتكيف معهم، وتدبر عيشهم بأسلوب صحي بناء .

يمكن الحكم على التعلم المبني على المهارات الحياتية من خلال قدرة الطلبة على تحمل المسؤولية في اتخاذ خيارات مناسبة ومقاومة الضغوطات المعاكسة وتجنب السلوكيات الشخصية المحفوفة بالمخاطر ، انه يحاول مساعدة الطالب على فهم كيف يؤثر العالم عليه وكيف يمكن أن يستفيد من هذا العالم ، ويكون منتجاً يتمتع بصحة جيدة ومواطناً مسؤولاً .

وقد تم دمج التعلم المبني على المهارات الحياتية باستخدام منهج (المبحث الحامل للمفهوم) (Carrier Subject) وبالتحديد مبحثي التربية الرياضية والتربية المهنية للمنهاج الجديد بأسلوب عملي إجرائي والعمل مع فريق (إجرائي والعمل مع فريق (ERFKE) في تطوير المنهاج للصفوف (١-١٢) حيث لم يتم تطوير مبحث التربية المهنية ولم يتم إعداد مصفوفة المدى والتتابع وتأليف الكتب والتي من المخطط ان يبدأ بها في عام ٢٠٠٧ ،أن عملية إدماج التعلم المبني على المهارات الحياتية في مبحث التربية المهنية يمكن ان يتكامل مع المهارات المهنية التي يتم تدريسه للطلبة والتي يمكن ان تركز على قضايا شخصية واجتماعية .

المسوغات

التعليم المبني على المهارات الحياتية والاقتصاد المعرفي وتكنولوجيا المعلومات والاتصالات

لا بد من وجود نموذج تعليمي جديد يمكن من التعامل مع التحديات والفرص التي تتطلبها تكنولوجيا المعلومات والاتصالات للاقتصاد المبني على المعرفة . إن السبب الرئيس هو أن هذا الاقتصاد الجديد لا يقوم فقط بتحويل أنماط الحياة ولكن أيضاً أسواق العمل في الاردن وفي العالم ، ويحتاج الشباب مهارات ومعرفة أكثر ليستفيدوا من التجديد والتغيير من هذا النهج ، لذا فإن التعليم المبني على المهارات الحياتية يمثل استجابة تمنح فوائد جديرة بالاهتمام للشباب الأردني .

هناك انسجام حقيقي بين أهداف التعليم المبني على المهارات الحياتية والإطار العام للمناهج الجديدة

- اطلاع الأطفال الأردنيين على العالم المبني على المعرفة الحديثة وتكنولوجيا المعلومات والاتصالات كمواطنين فعالين ومبدعين .

- الكشف عن الكثير من الفوائد الاقتصادية المستقبلية من خلال مواطنين قادرين على الإسهام في مجتمعهم، وازدهاره قادرين على تجنب الصراع والمحافظة على صحة جيدة

- مناقشة القضايا الشخصية والاجتماعية التي تهدد حياة الشباب مثل الصراع والعنف والتدخين والإجهاد والقلق وقلة الحس المدني .

- المساعدة في تقوية الصلة بين مهارات الحياة والنضج والذكاء العاطفي والصحة .

- تعزيز التطور المنطقي النفسي للطالب والتحسن للكائن البشري .

إن الدليل الذي يصب في مصلحة التعلم المبني على المهارات الحياتية يأتي بالأساس من برامج التعليم الصحي العالمية ، وفي سياق أوسع للتعلم النوعي ويعتمد النجاح بشكل كبير على كفاية المعلمين المدربين بشكل جيد على منهج المهارات الحياتية ، وقد صادق المجتمع الدولي على أهمية التعلم المبني على المهارات الحياتية بجعله مكوناً محورياً للتعلم النوعي المنطلق من قبل اليونيسيف واليونسكو ومنظمة الصحة العالمية ، ويتطلب التعليم المبني على المهارات الحياتية الالتزام والمشاركة وتغيير في سلوك المديرين والمعلمين في علاقتهم مع الطلبة وعمليات التعلم

ثانياً : صلة برنامج المهارات الحياتية مع مكونات الاقتصاد المعرفي

إن برنامج التطوير التربوي المبني على الاقتصاد المعرفي يمثل نقطة تحول في مجال تطوير التعليم في الأردن ، إن هذا البرنامج يقدم بالتفصيل مقاصد التطوير في المراحل الدراسية المبكرة والأساسية والثانوية في إطار عام شامل ، حيث تم تحديد أربعة مكونات مستقلة للتطوير في جهد مستدام عبر سنوات خمس بدءاً من شهر تموز ٢٠٠٣/ ، أن عملية إدماج المهارات الحياتية التربوية في المناهج الأردنية يتصل بشكل مباشر بتحقيق أهداف

المكون الثاني وهي تغيير البرامج والممارسات التربوية لتحقيق مخرجات تعلمية منسجمة مع الاقتصاد ولهذه الغاية فقد تم تشكيل فريق وطني لمشروع التعلم المبني على المهارات الحياتية لإجراء تحليل سريع للحصول على صورة أكثر واقعية لاحتياجات الطلبة الأردنيين من المهارات الحياتية شارك فيه الطلبة وأولياء الأمور والمعلمون ومديرو التربية وقادة من المجتمع المحلي ، حيث أن جمع المعلومات على نطاق واسع للقضايا التي تواجه الشباب الأردني ستساعدهم في دعم منهج موحد للتعامل مع هذه القضايا ، ولا يكفي أبدا الحصول على إحصائيات عن الشباب في الأردن فغالباً ما يكون للأطفال والشباب وجهات نظر مختلفة فيما يتعلق بأولوية الاحتياجات وانه من الضروري إيجاد ماهية هذه الاختلافات . إن استخدام أساليب بحث نوعية من خلال مجموعة النقاش مع مجموعات من الطلبة سيساعد في الحصول على هذه المعلومات ، ويمكن لقادة المجتمع المحلي وأولياء الأمور والمعلمين والمهنيين ورجال الدين من تقديم معلومات نافعة حول هذه الاحتياجات كما أن تحليل الاحتياجات سيشير إلى المصادر المطلوبة لبدء عملية إدماج المهارات الحياتية في المنهاج حيث جاءت نتائج البحث السريع بتحديد حاجات الطلبة من المهارات الحياتية المحورية كما يأتي:

- مسؤولية المواطنة الاجتماعية والذاتية

- مهارات الاتصال (تأكيد الذات، التفاوض، الإصغاء)

- حل المشكلات وصنع القرار

- التفكير الناقد

- التفكير الإبداعي والتجديدي .

- روح الفريق ، التعاون، القيادة

- تقدير الذات، احترام الذات، الثقة بالنفس

- إدراك الذات

- مقاومة الضغوطات من قبل الرفاق ووسائل الإعلام والانترنت

- التكيف مع الإجهاد والانفعالات

- تقبل التنوع والاختلاف مع الآخرين

- حل الصراعات بطريقة بناءة

ثالثاً: تعريف المهارات الحياتية

هناك عدة مداخل لتعريف المهارات الحياتية منها ما يلي:-

المدخل الأول: ويعرف المهارات الحياتية بأنها مجموعة الأداءات والاختيارات الشخصية التي تسبب أو تزيد من سعادة وفائدة وراحة الفرد.

المدخل الثاني: ويعرف المهارات الحياتية بأنها القدرات العقلية والحسية المستخدمة في تحقيق أهداف مرغوبة لدى الفرد.

المدخل الثالث: ويعرف المهارات الحياتية بأنها مجموعة العمليات والإجراءات التي من خلالها يستطيع الفرد حل مشكلة أو مواجهة تحدي أو إدخال تعديلات في مجالات حياته.

تعريف المهارات الحياتية

إن التراث المتعلق بموضوع المهارات الحياتية كثير في أدبيات التربية ، وفي الدراسات والمشروعات البحثية ، وجميعها يحث المعلمين والإداريين التربويين والمرشدين على تبني مفاهيم تنمية الوعي الحياتي عند الناشئة ، وتطويره من خلال إعدادهم للأدوار التي يقومون بها حال تركهم للمدارس ، وهذه التنمية لا تتم إلا من خلال تطوير النظم التربوية بربطها باستعدادات التلاميذ ورغباتهم واحتياجات المجتمع ، وذلك بغية إكسابهم معارف ومهارات الواقع الحياتي .

- والمهارة الحياتية تعرف بأنها : أي عمل يقوم به الإنسان في الحياة اليومية التي يتفاعل فيها مع أشياء ومعدات وأشخاص ومؤسسات وبالتالي فان هذه التفاعلات تحتاج من الفرد أن يكون متمكنا من مهارات أساسية

- أنها : السلوكيات والمهارات الشخصية والاجتماعية اللازمة للأفراد للتعامل بثقة واقتدار مع أنفسهم ومع الآخرين ومع المجتمع ، وذلك باتخاذ القرارات المناسبة والصحيحة وتحمل المسئوليات الشخصية والاجتماعية ، وفهم النفس والغير وتكوين علاقات إيجابية مع الآخرين وتفادي حدوث الأزمات والقدرة على التفكير الابتكارى .

- معجم المصطلحات التربوية بأنها : المهارات التي تساعد التلاميذ على التكيف مع المجتمع الذي يعيشون فيه ، وتركز على النمو اللغوي ، الطعام، ارتداء الملابس ، القدرة على تحمل المسؤولية ، التوجيه الذاتي ، المهارات المنزلية ، الأنشطة الاقتصادية والتفاعل الاجتماعي.

- ويعرفها وحيد حامد عند طلاب التعليم الثانوي الزراعي بأنها : إدارات وممارسات طالب التعليم الثانوي الزراعي اللغوي تجاه ما يتعرض له من مواقف أثناء ممارسته لحياته اليومية ، والتي تساعده على الاتصال اللغوي الفعال بالآخرين ، والقدرة على عرض أفكاره وآرائه، وأداء الأعمال المطلوبة منه بكفاءة عالية والتكيف الاجتماعي ، والقدرة على مواجهة المشكلات

- يعرفها (بريان دوبسن،٢٠٠٦) بأنها : أفكار ومفاهيم ومنظورات دولية

- اليونيسيف : نطاق مخطط من الفرص التعليمية التي تشتمل على:

المعرفة والفهم والمهارات والاتجاهات والقيم وجميعها تهدف إلى تعزيز التنمية الشخصية والاجتماعية والصحية

من التعريفات السابقة يتضح أن المهارات الحياتية تشمل قدرة الفرد على الاختيار وتحمل المسؤولية الشخصية، كما تتضمن استعداداً عقلياً للمفاضلة بين هذه الاختيارات، إضافة إلى إنها تتضمن القدرة على تنفيذها.

واستنادًا لهذه الأبعاد وانطلاقًا من قيم الدين الإسلامي الحنيف، وقيمه وأخلاقياته، وفي ضوء تطلعات المملكة الأردنية الهاشمية إلى بناء المجتمع الأردني المتمثل بالمثل العليا التي جاء

بها الإسلام لقيام حضارة إنسانية رشيدة بنّاءة، تسعى إلى تنمية المواطن الأردني وتهيئته و إعداده إلى الحياة.

ويمكن تصنيف المهارات الحياتية حسب أبعاد حياة كل فرد الشخصية والاجتماعية إلى:

١- مهارات حياتية تتصل بالفرد ذاته (إمكاناته ـ قدرته ـ موروثاته)

٢- مهارات حياتية تغطي الجوانب الاجتماعية (علاقاته مع الآخرين علي مستوى الأسرة ـ الأصدقاء ـ محيط العمل ـ مستوى تعاملاته اليومية)

وصنف خبراء المهارات الحياتية إلى ثلاثة محاور:

(١) مهارات انفعالية ومنها: ضبط المشاعر ـ التحكم في الانفعالات ـ سعة الصدر والتسامح ـ تحمل الضغوط بأشكالها ، تنمية قوة الإرادة ، المرونة والقدرة على التكيف ، تقدير مشاعر الآخرين ، القدرة علي مواكبة التغيير.

(٢) مهارات اجتماعية ومنها: تحمل المسئولية ـ احترام الذات ـ المشاركة في الأعمال الجماعية ـ القدرة علي تكوين علاقات ـ اتخاذ القرارات السليمة ـ القدرة علي التفاوض والحوار ـ أداء بعض الأعمال المنزلية والأسرية ـ تقبل الاختلافات(جنس ـ لون ـ دين ـ ثقافة) القدرة على الاعتماد علي النفس ـ القدرة على التواصل.

(٣) مهارات عقلية ومنها: القدرة على التفكير الناقد ـ معرفة أفضل طرق لاستخدام الموارد ـ القدرة على التعلم الذاتي والتعلم المستمر ـ القدرة على التنبؤ بالأحداث ـ القدرة على التخطيط السليم ـ القدرة على البحث والتجريب ـ إدراك العلاقات ـ القدرة على الإبداع والابتكار.

وقد قامت وزارة التربية والتعليم في الأردن بالتعاون مع منظمة اليونيسيف في آذار ٢٠٠٦ بعقد ورش وتشكيل فريق وطني محوري لإعداد المحاور العامة للمهارات الحياتية والنتاجات العامة والخاصة ودليل التدريس والأنشطة بهدف إدماج المهارات الحياتية في المناهج الأردنية حيث بدأت هذا العام بمبحثي التربية المهنية والتربية الرياضية ثم ستنتقل

إلى بقية المباحث حيث يوجد تكامل كبير في المهارات الحياتية في المباحث المختلفة وفي جميع الصفوف .

وأخيرا فإن دمج مفاهيم المهارات الحياتية في المناهج الأردنية يعين الطلبة على التعرف على حركة المجتمع والتعامل مع أفراده ومؤسساته وفاعلياته وهو عمل علمي وتعليمي وتربوي وثقافي يعد لبنة أساسية من لبنات التنشئة الاجتماعية للجيل الجديد . وأنه تم تصنيف وترتيب المفاهيم بحيث تندرج من البسيط إلى المركب ومن السهل إلى الصعب لتتناسب مع المستويات العمرية والإدراكية للتلاميذ في المرحلتين الأساسية والثانوية وقد جاء تصنيف المهارات الحياتية في المناهج الأردنية ضمن خمسة محاور عامة كما يأتي

١- الهوية : لتعميق إيمان الطلبة بهويتهم الوطنية والعربية والإسلامية من خلال الحس بالمسئولية الاجتماعية لتحقيق المواطنة الصالحة ٠

٢- الصحة: ليتمتع الشباب بالصحة والسلامة كحاجة ملحة لهم وحاجة ضرورية من حاجات المجتمع الأردني

٣- العلاقات الشخصية والاجتماعية : بهدف احترام الآخرين والتواصل معهم والتفاعل مع مجتمعهم المحلي والعالمي لتحقيق الرفاه الاجتماعي ٠

٤- البيئة: ليكونوا أصدقاء للبيئة محافظين عليها وعلى مصادرها ٠

٥- الاقتصاد والتكنولوجيا : بغية توظيف تكنولوجيا الاتصال والمعلومات لتطوير الاقتصاد على المستويين الفردي والوطني ٠

رابعاً: المهارات التي تعتبر مهارات حياتية

لا توجد قائمة محددة لمهارات الحياة .أما القائمة أدناه فتشتمل على المهارات النفسية والاجتماعية الشخصية ومهارات العلاقات بين الأشخاص التي تعتبر مهمة بشكل عام حيث تعتبر خلاصة الدراسات الدولية ومعايير الجامعات العالمية مثل جامعة AIWA . وسوف يتباين اختيار المهارات المختلفة، والتركيز عليها، وفقاً للموضوع وللظروف المحلية (على سبيل المثال، فإن مهارة صُنع القرار يُحتمل أن تبرُز بقوة في موضوع الوقاية من

فيروس نقص المناعة البشرية المكتسب/إيدز، في حين أن مهارة إدارة النزاعات يُمكن أن تكون أكثر بروزاً في برنامج لثقافة السلام. ومع أن القائمة توحي بأن هذه الفئات متميِّزة بعضها عن الآخر، فإن العديد من المهارات يُستخدم في آنٍ واحدٍ معاً أثناء التطبيق العملي. على سبيل المثال، فإن مهارة صنع القرار غالباً ما تتضمن مهارة التفكير الناقد ("ما هي خياراتي؟") ومهارة توضيح القيم ("ما هو الشيء المهم بالنسبة لي؟"). وفي نهاية المطاف، فإن التفاعل بين المهارات هو الذي يُنتج المُخرجات السلوكية القوية، ولا سيما عندما يكون هذا النهج مدعوماً باستراتيجيات أُخرى مثل وسائل الإعلام، والسياسات والخدمات الصحية . وهذه المهارات مصنفة كما يلي:

مهارات التواصل والعلاقات بين الأشخاص

- التواصل اللفظي/غير اللفظي

- الإصغاء الجيد

- التعبير عن المشاعر، وإبداء الملاحظات والتعليقات (مـن دون توجيـه اللـوم)، وتلقـي الملاحظات والتعليقات

مهارات التفاوض/الرفض

- مهارات التفاوض وإدارة النزاع

- مهارات توكيد الذات

- مهارات الرفض

- التقمُّص العاطفي (تفهُّم الغير والتعاطف معه)

- المقدرة على الاستماع لاحتياجات الآخر وظروفه وتفهمها والتعبير عن هذا التفهم

- التعاون وعمل الفريق

- التعبير عن الاحترام لإسهامات الآخرين وأساليبهم المختلفة

- تقييم الشخص لقدراته وإسهامه في المجموعة

مهارات الدعوة لكسب التأييد

- مهارات التأثير على الآخرين وإقناعهم
- مهارات التشبيك والحفز

مهارات صنع القرار وحل المشكلات

- مهارات جمع المعلومات
- تقييم النتائج المستقبلية للإجراءات الحالية على الذات وعلى الآخرين
- تحديد الحلول البديلة للمشكلات
- مهارات التحليل المتعلقة بتأثير القيم والتوجهات الذاتية وتوجهات الآخرين عند وجود الحافز أو المؤثر

مهارات التفكير الناقد

- تحليل تأثير الأقران ووسائل الإعلام
- تحليل التوجهات، والقيم، والأعراف والمعتقدات الاجتماعية والعوامل التي تؤثر فيها
- تحديد المعلومات ذات الصلة ومصادر المعلومات

مهارات التعامل وإدارة الذات

مهارات لزيادة المركز الباطني للسيطرة

- مهارات تقدير الذات/بناء الثقة
- مهارات الوعي الذاتي بما في ذلك معرفة الحقـوق، والتـأثيرات ، والقـيم، والتوجُّهـات، ومواطن القوة ومواطن الضعف
- مهارات تحديد الأهداف
- مهارات تقييم الذات / التقييم التقديري للذات ومراقبة الذات

مهارات إدارة المشاعر

- إدارة امتصاص الغضب
- التعامل مع الحزن والقلق
- مهارات التعامل مع الخسارة، والإساءة، والصدمات المؤلمة

مهارات إدارة التعامل مع الضغوط

- إدارة الوقت
- التفكير الإيجابي
- تقنيات الاسترخاء

ما الهدف من توفير التعليم المبني على المهارات الحياتية ؟

أوضح الباحثون وخبراء تطوير المناهج والمواد التعليمية أهمية اكتساب المهارات الحياتية فيما يلي:

أولا: حاجة الإنسان إلى العديد من وسائل وطرق اكتساب المهارات الحياتية نظراً لتعدد وتباين هذه المهارات بتعدد أنماط وأشكال الحياة نفسها والتي يمكن أن يحصل عليها الفرد إما بملاحظة الآخرين أو من خلال مجموعة المعارف والخبرات التي يكتسبها بنفسه أو من خلال ما لديه من خبرات سابقة.

ثانيا: تتركز الحاجة إلى اكتساب المهارات الحياتية في إعطاء الإنسان الفرصة لأن يعيش حياته بشكل أفضل ومثل هذه الحاجة أصبحت أكثر إلحاحاً عن ذي قبل لما يتسم به هذا العصر ـ من انفجار معرفي ومعلوماتي مطرد وتغيرات تكنولوجية متلاحقة في كل المجالات تعتمد في مواجهتها على المعرفة المتقدمة والاستخدام الأمثل للمعلومات، الأمر الذي يتطلب إعداد أفراد قادرين على التكيف والتعامل بفاعلية وإيجابية مع تلك التغيرات التكنولوجية وذلك من خلال تدريبهم على العديد من المهارات الحياتية. حيث يواجه الشباب تحديات

معقدة في عالم سريع التغير يحتاج المجتمع إلى مواطنين أصحاء ومسؤولين وتشاركيين قد حققوا ذاتهم

ثالثا: حاجة كل فرد أن يتعلم عديدا من المهارات الحياتية بما يتفق ومتطلبات حياته لأن الأطفال والشباب يمتلكون قدرات كامنة شخصية واجتماعية هائلة ولن يأتي ذلك بالنسبة للتلاميذ في المرحلتين الأساسية والثانوية إلا من خلال المناهج الدراسية والأنشطة التربوية التي تعمل على توعية التلاميذ وتدريبهم على ممارسة عديد من تلك المهارات الحياتية بما يمكنهم من مواجهة تلك التغيرات بنجاح وهذا ما حاولت المناهج المطورة أن تحققه.

كيف علينا توفير التعليم المبني على المهارات الحياتية ؟

- من خلال أساليب تعمل على ضمان مشاركة الشباب في عملية التعلم

-تعزيز المسؤولية نحو التعلم

-تقدير عملية التعلم بالإضافة إلى محتواها ونتائجها

-التركيز على التعلم الانفعالي بالإضافة إلى التعلم المعرفي

متى يتوجب علينا توفير التعليم المبني على المهارات الحياتية ؟

- التعليم المبني على المهارات الحياتية عملية مستمرة مدى الحياة
- داخل النظام التعليمي ، ويجب توفيره لجميع الفئات العمرية
- بحسب احتياجات الأفراد والجماعات .
- يجب أن يكون متسقاً ومتواصلاَ ونمائياً

أين يجب توفير التعليم المبني على المهارات الحياتية ؟

إنه مسؤولية متشاركة بين :

البيت والمدرسة والمجتمع المحلي والمجتمع ككل والعمل مع الأطفال والشباب أينما كانوا.

مِن قِبل مَن؟

يجب أن ينصبّ التركيز على العمل من خلال الشراكة التي تشتمل على:

الأطفال والشباب أنفسهم والأسر والمدارس والمجتمعات المحلية والمجتمع يعملون كلهم معاً

لِمن ؟

جميع الأطفال والشباب بغض النظر عن :

النوع الاجتماعي والأصل العرقي والثقافة والجنس والإعاقة/ عدم وجود إعاقة والظروف الاجتماعية

المنظورات الدولية

- العولمة وأثرها على مستقبل الأطفال والشباب
- اعتراف متزايد بالحاجة إلى تعليم الشخص بكليته
- قاعدة بحثية متزايدة حول كيفية تعلم الشباب
- التعليم المبني على المهارات الحياتية أولوية في أمريكا أوروبا ووسط آسيا

خامساً : النتاجات المحورية والعامة للمهارات الحياتية

محور الهوية

النتاج المحوري : الإيمان بهويته الوطنية والعربية والإسلامية من خلال الحس بالمسؤولية الاجتماعية لتحقيق المواطنة الصالحة.

النتاجات العامة :

- الإيمان بهويته الشخصية والوطنية .

- الأيمان بهويته العربية والإسلامية .

- الالتزام بعاداته وتقاليده وثقافته .
- إظهار الاهتمام بالثقافات الأخرى .
- احترام وتقدير المسؤولية المدنية والاجتماعية .

المحور : الصحة

النتاج المحوري : يتمتع الشباب بالصحة والسلامة ٠

النتاجات العامة

- يتقبل التغيرات النمائية ويتكيف معها في المراحل العمرية جميعها .
- يمارس عادات وسلوكات وقواعد غذائية سليمة .
- يعتني بصحته العقلية والجسمية والنفسية .
- يمارس النشاطات الحياتية بظروف آمنة .
- يحسن التعامل والتصرف في الظروف الصحية الطارئة .

المحور : العلاقات الشخصية والاجتماعية

النتاج المحوري : احترام الآخرين والتواصل معهم والتفاعل مع مجتمعه المحلي والعالمي لتحقيق الرفاه الإجتماعي

النتاجات العامة:

- استثمار إمكاناته وقدراته لخدمة مجتمعه ووطنه والعالم
- الالتزام بالتعليمات والأنظمة والقوانين الاجتماعية السائدة.
- تقدير دوره كعنصر فاعل في الحياة الاجتماعية.
- اكتساب القيم والمعايير السلوكية والاجتماعية السليمة
- اكتساب المهارات الملائمة لتحقيق التواصل الإجتماعي الفعال

-اكتساب القدرة على إعادة استخدام وتدوير بعض الخامات البيئية.

-المساهمة في حل بعض المشكلات البيئية

المحور: الاقتصاد التكنولوجيا

النتاج المحوري: توظيف تكنولوجيا الاتصال والمعلومات في سبيل تطوير الاقتصاد على المستويين الفردي والوطني.

النتاجات العامة:

١. 	تقدير أهمية اختيار المهنة المناسبة ودورها في تعزيز الاقتصاد الوطني.

٢. 	الاستخدام الأمثل لتكنولوجيا الاتصال والمعلومات في تنمية الاقتصاد الوطني.

٣. 	امتلاك مهارات واتجاهات ومعارف تسهم في بناء الاقتصاد الوطني ليصبح منافسا عالميا.

المحور: البيئة

النتاج المحوري: أن يكون الشباب أصدقاء للبيئة من خلال محافظتهم عليها وعلى ومصادرها

النتاجات العامة

● استثمار الموارد البيئية استثمارا امثل.

● اكتساب المهارات اللازمة للحد من مخاطر التلوث البيئي.

وفيما يلي نماذج لأنشطة مهارات حياتية (السيد، ٢٠٠٧)

سادساً: انشطة على المهارات الحياتية   (السيد ، ٢٠٠٧)

اسم النشاط : ها أنذا يا احبائي   الزمن المقرر : ٣٠ دقيقة   الصف: الرابع

الهدف من النشاط : تنمية شعور الأطفال بالانتماء الى المجتمع، وعلى إدراك ان الاختلاف ضروري.

المواد والأدوات اللازمة: ورقة لكل طفل، أقلام أو أقلام تلوين أو ألوان

آلية تنفيذ النشاط :

● أطلب من الأطفال، أن يجلسوا في دائرة

● يكتب كل طفل أسمه على ورقة.

● أطلب من الأطفال أن يزينوا أسماءهم باستخدام أقلام التلوين، وان يرسموا حولها بعضاً من أشيائهم المفضلة من لعب أو أماكن أو مواد غذائية أو غير ذلك.

● أن يعرض كل واحد منهم الأشياء التي يفضلها، وأن يوضح سبب تفضيله لها.

● وجه الأسئلة الواردة أدناه كطريقة لزيادة وعي الاطفال بأوجه التشابه والاختلاف فيما بينهم.

● اعرض جميع الأعمال في المدرسة تحت عنوان من قبيل " ها نحن ".

البدائل: يجلس الأطفال في أزواج وأطلب منهم ان يتحدث كل طفل مع زميل له عما يقوم به. وبعد بضعة دقائق يمكن لكل من الأطفال ان يعرض عمله على زوج آخر.

التقويم: من خلال الملاحظة لأداء الطلبة بموجب سلم تقدير، ومن خلال الأسئلة الآتية

● ماذا تعلمت من الاخرين ؟

● هل تعلمت شيئاً عن نفسك ؟

● ما هو شعورك وأنت ترى أسمك معروضاً أمام أعين الآخرين ؟

● هل كانت اشياؤنا المفضلة متماثلة أم مختلفة ؟

• كيف كانت ستبدو الحال لو كنا جميعاً متماثلين ؟

سلم تقدير لتقييم أداء الطلبة اثناء تنفيذ النشاط

الرقم	اسم الطالب	يزين اسمه بالتلوين ويقدمه بشكل مناسب	يرسم حول الاسم الاشياء التي يفضلها	يحدد اوجه الشبه والاختلاف بينه وبين	يستخدم التواصل اللفظي	يلتزم بالوقت
١						
٢						
٣						

د. مريم السيد

اسم النشاط: التعايش وحوار الأديان والثقافات **الزمن المقرر: ٤٠ دقيقة**
الصف: الخامس

الهدف من النشاط: مساعدة الأطفال على استشكاف أوجه الشبه الموجودة بين أطفال العالم، بغض النظر عن الجنسية أو الجنس أو الانتماء العرقي. تنمية شعور الاطفال بالانتماء إلى المجتمع وعلى إدراك إن الاختلاف ضروري، تنمية اتجاه الانفتاح على العالم لتبادل الخبرات، والتسامح تجاه الآخرين، واحترام حقوقهم.

المواد والأدوات اللازمة: صور لأطفال من منطقتك ومن شتى أنحاء العالم، بطاقات مكتوب عليها الآيات والأحاديث النبوية (يا أيها الناس إنا خلقناكم من ذكر وأنثى وجعلناكم شعوباً وقبائل لتعارفوا إن أكرمكم عند الله أتقاكم، ومن آياته اختلاف ألسنتكم وألوانكم، كلكم لآدم وآدم من تراب) أوراق، أقلام.

- **آلية تنفيذ النشاط :**
- تقسيم الطلبة الى مجموعات
- توزيع البطاقات المكتوب عليها الآيات والأحاديث النبوية الشريفة، ثم الصور.
- وجه الأسئلة الواردة أدناه لتنمية وعي الأطفال بأوجه التشابه والاختلاف بين الأطفال في الصور.
- إلى ماذا ترشد الايات الكريمة ؟
- ما هو معيار الأفضلية عند الله ؟
- إلى ماذا يشير زواج الرسول صلى الله عليه وسلم من أم المؤمنين مارية القبطية ؟
- هل أوجه الاختلاف أكثر من أوجه التشابه بين الناس في العالم ؟ أم العكس ؟
- هل تحلم بأن ترى الناس لا يتقاتلون، ومتحابين، يعطف بعضهم على بعض ؟
- ما هو الأكثر أهمية: الاختلافات بيننا في العادات والملابس واللغة وشكل الجسم، أم أوجه الشبه بيننا ؟ ولماذا ؟

التقويم : من خلال الملاحظة ومن خلال الأسئلة الواردة أعلاه

البدائل:

- تكليف الطلبة بإجراء حوار بين الأديان للوصول من خلاله الى الاتفاق على وحدانية الله وحسن التعامل والرفق بالعباد ونبذ العنصرية والإرهاب.
- تكليف الطلاب على تمثيل موقف بسيط يدل على أهمية كل لون وتأثيره وحكمة الله في ذلك مثال: الليل - أسود النهار - أبيض

سلم تقدير لتقييم أداء الطلبة اثناء تنفيذ النشاط

الرقم	اسم الطالب	يتحاور مع زملائه	يلتزم بتعليمات التمرين	يتعاون مع زملائه	يستخدم التواصل اللفظي	يقوم بدور فاعل داخل	يلتزم بالوقت
-١							
-٢							

د. مريم السيد

اوجة الشبه والاختلاف بين البشر

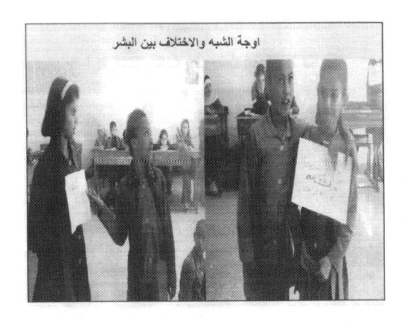

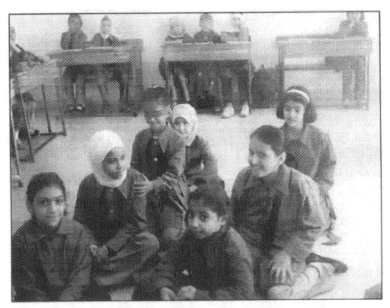

انا جعلناكم شعوباً وقبائل لتعارفوا
مصرية
اردنية
سورية
افريقيا

حوار الثقافات والأديان

اسم النشاط: دعوني أتكلم **الزمن المقرر:** ٣٠ دقيقة **الصف :** الرابع

الهدف من النشاط: تنمية وعي الطالب بحقوقه ومسؤولياته داخل الصف، تنمية الضبط الذاتي وروح الانتماء الى المدرسة، المساهمة في وضع دستور أخلاقي في المدرسة.

المواد والأدوات اللازمة: ورق عرض، لاصق، اقلام تخطيط، قائمة الحقوق والمسؤوليات في المدرسة.

آلية تنفيذ النشاط :

- أطلب من الأطفال أن يجلسوا على شكل مجموعات ونختار كل منها منسقاً.
- وزع على الطلاب قائمة الحقوق والمسؤوليات.
- اطلب من المجموعات تعبئة هذه القائمة من خلال المناقشة والحوار بالحقوق والمسؤوليات المترتبة عليها.
- تعرض المجموعات أعمالها.
- إجراء التصويت على كل حق ومسؤولية للوصول الى دستور مشترك يتفق عليه الصف.

البدائل: استضافة المرشد في المدرسة للحديث عن حقوق الطالب ومسؤولياته داخل الصف.

التقويم : من خلال الملاحظة ومن خلال الأسئلة الآتية :

- هل تعتقد ان المدرسة اعبترت ان من المهم اعداد قائمة بحقوق الاطفال ومسؤولياتهم؟
- تعتقد ان جميع الأطفال في صفك، يتمتعون بهذه الحقوق جميعها؟ إذا كان الجواب بلا، فلماذا لا يتمتعون بها جميعاً ؟
- هل يفي الأطفال بمسؤولياتهم ؟

- حدد واحداً أو اثنين من الحقوق الواردة في قائمة الحقوق والمسؤوليات في الصف ما الذي يمكن ان يحدث اذا انتزع ذلك الحق من طفل ؟
- ما الذي يمكن ان يقوم به معلموك أو والداك أو أنت نفسك أو زملاؤك في الصف، للتأكد من أن هذه الحقوق مكفولة لجميع الأطفال في الصف ؟

قائمة رصد لملاحظة أداء الطلبة في أثناء تنفيذ النشاط

الرقم	اسم الطالب	يصغي بفاعلية	يعرف حقوقه في الصف	يفي بالتزاماته في الصف	يلتزم بالوقت	يحترم الرأي الآخر	له حضور فاعل داخل المجموعة
-١							
-٢							
-٣							

ملاحظات : ✓ = نعم = ١   لا = X = ٠

د. مريم السيد

قائمة الحقوق والمسؤوليات في غرفة الصف

حقوقنا داخل غرفة الصف	مسؤولياتنا داخل غرفة الصف
أن يعاملنا المعلم بلطف	عدم تسبب الازعاج أثناء الحصة
بيئة صفية آمنة ومريحة	الاستماع لما يقوله الآخرون
مناقشة المعلم اثناء الحصة	إلقاء المهملات في أماكنها المخصصة
يصغي المعلم وزملاؤنا لنا	عدم إضاعة وقت الحصة
نتحاور فيما بيننا	عدم الإساءة للآخرين
	عدم مقاطعة الاخرين أثناء الكلام
	إتباع التعليمات
	الحرص على الدخول في الوقت المحدد لبدء الحصة
	عدم الرسم والكتابة على الجدران او الأثاث
	المحافظة على الأثاث من التلف
	عدم الدخول الى غرفة الصف بأحذية متسخة
	القيام بالعمل المخصص لنا
	عدم تشتيت انتباه الاخرين
	الاستماع للمعلم
	معاملة المعلم والزملاء بلطف

اسم النشاط: البطيخة والأخوة الثلاثة   الزمن المقرر: ٢٠ دقيقة   الصف: الرابع الأساسي

الهدف من النشاط: تحديد طرق لحل النزاع بطرق سليمة ، معرفة حقوق الأخرين

المواد والأدوات اللازمة: البطيخة والأخوة الثلاثة

آلية تنفيذ النشاط:

• إحكِ للأطفال القصة المرفقة.

• تشكيل مجموعات ثنائية ثم مجموعات مكونة من ٥-٦ أشخاص

• وجه الأسئلة الآتية لمساعدة الأطفال على التفكير في حلول سلمية لفض الصراع

  - كيف حدث هذا النزاع ؟ لماذا حدث ؟

  - ما هو شعور الشخصيات ؟

  - هل كانت النهاية سعيدة ؟

  - كيف كان يمكن منع هذا الصراع ؟

  - ما هي النهايات الأخرى التي يمكن أن تنجح بحيث يكون الأخوة الثلاثة راضين ؟

البدائل: تمثيلية

  - أطلب من الأطفال أن يقوموا بتمثيل الموقف

  - يمكن للأطفال ان يلعبوا أدوار أربع شخصيات: الأخوة الثلاثة والأب.

  - أوقف عملية تمثيل الأدوار عند الحصول الى نقطة نزاع. أطلب من الاطفال ان يقدموا مقترحات بشأن ما يمكن أن يحدث بعد ذلك، وعندئذ يختار اللاعبون واحداً من تلك المقترحات ويستخدمونه لإنهاء عملية تمثيل الأدوار.

التقويم: من خلال ملاحظة أداء الطلبة والإجابة عن الأسئلة أعلاه بواسطة القلم والورقة

قائمة رصد لملاحظة أداء الطلبة في أثناء مهارة حل النزاع

الرقم	اسم الطالب	يصغي بفاعلية	يقدم القضية بفاعلية	يضع حلولا ومقترحات واقعية	يلتزم بالوقت	يحترم الرأي الآخر	له حضور فاعل
١-							
٢-							
٣-							

ملاحظات :

✓ = نعم = ١

لا = X = ٠

د. مريم السيد

قصة البطيخة

قصة البطيخة والأخوة الثلاثة (سفيان ، وعادل وجمال)

جاء فصل الصيف وبدأ موسم البطيخ واشترى أبو سفيان لأسرته بطيخة حيث طلب سفيان أن يأكل لبها وعادل يأكل بذورها، أما جمال فقد طلب ان يبقى هيكل البطيخة كما هو دون أن يجرح جدارها لأنه يريد أن يصنع بها فانوساً، واحتد النقاش بين الأخوة الثلاثة فقام الأب وحرمهم من البطيخة وريثما يتسنى له أن يشتري ثلاث بطيخات.

الطرق الأربعة التي يمكن بها حل النزاع

- الطرفان فائزان: كل طرف (شخص) سعيد ويحصل على ما يريد.

- طرف فائز وطرف خاسر: أحد الطرفين لا يحقق ما يريد، وهو غير سعيد.

- طرف خاسر وطرف فائز: الطرف الآخر لا يحصل على ما يريد، وهو غير سعيد.

- الطرفان خاسران: كل طرف يهدر وقته في الجدل، ولا يحقق أحد ما يريد.

اسم النشاط: لا للعنف   الزمن المقرر: ٢٠ دقيقة   الصف: الخامس الأساسي

الهدف من النشاط: التعاطف مع الآخرين الذين يتعرضون للعنف، يبادر منفرداً ومع الآخرين لمساعدة المعنفين، يبادر الى العمل مع الآخرين لمنع وقوع العنف، التعبير عن المشاعر والأفكار.

المواد والأدوات اللازمة: قصاصات لرسومات من الصحف والمجلات ومن القصص المصورة والاعلانات التي لها صلة بموضوع (العنف).

آلية تنفيذ النشاط:

- تشكيل مجموعة مكونة من ٥-٦ أشخاص.

- اطلب من الطلبة جمع قصاصات لرسومات من الصحف والمجلات ومن القصص المصورة والاعلانات التي لها صلة بموضوع (العنف).

- اطلب من الطلاب تحديد عدد حوادث العنف التي ترد في الرسومات والقصص المصورة في أسبوع واحد.

- أطلب من الطلاب مناقشتها في مجموعات، ثم الإجابة عن الأسئلة التالية:

– ما هو أول رد فعل عاطفي لك؟

– ما هي الرسالة المطلوب توصيلها من خلال الرسوم المتحركة او القصص المصورة؟

– هل اتسمت الصور بالفعالية في عرضها للقصة، وهل تعبر عن وجهة النظر المقصودة وتجعل الناس يفكرون في موضوع العنف وأسبابه ووسائل التخلص منه؟

– هل تنتقد الرسومات المتحركة او القصص المصورة فكرة العنف أو مجموعة معينة من الأشخاص؟

– هل تتضمن الرسومات او القصص المصورة أفكاراً نمطية ومتحيزة تجاه فئة معينة من الناس من قبيل الجماعات العرقية أو اللاجئين أو الأشخاص المعوقين؟

- هل الرسومات أو القصص جادة أم فكاهة أم تهكمية؟ كيف يسهم هذا في توصيل الرسالة؟

البدائل: ويمكن ان تستخدم الرسومات المتحركة التي يرسمها الطلاب أنفسهم كطريقة لتعريف الطلبة بموضوع العنف ، أو يمكن إقامة معرض للصور التي تمثل العنف ومظاهره.

التقويم: من خلال الملاحظة والإجابة عن الأسئلة أعلاه بواسطة القلم والورقة وسلم التقدير الرقمي

قائمة رصد لملاحظة أداء الطلبة في أثناء مهارة منع وقوع العنف

الرقم	اسم الطالب	يصغي بفاعلية	يفهم أسباب العنف	يتعاطف مع الآخرين	يلتزم بالوقت	يحترم الرأي الآخر	له حضور فاعل داخل	يعمل مع الآخرين لمنع العنف
-١								
-٢								
-٣								

ملاحظات :

✓ = نعم = ١

لا = X = ٠

د. مريم السيد

اسم النشاط: هدية ريم وخليل **الزمن المقرر:** ٢٠ دقيقة **الصف:** الخامس

الهدف من النشاط: تحديد طرق حل النزاع، معرفة حقوق الآخرين، حل النزاع بطرق سليمة

المواد والأدوات اللازمة: قصة (هدية ريم خليل)

آلية تنفيذ النشاط:

- احك للأطفال القصة المرفقة.
- تشكيل مجموعات ثنائية ثم مجموعات مكونة من ٥-٦ أشخاص
- اطلب من المجموعات الاجابة عن الأسئلة الورادة في الورقة المرفقة لإتاحة الفرصة للأطفال بالتفكير في حلول سليمة لفض الصراع.
- اعرض الطرق الأربعة لحل النزاع وهي:

الطرق الأربعة التي يمكن بها حل النزاع

- الطرفان فائزان: كل طرف (شخص) سعيد ويحصل على ما يريد.
- طرف فائز وطرف خاسر: أحد الطرفين لا يحقق ما يريد، وهو غير سعيد.
- طرف خاسر وطرف فائز: الطرف الآخر لا يحصل على ما يريد، وهو غير سعيد.
- الطرفان خاسران: كل طرف يهدر وقته في الجدل، ولا يحقق احد ما يريد.

البدائل : تمثيلية

- أطلب من الأطفال ان يقوموا بتمثيل الموقف.
- يمكن للأطفال ان يلعبوا أربع شخصيات: خليل ، وريم ، والأب والأم.
- اوقف عملية تمثيل الأدوار عند الوصول الى نقطة نزاع. أطلب من الأطفال أن يقدموا مقترحات بشأن ما يمكن أن يحدث بعد ذلك، وعندئذ، يختار اللاعبون واحداً من تلك المقترحات ويستخدمونه لإنهاء عملية تمثيل الأدوار.

التقويم : من خلال والإجابة عن الأسئلة أعلاه بواسطة القلم والورقة والملاحظة

قائمة رصد لملاحظة أداء الطلبة في أثناء مهارة حل النزاع

الرقم	اسم الطالب	يصغي بفاعلية	يقدم القضية بفاعلية	يضع حلولاً ومقترحات واقعية	يلتزم بالوقت	يحترم الرأي الآخر	له حضور فاعل
١-							
٢-							
٣-							

ملاحظات:

✓ = نعم = ١   لا = X = ٠

د. مريم السيد

قصة ريم وخليل

ريم وخليل أخوان توأمان وفي يوم عيد ميلادهما اشترى والدهما لكل منهما هدية لطيفة. فقد حصل خليل على ربابة، وكان سعيداً بها، فبدأ العزف عليها فوراً. وكانت ريم سعيدة ايضاً حصلت على دف، وبدأت النقر عليه أيضاً. في البداية كان ريم وخليل سعيدين للغاية لأن كلاً منهما حصل على هديته التي يحبها، وأمكن له أن يعزف على آلته في وقت واحد. غير انهما، بعد فترة قصيرة، وجدا أنهما لا يستطيعان التركيز إذا ظلا يعزفان معاً. فتوقفت ريم عن العزف، وطلبت من خليل ان يتوقف هو الآخر عن العزف فترة قصيرة، لإتاحة المجال لها كي تعزف بمفردها. فقال خليل ان عزفها لم يضايقه، وأنه لا يريد ان يتوقف. غضبت ريم لدرجة انها بدأت العزف بصوت مرتفع، وعندئذ حاول خليل أن يعزف بصوت أعلى. وبدأ الشقيقان بالتنافس، ولأنهما تسببا في مثل ذلك الصخب والإزعاج، حضر والدهما الى الغرفة وأخذ منهما الآلتين الموسيقيتين.

الأسئلة:

- كيف حدث هذا النزاع ؟   لماذا حدث ؟   - ما هو شعور الشخصيات ؟

- هل كانت النهاية سعيدة ؟   - كيف كان يمكن منع هذا الصراع ؟

- ما هي النهايات الأخرى التي كان يمكن ان تنجح ؟

- من هم الأشخاص الذين تجاهل ريم وخليل حقوقهم؟

سلم تقدير لفظي مقترح لتقويم مهارة الطلاب في حل المشكلات (Rubric)

المعيار ومؤشرات الأداء	ضعيف في حل المشكلة	مبتدىء في حل المشكلة	مؤهل لحل المشكلة	خبير في حل المشكلة
طريقة العمل حدد العمل المطلوب	لا يستطيع تحديد العمل المطلوب	يجد صعوبة في فهم المطلوب والتركيز في العمل ويحتاج لشرح اكثر	يستطيع التركيز في العمل وقد يحتاج للإشراف في بعض الأحيان	يستطيع العمل بمفرده ولا يحتاج للمراقبة والإشراف
تعريف المشكلة حدد المشكلة حدد المهام والأدوار	لا يستطيع تحديد المشكلة او المهام أو الأدوار، وهو محدود الرؤية	يجد صعوبة في تحديد المشكلة والأدوار ويجد صعوبة في التفريق ما بين المشكلة والمهام	يحدد المشكلة والمهام المطلوبة، يعرف الأدوار للأشخاص ويحللها	يحدد المشكلة بوضوح وكذلك المهام، يعرف جميع الأدوار للأشخاص ويحللها
الاتصال التقديم العرض	لا يستطيع الاتصال مع الآخرين ولا يستطيع إيصال أفكار	يحاول المشاركة مع الآخرين بآرائه ولكن طريقة عرضه وتقديمه غير واضحة	طريقة التقديم والعرض واضحة وممتعة ومترابطة ويستطيع الدفاع عن وجهة نظره وعن أفكاره	طريقة التقديم والعرض مميزة عن الآخرين منظمة ومرتبة جيداً ويستخدم مصادر مختلفة أثناء العرض
البيانات جمع البيانات حلل البيانات	لا يستطيع جمع البيانات	يستطيع جمع البيانات ولكنها غير مناسبة وغير دقيقة وغير صحيحة	يجمع البيانات الخام وينظمها ويترجمها حسب المطلوب	يجمع البيانات الصحيحة وينظمها ببراعة ويترجمها بدقة وبراعة حسب المطلوب
إتخاذ القرار	لا يعطي قرارات	يعطي قرارات ولكنها غير متعلقة بالبيانات التي جمعها	يعطي قرارات مناسبة للبيانات ويحاول وضع الحلول وتطويرها معتمداً على البيانات	يعطي قرارات باستقلالية تامة ويضع الحلول ومن ثم يعمل دائماً على تطويرها

الفصل الحادي عشر
التربية الشاملة

أولا : مناهج التربية الشاملة

ثانيا : خصائص برنامج التربية الشاملة

ثالثا : نشاطات التربية الشاملة : تصميمها

رابعا : نماذج من أنشطة التربية الشاملة .

الفصل الحادي عشر
التربية الشاملة

مقدمة

بدأت وزارة التربية والتعليم منذ منتصف العام الدراسي ١٩٩٣/٩٢، بالتعاون مع منظمة اليونيسيف، بتطبيق برنامج التربية الشاملة، وذلك في إطار توجهها نحو إدخال البرامج التجديدية ذات النوعية الفائقة إلى مدارسها بغية تطوير التعلم و التعليم فيها . وقد قامت المديرية العامة للتدريب التربوي التي تولت الإشراف على البرنامج، بالتعاون مع اليونيسيف ، في تشكيل لجان فنية لمباحث اللغة العربية، والتربية الإسلامية، والرياضيات، والعلوم، والتربية الاجتماعية والوطنية والتربية المهنية، وذلك من اجل تصميم نشاطات تعليمية للطلبة في صفوف التعليم الأساسي : من الرابع إلى السابع مرتبطة ارتباطا وثيقا بمناهج المباحث المدرسية المشار إليها

ومنذ البدء بتطبيق البرنامج، اهتمت الوزارة ومنظمة اليونيسيف بتقويم النشاطات التعليمية التي أعدتها، و دربت المعلمين المشاركين على استخدامها وتابعتهم في تنفيذهم لها، من حيث آثارها على الطلبة والمعلمين المشاركين، و البيئة التعليمية الصفية، مستخدمة في ذلك طرقا وأدوات تقويمية مختلفة . وفي كل مرة (فصل دراسي) تم فيه التقويم، كانت "النشاطات التعلمية " تطور في إعدادها ومضمونها وطريقة تنفيذها، حتى وصلت إلى المستوى الذي هي عليه في هذا الدليل : ويعني ذلك أن النشاطات التي يشتمل عليها هذا الدليل بلغت مستوى الكمال، وكل ما يمكن قوله بصدق في هذا الصدد أنها نشاطات ناجحة، بمعنى أن الطلبة أحبوها وانهمكوا في العمل فيها، وأن المعلمين رضوا عنها وأحسوا بحماسة الطلبة لها ولمسوا آثارها الإيجابية على تعلم الطلبة: مضموناً وطريقة.(وزارة التربية والتعليم،١٩٩٩)

أولا : برنامج التربية الشاملة: ما هو وما أهميته ؟

إن برنامج التربية الشاملة الذي تبنته الوزارة يستهدف غايتين أساسيتين : الأولى توسيع المناهج المدرسية وإغناؤها من حيث مضمونها، وتحقيق نقلة نوعية في التعلم والتعليم الصفيين عن طريق تغيير بيئة التعلم من بيئة مقيدة إلى بيئة شبه مفتوحة أو مفتوحة.

ويقصد بتوسيع محتوى المناهج المدرسية: توفير أنواع من الخبرات التعلمية للطلبة قلّما توفرها المناهج المدرسية. فالمناهج المدرسية للمباحث تختار في المقام الأول لأهميتها الأكاديمية للمباحث المدرسية، وقد تتناول تطبيقات حياتية لها في أحسن الأحوال.

إن برنامج التربية الشاملة، من حيث مضمونه وأهدافه، يعمل على مدّ المناهج المدرسية إلى ما هو أبعد من مجرد اكتساب المعارف والمهارات والإشارة إلى بعض تطبيقاتها الحياتية، نحو تمكين الطلبة إلى التفكير في ماضيهم وحاضرهم، بغية بناء مستقبل أفضل، وذلك عن طريق تقديم " خبرات حقيقية " مثيرة وممتعة لهم. وسوف نتحدث عن ذلك بالتفصيل وبضرب الأمثلة عن هذه الخبرات الحقيقية .

أمّا الغاية الثانية التي يستهدفها برنامج التربية الشاملة، وهي تغير البيئة الصفية لتحقيق نقلة نوعية في التعلم و التعليم الصفيين، فهي لا تقل في أهميتها عن الغاية الأولى، و هي ترتبط معها ارتباط وثيقا، ولا يمكن فصلها عنها.

أن الطريقة التي تغلب على المعلمين في تعليمهم هي تقديم المعلومات أولا بأول ثم شرحها و توضيحها بالاستعانة بالوسائل التعليمية وأحيانا بالنشاطات ثم تدريب الطلبة على استخدامها، وقد يتخلل ذلك بعض الأسئلة لتثبيت المعلومات أو إعادة توضيحها. وفي هذه الطريقة، كما تلحظ ، ينصب اهتمام المعلمين على حسن نقل المعلومات و توصيلها للطلبة، وإذا راقبنا تعلم الطلبة في هذه الطريقة، وجدنا أنهم غالبا ما يكونون في دور المتلقي، همّهم أن يمتصوا المعلومات التي شرحت لهم، حتى إذا سئلوا عنها أعادوها على النحو الذي تعلموه دون إضافة كبيرة، ووجدنا أيضا أنهم بوجه عام لا يبدون حماسة كثيرة لما يتعلمونه، حتى إن بعضهم يعدّ التعلم عبئا ثقيلا، ولعلك ترى أن هذا الجو التعليمي الذي يسيطر عليه المعلم وينكمش فيه الطالب يولد الكثير من المشكلات التي تتعلق بانضباط الطلبة داخل الصف

والتي تستنزف جهدا غير قليل من جانب المعلم، و تبدّد جزءا غير يسير من زمن التعلم.

أن التربية الشاملة هي أحد المداخل التعليمية التي توفر طرقاً وأساليب ناجحة لتعلم الطلبة. وفي هذه الطرق والأساليب ينهمك الطلبة في التعلم ويعلو صوتهم فيه، منطلقين في ذلك من خبراتهم الحياتية ومفاهيمهم، فيستقصون، ويتحاورون، ويولدون من حوارهم واستقصائهم أفكارا جديدة، يعبرون عنها بطرق شتى مع أساليبهم المفضلة في التعبير، ويناقشون تضميناتها على سلوكهم و تصرفاتهم .

وسنرى لنشاطات التربية الشاملة طرقا وأساليب تعليمية جديدة كتعلم الأقران، والتعلم التعاوني، وتحليل الحالة والمحاكاة وتمثيل الأدوار، والتخيّل، والتفاعل اللالفظي. وحل المشكلة وحل الخلافات، وتوضيح القيم وما إلى ذلك. وهذا التنوّع في الطرق من شأنه أن يلبّي التنوّع في الأساليب التعليمية للطلبة وأن يسهل لهم النمو في ذكاءاتهم المتعددة بحسب تعبير غاردنز.

ثانيا : إنّ الغرض الأبعد للتربية الشاملة هو تكوين أفراد ذوي فاعلية فردية واجتماعية، يؤمنون بأن في قدرتهم تغيير واقعهم وواقع العالم الذي يعشون فيه، إلى واقع تسوده المساواة والعدالة والحرية والمسؤولية الاجتماعية، وينتفي منه الظلم وقمع الحريات ومسخ الإنسانية والتعدّي على حقوقه والتحيز والتعصب واللامبالاة، وعليه فإنّ التربية الشاملة هي تربية من أجل إعادة البناء، قوامها الأمل في القدرة على تحرير الإنسان من العوائق الفكرية والاجتماعية والاقتصادية والسياسية والثقافية التي تحول بينه وبين توجهه نحو العمل على التغيير، مهما يكن هذا العمل صغيرا، إما بمفرده وإما عن طريق ضمّ جهوده إلى جهود الآخرين، وذلك على الصعد المحلية والوطنية والقومية وحتى العالمية، ملتزما في سعيه إلى التغيير بالحوار وببناء الإجماع، مبتعدا عن العنف و الإكراه.

ثالثا: أسهمت أربعة تيارات فكرية معاصرة في تشكيل مفهوم التربية الشاملة على النحو الذي يطرح في بعض المراكز التربوية العالمية وبعض المؤسسات والجمعيات غير الحكومية في عدد من البلدان في العالم، وهذه التيارات هي بإيجاز كما يلي :

١.النظرة العضوية الكلية للعالم الذي نعيش فيه

هذه النظرة التي ترى أن ما حدث في أي مكان في العالم إنّما يؤثر في الأمكنة الأخرى، وحتى البعيدة كثيرا عن مكان الحادث. ولعل هذه النظرية تتضح، أكثر ما تتضح، في التغييرات البيئية التي تحدث في الكوكب الذي نعيش عليه، فأي تغير بيئي في أي مكان في الكوكب يولد تغيرات كثيرة في أماكن مختلفة فيه، وذلك أن كوكب الأرض نظام بيئي (ايكولوجي) كبير، ترتبط عناصره والعمليات التي تجري فيه معا ارتباط عضويا.

٢. النظرة النقدية للتربية

ومع أن ثمة اتجاهات متباينة بعض الشيء داخل هذه النظرة، إلا أن الاتجاه الذي يمثله باولو فريدي هو على الأغلب، الاتجاه الذي تأخذ به التربية الشاملة. وهذا الاتجاه يدعو إلى أن توجه التربية نحو توليد الوعي عند الأفراد للواقع البائس الذي استسلموا له واعتبروه قدرا محتوما، حتى ضللهم وأوقعهم في الوهم، وسلبهم القدرة على العمل، وهو تحريكهم إلى العمل المستنير بهذا الوعي لإشادة واقع أفضل.

٣. النظرة التكوينية للمعرفة

وفق هذه النظرة فإنّ المعرفة التي نملكها عن الأشياء والحوادث والظواهر إنّما هي حصيلة استقصاء وإجماع بين منتجي هذه المعرفة، تعبّر عن مصالحهم ورؤيتهم لها، ولا تعكس بأي حال من الأحوال " حقيقة " هذه الأشياء والحوادث والظواهر. إن الزعم بوجود معرفة موضوعية صحيحة هو من قبيل الوهم، فالمعرفة دائما نسبية، تتولد بالاستقصاء و الحوار في سياق اجتماعي.

٤. النظرة إلى التغيير

هذه النظرة التي ترى أن التغيير لا يفرض من الخارج وإنما هو في حقيقته فعل داخلي. يكون لدى الأفراد والجماعات. وعليه فإنّ تغيير الأفراد يتطلب التصدّي لمعتقداتهم ومفاهيمهم، وإظهار قصورها وعجزها، وطرح أبدال أكثر معقولية منها، أي أنه بإيجاز تغيير مفاهيمي أولا ثم تطوير للمفهومات و المعتقدات الجديدة ثانيا.

وهذه القيادات الفكرية الأربعة هي التي تجعل من التربية الشاملة ذات طابع عالمي. ولكن ذلك لا يعني، بأي حال من الأحوال، إلغاء الطابع الوطني والقومي للتربية. وبالفعل، فإنّ برنامج التربية الشاملة الذي تبنته وزارة التربية والتعليم يكرس الطابع الوطني والقومي للتربية دون إغفال الطابع العالمي، وهذا التوجه لبرنامج التربية الشاملة يأتي وفق الأسس والمنطلقات للتربية في الأردن التي وردت في قانون التربية والتعليم رقم (٣) لعام ١٩٩٤ ووفق الخطوط العريضة لمناهج التعليم المطبقة حاليا .

رابعا: إن برنامج التربية الشاملة يتفق مع اتجاهات التطوير التربوي التي نادى بها المؤتمر الوطني الأول للتطوير التربوي فقد تبنى جملة من الاتجاهات لتطوير التعليم المدرسي، ومن أهمها :

◆ ربط التعليم المدرسي بالحياة وبالعمل، وذلك عن طريق تضمين مناهج هذا التعليم بمشكلات وقضايا مجتمعية وحياتية واستخدام المناحي المنهجية الملائمة في التعامل معها.

◆ توجيه التعليم المدرسي نحو تنمية المهارات والأساليب والاستراتيجيات التفكيرية بما في ذلك القدرة على حل المشكلة وصنع القرار والتفكير التحليلي والتفكير الإبداعي.

◆ تنويع طرق التعليم المدرسي على نحو يقر بالفوارق الفردية بين الطلبة ويراعيها وذلك عن طريق إدخال التعلم وتقنياته ووسائله.

فمن ناحية، يقر برنامج التربية الشاملة بأن الطلبة في كل صفوف التعليم الأساسي يتباينون في أساليب تعلمهم (أي في نوع المثيرات أو المعلومات التي يفضلون استقبالها وفي كيفية تعاملهم أو معالجتهم لها)، وينطلق من ذلك، فيقدم نشاطات متنوعة تقتضيـ استخدام أساليب وطرق في تنفيذها تتطابق إلى حد كبير مع التنوّع في الأساليب التعلمية للطلبة.

ومن ناحية ثانية، يعتمد البرنامج في كل نشاطاته تقريبا الاستقصاء والحوار بين الطلبة في مجموعات صغيرة أو في مستوى الصف كله إستراتيجية أساسية لتوليد الأفكار وتقويمها والبحث في النتائج والأخذ بها على سلوكهم ومواقفهم، إذ يؤمن البرنامج أن

المعرفة هي ثمرة التفاعل والتشارك بين الطلبة الذين ينهمكون في العمل على مهمات تعليمية حيوية، وممتعة.

ومن ناحية ثالثة يعنى برنامج التربية الشاملة بتصميم نشاطات تعليمية مستمدة من الحياة، تتناول مشكلات وقضايا وهموما تمس حياة الطلبة بشكل مباشر، وتتطلب منهم أن يفكروا فيها وفي الأسباب التي أدّت إليها والنتائج التي قد تفضي إليها، وتدعوهم بعد ذلك إلى اتخاذ موقف منها والمبادرة إلى عمل شيء ما نحوها.(الشيخ،١٩٩٩)

ثانياً : خصائص نشاطات التربية الشاملة

مما سبق لاحظنا سمة الخصائص التي تتميز بها نشاطات التربية الشاملة وهي :

١. وثاقة صلة النشاطات بمناهج المباحث المدرسية

فقد روعي في تصميم النشاطات للمباحث المدرسية المشمولة بالدليل أن ترتبط ارتباطا وثيقا بالأفكار الأساسية التي اشتملت عليها الوحدات الدراسية المقررة لمناهج هذه المباحث. وقد أخذ هذا الارتباط أشكالا عدة، فبعض هذه النشاطات صمّم ليكون تمهيداً لدرس من الدروس المقررة، أو مدخلا لوحدة من الوحدات، وبعضها صمّم ليتخلل درسا أو عددا من الدروس أو وحدة من الوحدات، في حين أن البعض الآخر صمّم ليكون خاتمة لعدد من الدروس أو وحدة من الوحدات، بقصد مساعدة الطلبة على لملمة ما تعلموه وتحقيق التكامل بين عناصره المختلفة .

٢. اشتملت النشاطات على مفاهيم التربية الشاملة واستراتيجياتها

فكل نشاط من نشاطات التربية الشاملة مرتبط إما بموضوع من موضوعات التربية الشاملة أو عملية من عملياتها، أو بكليهما معا، فمثلا قد يدور النشاط على موضوع من موضوعات التربية أو البيئة السكانية أو حقوق الإنسان (حقوق الطفل والمرأة) أو التعصب والتحيز أو التسامح الفكري أو العنف أو الفقر أو المساواة والعدالة الاجتماعية أو العلاقات بين الأفراد والشعوب والأمم أو ما إلى ذلك. وقد يدور النشاط على عملية كالتفكير المستقبلي والتفكير القيمي وصنع القرار والتفكير النظامي وحل المشكلات وعصف الفكر والاستماع النشط واتخاذ المنظور الفكري والمحاكاة ولعب .

واقعية النشاطات

يتضمن كل نشاط " مهمة تعلمية محددة للطلبة "، وقد اختيرت المهمّة التعلميّة وفق المعايير التالية:

أ- يجب أن تبنى المهمة على خيارات الطلبة، وأن تنطلق منها، بحيث يتمكن الطلبة، في ضوء خبراتهم، من العمل على المهمة بنجاح دون كثير اعتماد على المعلم. ويعبّر عن هذا المعيار عادة بالقول: إنّ المهمة يجب أن تقع في منطقة مستوى نماء الطلبة، فلا تبتعد عنه كثيرا بحيث يعجز الطلبة على إنجازها، مهما بذلوا من جهد في ذلك، ولا تتطابق معه، فتغدو لا تشكل تحديا للطلبة يستثير همتهم و يحفزهم إلى ذلك الجهد.

ب- يجب أن تكون المهمة " حقيقية " تتصل بواقع الطلبة اتصالا " حقيقيا " غير مفتعل، وحتى تكون كذلك فلا بد أن تتناول اهتماما من اهتمامات الطلبة، مما يجعل المهمة مثيرة وممتعة ومتجددة لهم .

ج- يجب أن تكون المهمة مفتوحة وغير مغلقة، ويعني ذلك أولا : أن المهمة المختارة يجب أن تسمح بتعددية الحلول والاستجابات لا بحل واحد أو إجابة واحدة محددة، وثانيا : أن المهمة يجب أن تقود إلى خبرات جديدة (أي إلى استكشافات وتنبؤات جديدة).

٣. **المواءمة بين النشاطات والأساليب المتعلمة**

وحتى ينشدّ الطلبة إلى المهمات التعليمية التي تتضمنها النشاطات وينهمكوا في العمل على إنجازها، فمن الضروري أن " تخاطب " هذه المهمات أساليبهم التعلمية، فلا تركز على أسلوب تعلمي معين دون غيره، الأمر الذي يجعل بعض الطلبة لا يقبلون على المهمات ولا يبذلون ما تتطلبه من جهد عاطفي وفكري.

ويشير مفهوم " الأسلوب التعليمي " إلى تفضيلات المتعلم في إدراك المثيرات (المعلومات) في بيئته وكيفية التعامل معها. والأسلوب التعلمي سلوك عقلي ونفسي- يتسم بالاستقرار النسبي ويميز الفرد المتعلم من غيره من الأفراد ويحدد قدرته على التكيف مع البيئة بمظاهرها المختلفة .

أن الطلبة يختلفون في حاجتهم التعلمية الاجتماعية، فبعضهم يفضل العمل على المهمة التعليمية بمفرده، وبعضهم يفضل العمل مع الآخرين (مع زميل أو فريق)، وبعضهم يفضل العمل مستقلا عن المعلم، وبعضهم لا يستطيع أن يعمل إلا معتمدا على المعلم.

أن الطلبة يختلفون في نوع المثيرات (المعلومات) التي يفضلونها، فبعضهم يفضل أن يدرك الأشياء سمعيا، وبعضهم يحب أن يتعلم عن طريق الصورة، في حين أن بعضهم يحب أن يلمس الأشياء بيديه وأن يجمعها حتى يفهمها، وأن بعضهم الآخر يحب أن يمثل المعلومات ببعض بدنه أو كله حتى يستوعبها .

إن الطلبة يختلفون في انفعالاتهم (عاطفياتهم)، فبعضهم يقبل بحماسة على بعض الموضوعات في حين ينفر منها بعضهم الآخر، وبعضهم يثابر على المهمة في حين أن بعضهم الآخر يتوقف عنها إذا ما واجهته عقبة أو صعوبة، وبعضهم يفضل أن يتعلم الأشياء خطوة خطوة وعلى نحو منظم، في حين يفضل بعضهم الآخر تنظيما تعلميا أقل إحكاما .

وهذه الاختلافات بين الطلبة في تفضيلاتهم التعلمية هي التي يعبّر عنها بالأساليب التعلمية وإذا كانت هذه الاختلافات قائمة، وهي قائمة بالفعل كما تؤكد ذلك الكثير من الدراسات والبحوث التربوية ذات العلاقة، فلا يعقل أن تخاطب النشاطات بعض الطلبة لأنها تتجاوب مع أساليبهم التعلمية غير عابئة بطلبة آخرين لهم أساليب تعلمية تغاير الأساليب التي تتضمنها النشاطات.

ويفضل بعض المختصين التربويين أن يتحدثوا عن الذكاءات المتعددة بدلا من الأساليب التعلمية، وهذان المفهومان مختلفان، مع أن بينهما بعض الترابط .

وإذا ما تم استخدام الذكاءات المتعددة، فيمكن أن نعبّر عن هذه الميزة لنشاطات التربية الشاملة بقولك إنّ النشاطات يجب أن " تخاطب " الذكاءات المتعددة للطلبة، فلا تقتصر على الذكاءين اللذين تعمل المدرسة عادة على تنميتها : الذكاء اللغوي، والذكاء الرياضي العلمي، بل تتعدى ذلك إلى تنمية الأنواع الأخرى من الذكاء التي عدّدها وحدّدها غاردنر صاحب هذه النظرية وهي :

الـذكاء الحسي- الحـركي، الـذكاء المكـاني/ البصـري، الـذكاء الموسـيقي، الـذكاء الاجتماعـي (البيشخصي)، والذكاء الذاتي و الذكاء العادي Informal.

٥. دوران النشاطات على الاستقصاء في سياق اجتماعي

أن كل نشاط يتضـمن مهمـة تعلمية، وأن إنجـاز المهمـة التعلميـة بنجـاح يتطلـب مـن الطلبة أن يمارسوا الاستقصاء وفق أساليبهم التعلمية المفضلة. ونقصد بالاستقصاء هنا أن على الطلبة الذين يتعاملوا مع المهمة التعلمية بنجاح أن يفكروا في المطلوب منهم في المهمـة، وأن يحللوا المعلومات (المعطيات) التـي تشـتمل عليهـا، وأن يسـتدعوا الخـبرات الملائمـة في ضـوء المعطيات والمطلوب في المهمة، وأن يتوصلوا من ذلك كله، وفق أساليبهم التعلمية، وذلك مـن خلال العمل كفريق ، أو مشروعات ، أو عمل زوجي .

٦. توجيه النشاطات إلى العمل

وحتى تحقق النشاطات الغايـة المرجـوة منهـا يجـب أن تقـود الطلبـة إلى التفكـير فـيما تعلموه منها، من حيث ما تضيفه على وعيهم فكرا وشعورا، وسلوكهم وتصرفاتهم. ويجـب أن يتيح النشاط الفرصـة للطلبـة في أن يتـأملوا في مـا يفرضـه مـا تعلمـوه مـن النشـاطات عـلى مواقفهم وسلوكهم، وبذلك يتحقق الـربط بـين المعرفـة والواقـع، وتـزول الهـوّة بـين النظريـة والتطبيق، وتصبح المعرفة ليست مجرد حلية يتزيّن بهـا الطلبـة بـل أداة للتغـير والتقـدم. إنّ برنامج التربية الشاملة هو إحدى الوسـائل التـي اسـتخدمتها الـوزارة لتحقيـق الشـعار الـذي طرحته في مؤتمر التطوير التربوي : ((ربط المعرفة بالواقع)) أو ((الربط بين النظرية والواقع)) أو ((ترجمة المعرفة إلى سلوك)).

إنّ هذه الخصائص هي التي تميز النشاطات في هذا الـدليل مـن غيرهـا مـن النشـاطات. وهذا القول لا يعني أن كل نشاط منها تتوافر فيـه كـل هـذه الخصـائص، فهـذه الخصـائص تتوافر في النشاطات إذا نظرنا إليها في جملتها.

ثالثاً : نشاطات التربية الشاملة: تصميمها

يتكون كل نشاط من نشاطات التربية الشاملة من العناصر التالية :

١. عنوان النشاط

وقد اختير العنوان ليعبّر في الأغلب عن نوع المهمة التعلمية التي يتضمّنها النشاط، وليكون جذابا للطلبة.

٢. أهداف النشاط

وقد اشتمل كل نشاط على فئتين من الأهداف : فئة الأهداف " الأكاديمية "، أي أهداف الدرس أو جزء الوحدة الذي يتعلق بها النشاط والتي تشتمل عليها وثيقة المناهج المقررة للمبحث المدرسي المعني ولكل صف من صفوف التعليم الأساسي، وتدور هذه الفئة من الأهداف عادة على تمثل الطلبة لعنصر معرفي محدد أو أكثر أو لمهارة معينة أو أكثر؛وفئة الأهداف المتصلة بالتربية الشاملة، وهي الأهداف التي تتناول موضوعا من موضوعات التربية الشاملة أو عملية من عملياتها.

٣. مواد وأدوات النشاط

وتشتمل أولا على (ورقة عمل الطالب) التي تحدّد بوضوح المهمة التعلمية التي على الطالب إنجازها أي على العمل الفردي والجماعي اللذين ينبغي على الطالب أن يقوم بهما لإنجاز هذه المهمة، وثانيا على الأدوات والمواد الأخرى التي يحتاجها الطالب للقيام بالأعمال التي يقتضيها إنجاز المهمة من مثل نص مكتوب أو مجموعة من الرسوم والصور ومقصات وأوراق كرتون وأقلام ملوّنة وما إلى ذلك. وتعتبر ورقة عمل الطالب الجزء الأهم في النشاط.

٤. خطوات تنفيذ النشاط

وقصد بها أن تكون مرشدة للمعلم في تنفيذه للنشاط داخل غرفة الصف، وهذه الخطوات مرتبة ومتتابعة، تبدأ بالتمهيد للنشاط (تعريف الطلبة به أو تهيئة الطالب له)، ثم بمتابعة الطلبة في أثناء قيامهم بالنشاط، وتنظيم عروضهم لما أنجزوه، وتنتهي بمناقشة عامة (على مستوى الصف)، تعين الطلبة على لملمة ما تعلموه، وتساعدهم على تحقيق التكامل بين

ما تعلموه وخبراتهم السابقة، وتتيح لهم الفرصة في التفكير الجدّي في تضمينات ما تعلموه على مواقفهم وسلوكهم على نحو يحفزهم إلى المبادرة إلى العمل.

٥. توسيع النشاط أو صيغ بديلة من النشاط

تحتوي بعض النشاطات على توسعة للنشاط، قصد بها أن تكون استمرارا للنشاط و تعميقا لأهدافه، وبخاصة أهدافه المتّصلة بالتربية الشاملة. ويكلف الطلبة عادة القيام بهذه التوسعة خارج الحصص الصفية، وقد يقوم المعلم بالتعاقد مع الطلبة الراغبين ومتابعتهم.

وفي بعض النشاطات، يوجد بدل (توسعة النشاط) صيغة أخرى مكافئة للنشاط تؤدي إجمالا إلى تحقيق أهداف النشاط نفسه، إلا أنّ بعض المعلمين قد يرون هذه الصيغة المكافئة أكثر ملاءمة لطلبتهم في ضوء المعطيات الراهنة في المدرسة وإمكاناتها المتاحة.(ابراهيم، ١٩٨٤)

وفيما يأتي نماذج من نشاطات التربية الشاملة

رابعاً: نماذج من أنشطة التربية الشاملة

الحوادث المرورية

الصف: الرابع

المبحث: التربية المهنية

الموضوع: سلامة عامة وتوعية مرورية

الزمن: حصة صفية

الأهداف:

يتوقع من الطالب بعد تنفيذ هذا النشاط ان يكون قادراً على أن:

١-   يتعرف أسباب الحوادث المرورية.

٢-   يتعرف الآثار المترتبة عن الحوادث المرورية.

٣-   يقترح حلولاً مناسبة للحد من الحوادث المرورية.

٤-   يقترح قواعد لوقاية نفسه من حوادث المرور.

المواد والأدوات:

١- (٦) مغلفات يحوي كل مغلف صورة لحادثة مرورية. كل مجموعة تعطى صوراً لعدد من الحوادث بحيث يعمل كل طالبين على صورة واحدة معينة الصور اما تكون صورة لحادثة مرورية وقعت بسبب عدم مراعاة اشارات المرور، أو حادثة تصادم نتيجة تجاوز خاطيء أو حادثة دهس، أو حادثة انزلاق، الخ.

يرافق كل صورة الأسئلة التالية:

أ- من خلال الصورة الموجودة أمامك برأيك ما السبب الرئيسي لهذا الحادث.

ب- ماذا تقترح حلاً لتفادي مثل هذا الحادث (حل او أكثر).

٢- أوراق، أقلام، كرتونة صغيرة لكل مجموعة، طبق كرتون كبير للصف، صمغ.

طريقة العمل:

١- وزع طلبة الصف على مجموعات، بواقع (٤-٦) طلبة، في كل مجموعة، وتعين المجموعة مقرراً لها من بين أعضائها.

٢- تعطى كل مجموعة المغلف الخاص بها من الأوراق.

٣- اطلب من المجموعات الاطلاع على الرسومات الموجودة في المغلفات ثم يطلب العمل بها بشكل زوجي ثم جماعي للإجابة عن الأسئلة المرافقة.

٤- بعد الاتفاق على الاجابات تقوم كل مجموعة بوضع الاجابات الخاصة بها على طبق الكرتون الصغير المقسم على خانتين (أسباب الحوادث – إقتراحات لتخفيف حوادث المرور).

٥- تضع كل مجموعة الاجابات الخاصة على طبق الكرتون الكبير.

٦- إجري نقاشاً صفياً باستخدام اسلوب الحوار والمناقشة مركزاً على الأمور الآتية:

١- يؤكد على السلامة العامة من المشاة والركاب.

٢- أسباب الحوادث والآثار المترتبة عليها.

٣- اقتراح حلول مناسبة للحد من الحوادث المرورية.

٧- تتفق المجموعات على مجموعة من الأعمال يقوم بها الطلبة لوقاية أنفسهم من الحوادث.

التوسعة :

- تقوم كل مجموعة برسم حالة معينة من الحوادث التي شاهدتها او عاشتها وماذا كانت أسبابها وما الحلول المقترحة لتفادي مثل هذه الحوادث.

ورقة عمل الطالب

صورة مريض السعال الديكي	صورة مريض جدري الماء	صورة مريض الحصبة

المرض: الحصبة

المرض: جدري الماء

المرض: السعال الديكي

العلامات والأعراض

أولاً: الزكام والرشح، واحمرار العينين، التهاب الفم والحلق والحمى وطفح أحمر ينتشر على الصدر والظهر بين الكتفين.

ثانياً: طفح الجلد على الوجه وخلف الأذنين والعنق، بقع بيضاء مخاطية على الفم، انتشار الطفح على الجسم، بقع حمراء تتحول الى بثور داخلها، سائل يخرج فيترك آثاره على الجسم وبخاصة الأطراف السفلية والعلوية

ثالثاً: الرشح، سيلان الأنف، السعال الحاد المتكرر المترافق بانقطاع التنفس الذي يتبعه الشهقة وخروج القشع، الازرقاق، التقيؤ، ارتفاع الحرارة.

طرق الوقاية :

١- معالجة العلامات والأعراض عند المصابين، غياب الطلبة عن المدرسة وتخفيف الاختلاط بهم.

٢- التطعيم ضد هذه الأمراض.

٣- التزام النظافة الشخصية والنظافة العامة.

حفر الخضراوات وحشوها " الكوسا "

الصف: الخامس

المبحث: التربية المهنية

الموضوع: غذاء وتغذية

الزمن: حصة صفية

الأهداف:

يتوقع من الطالب بعد تنفيذ هذا النشاط ان يكون قادراً على أن:

١- يرتب العملية حسب خطواتها.

٢- يقوي الذاكرة البصرية.

٣- يتواصل بطرق غير لفظية (تواصل لا لفظي).

٤- يقف أو يجلس الوقفة الصحيحة أو الجلسة الصحيحة في أثناء تحضير الأطعمة.

٥- يراعي شروط الأمن والسلامة في تحضير الخضراوات وحشوها.

المواد والأدوات:

١- (٦) مغلفات يحوي كل مغلف شرائط ورقية عليها عبارات متنوعة معبر عنها بصور لحفر الخضراوات وحشوها.

٢- صمغ.

٣- كل مغلف يحوي ٦ صور واحدة من هذه الصور مكررة.

٤- بنك يحوي على صناديق للصور الست.

٥- أقلام بعدد الطلاب، طبق كرتون عدد ٦ (٥٠ × ٥٠ سم).

طريقة العمل:

١- وزع طلبة الصف على مجموعات بواقع (٦)، في كل مجموعة، وتعين المجموعة مقرراً لها من بين أعضائها.

٢- اعط كل مجموعة مغلفاً ويطلب فتح هذه المغلفات وقراءة العبارات التي بداخلها (المعبر عنها بالصورة).

٣- اطلب من الطلاب ترتيب العبارات " المعبر عنها بالرسم " حسب أولويات استخدامها في تحضير الكوسا للحفر والحشو.

٤- في حال اكتشاف أن هناك صورة مكررة .. يذهب مقرر كل مجموعة الى بتلك الصور للبحث عن الصورة المناسبة مستخدماً أسلوب التواصل اللالفظي.

٥- بعد أن يتعرف على الصورة المناسبة يضعها في مكانها المناسب مراعياً الأولويات.

٦- تقوم كل مجموعة بوضع العبارات المعبر عنها بالصور التي ارتأتها مناسبة على طبق الكرتون الخاص بها.

٧- يعرض مقرر إحدى المجموعات ما رتبته مجموعته من العبارات ويبرر لماذا ؟

٨- تناقش المجموعات الأخرى المجموعة التي عرضت ترتيبها بأسباب هذا الترتيب وتسلسل الخطوات الصحيحة.

٩- تستنتج المجموعات الأخرى بالحوار والمناقشة الترتيب الصحيح للعبارات وتصحح جميع المجموعات ترتيبها ضمن التسلسل المنطقي للخطوات.

١٠- أدر نقاشاً صفياً حول الأمور التالية:

١- أهمية الجلسة الصحيحة أو الوقفة الصحيحة في أثناء العمل لتحضير الأطعمة.

٢- أهمية ترتيب الخطوات وأولوياتها.

٣- مراعاة الطلبة لأصول السلامة العامة أثناء التحضير للطعام وإعداده.

العبارات هي:

١- غسل الكوسا بالماء جيداً للتخلص من التراب والأوساخ وتحضير الأدوات اللازمة لحفرها.

٢- وضع حبات الكوسا في مصفاة وتقشيرها بحيث تزال القمع الرأسية والسفلية لها.

٣- غسل اليدين جيداً والاستعداد للعمل بطريقة صحيحة سواء كان جلوساً أم وقوفاً.

٤- تحضير خلطة الحشوة للكوسا.

٥- حشو الكوسا باستخدام خلطة الكوسا المحضرة.

٦- ترتيب حبات الكوسا بنظام في الطنجرة، ووضع الماء مع عصير البندورة فوق حبات الكوسا.

٧- تقوير حبة الكوسا بمسكها باليد اليسرى ومسك المقورة باليد اليمنى.

٨- تركيب الطنجرة على الغاز وتنظيف الأدوات التي استخدمت للإعداد.

ملاحظة: إذا كان الطالب شمالي " أعسر " تعكس المسكة.

مشكلات صحية لها علاقة بالتغذية

الصف: السابع

المبحث: التربية المهنية

الموضوع: مشكلات صحية لها علاقة بالتغذية

الزمن: حصة صفية واحدة

ملاحظة: ينفذ هذا النشاط في أثناء الحصة الصفية

الأهداف:

يتوقع من الطالب تنفيذ من هذا النشاط ان يكون قادراً على أن:

١- يتعرف مشكلات صحية لها علاقة بالغذاء.

٢- يقدر أهمية الاعتدال في تناول بعض المواد الغذائية.

٣- يقدم نصائح حول أهمية تناول اللحم باعتدال.

المواد والأدوات:

١- خمسة مغلفات تحوي صوراً لأشخاص يتصرفون تصرفاً ينتج عنه مشكلة صحيحة. وأسئلة بعد كل صورة لها علاقة بموضوع الصورة.

٢- أقلام.

٣- طبق كرتون بعدد المجموعات ٥٠ × ٥٠ سم.

طريقة العمل:

١- وزع طلبة الصف على مجموعات بواقع (٤-٦) طلبة، وتعين المجموعة مقرراً لها من بين أعضائها.

٢- وزع المغلفات على كل مجموعة، واطلب اليهم تمعن الصورة الموجودة في المغلف والإجابة عن الأسئلة التي تليها. (يحوي كل مغلف صورة عن الأخرى).

٣- تناقش المجموعة الصورة الخاصة بها وتجيب على الأسئلة التي تليها، وتكتبها على طبق الكرتون الخاص بها.

٤- يعرض مقرر كل مجموعة إجابة مجموعته على بقية طلبة الصف ويناقش المعلم الطلبة في إجاباتهم مركزاً على الأمور التالية:

التغذية الجيدة، واضرار العادات الغذائية السيئة، وأهمية تنويع الغذاء.

ورقة عمل الطالب

تأمل الصورة أعلاه وأجب عن الأسئلة الآتية:

- ما رأيك بما يعمله هذا الرجل ؟

  -

  -

  -

- لو كنت مكانه هل تعمل عمله ؟

  -

  -

  -

- ما الأخطار التي يمكن ان تنشأ عن عمله ؟

  -

  -

  -

المراجع

- ابراهيم، عبد اللطيف فؤاد (١٩٨٤). المناهج أسسها وتنظيماتها وتقويم أثرها، الطبعة السادسة، مكتبة مصر.

- ابن منظور، **لسان العرب**، دار صادر، المجلد الثالث عشر الجزء السادس، بيروت، لبنان.

- ابن خلدون، محمد عبد الرحمن، **مقدمة ابن خلدون**، بيروت : دار إحياء التراث، الفصل الخامس من الكتاب الأول. (الفصل السادس عشر والفصل الثالث والثلاثون).

- ابو سل، محمد (١٩٩٨)، مدخل الى التربية المهنية ، الطبعة الأولى، دار الفكر، عمان الأردن.

- بلقيس، احمد، ومرعي توفيق (١٩٧٨)، **الميسر في سيكولوجية اللعب**، دار الفرقان، عمان: الأردن.

- التل، سعيد (١٩٨٣)، **التربية والتعليم في الأردن نظرية وواقع وتطلعات**، الطبعة الأولى، عمان.

- ألكسو، (١٩٧٢)، **حلقة المدرسة الثانوية للتعليم العام والمهني في البلاد العربية**، عمان: (المنظمة العربية للتربية والثقافة والعلوم).

- الأمير، محمد علي، (٢٠٠٢). " **الدور المستقبلي لكلية التربية في تدريب معلمي التعليم الابتدائي في دولة قطر في ضوء المتغيرات الجديدة** "، مجلة التربية، اللجنة الوطنية القطرية للتربية والثقافة والعلوم، العدد ١٤١ يونيو.

- جامل، عبد الرحمن، (٢٠٠١)، **الكفايات التعليمية واكتسابها بالتعلم الذاتي**، الطبعة الثانية، دار المناهج، عمان: الأردن.

الجادري، عدنان، (٢٠٠٢). **طرائق وأساليب تدريس التربية المهنية**، محاضرات ألقيت على طلبة الدكتوراة / أساليب وطرائق تدريس التربية المهنية، جامعة عمان العربية.

الجادري، عدنان، (٢٠٠٢). **الأهداف التعليمية**، محاضرات غير منشورة ألقيت على طلبة الدكتوراة / أساليب وطرائق تدريس التربية المهنية، جامعة عمان العربية.

جردات، عزت وآخرون، (١٩٨٣) **التدريس الفعال**، الطبعة الاولى، المطبعة الأردنية، عمان: الأردن.

جردات، عزت وتفاحة، غالب (١٩٩٥)، **التوجيه المهني في الأردن**، ورقة عمل مقدمة الى الحلقة الاقليمية لرفع كفايات مشرفي ومعلمي التربية المهنية في مرحلة التعليم الأساسي، عمان : الأردن.

الجريدة الرسمية لإمارة شرق الأردن، (١٩٣٩)، **القوانين والأنظمة**، العدد ٦٢٣، عمان ١٦ كانون ثاني.

حسن، محمد عمر وآخرون (٢٠٠١)، **دراسات وابحاث متعلقة بالتعليم المهني**، ورقة عمل مقدمة الى مديرية التعليم المهني في ٢٠٠١/٤/١٣.

الحيلة، محمد محمود، (١٩٩٩). **التصميم التعليمي : نظرية وممارسة**، دار المسيرة، الطبعة الأولى، عمان : الأردن.

الحيلة، محمد محمود، (١٩٩٨)، **التربية المهنية وأساليب تدريسها**، دار المسيرة، الطبعة الاولى، عمان : الأردن.

دغلس، عائشة (١٩٩١). **أنشطة للتربية الشاملة في التربية المهنية**. وزارة التربية والتعليم بالتعاون مع اليونسيف. سالنامة ولاية سوريا (١٨٩٤ - ١٨٩٥) و (١٨٩٧ - ١٨٩٩).

سرحان، منير المرسي، (١٩٧٨). **في اجتماعات التربية**، الطبعة الثانية، القاهرة: مكتبة الانجلو المصرية، مصر.

- السعودي، فايز والصعيد، إسماعيل (٢٠٠٦). أمثلة على استراتيجيات التقويم وادواته لمبحث التربية المهنية، وزارة التربية والتعليم، عمان : الأردن.

- سلامة، صبحي خميس، (١٩٩١). المنحى التكاملي في التربية المهنية في إطار الخطة الشاملة لعملية التطوير التربوي، **مجلة المعلم الطالب**، العدد الثاني، الاونروا، عمان الأردن.

- سلامة، صبحي خميس، (١٩٩٤). **الحاجات التدريبية لمعلمي التربية المهنية كما يراها المشرفون التربويون ومديرو المدارس والمعلمون أنفسهم في الأردن**، رسالة ماجستير غير منشورة، الجامعة الأردنية.

- سلامة، صبحي خميس، (١٩٩٥) **أساليب التقويم في التربية المهنية**، ورقة عمل مقدمة الى الحلقة الاقليمية لرفع كفايات مشرفي ومعلمي التربية المهنية في مرحلة التعليم الأساسي.

- السيد، مريم، (١٩٩٨)، **الصعوبات الادارية والتقنية التي تعاني منها التربية المهنية في المرحلة الأساسية من التعليم العام في محافظة الكرك - الأردن**، بيروت : رسالة ماجستير غير منشورة، لبنان.

- السيد، مريم، (٢٠٠٣). كيف نصبح مجتمعاً منتجاً للتعلم الالكتروني، ورقة عمل مقدمة الى مؤتمر البتراء.

- السيد، مريم، (٢٠٠٥). **بناء برنامج تدريبي قائم على كفايات معلمي التربية المهنية في مرحلة التعليم الأساسي في الأردن، وبيان فاعليته في تنمية الكفايات معرفياً وأدائياً**، أطروحة دكتوراة غير منشورة، جامعة عمان العربية للدراسات العليا.

- السيد، يسري مصطفى (٢٠٠٤). **تنمية الكفايات المهنية للمعلمات في كيفية إعداد الخطط العلاجية لتحسين المستوى التحصيلي للتلميذات الضعيفات**، المؤتمر التربوي الإسلامي العربي، جامعة الإمارات العربية المتحدة: أبو ظبي في ٢٠٠٤/١/٢٧.

– الشاذلي (الفيتوري)، (١٩٨٣) التربية الأساسية من المنظور الدولي، **المجلة العربية للتربية**، المجلد الثالث، العدد الثاني، سبتمبر.

– الشيخ، عمر (١٩٩٩). برنامج التربية الشاملة في الأردن، وزارة التربية والتعليم بالتعاون مع اليونيسيف.

– عاشور، احمد كمال (١٩٧٨). **حصر الاتجاهات العالمية وتجارب الدول المتقدمة في مجال التعليم المهني والفني**، تقرير مقدم الى اجتماع خبراء التعليم المهني لدراسة مكانة التعليم المهني بالنسبة للتعليم العام في البلاد العربية، دمشق – سوريا.

– عاقل، فاخر (١٩٨٣)، **التربية عبر التاريخ**، الطبعة الأولى، دار العلم للملايين، بيروت لبنان.

– عبد الهادي، جودت وعزت، العزة، سعيد حسني، (١٩٩٩). **التوجيه المهني ونظرياته**، الطبعة الأولى، دار الثقافة للنشر والتوزيع، عمان : الأردن.

– عبد الهادي، نبيل (٢٠٠٠). **المدخل الى القياس والتقويم التربوي**، الطبعة الأولى، دار وائل للنشر والتوزيع، عمان : الأردن.

– عقيل، محمد (١٩٩١)، التربية المهنية في مرحلة التعليم الأساسي، مجلة المعلم الطالب، العدد الثاني معهد التربية، عمان : اونروا ، اليونسكو.

– عليمات، محمد مقبل (١٩٩١)، **أساليب التربية المهنية**، الطبعة الاولى، دار الملاحي للنشر والتوزيع، اربد : الأردن.

– الغزالي، محمد أبو حامد (١٩٨٥). **أيها الولد**، حققه على محيي الدين العزة، الطبعة الثانية، بيروت دار البشائر الإسلامية.

– الفريق الوطني لمبحث التربية المهنية (١٩٩٠). **منهاج التربية المهنية وخطوطه العريضة لمرحلة التعليم الأساسي**، وزارة التربية والتعليم ، عمان.

− قمـق، هنـاء وتفاحة، غالب (١٩٩٤)، **تكوين الاتجاهات الايجابية نحو العمل المهني**، ورقة عمل مقدمة للندوة العالمية عن التعليم التقني والمهني في الوطن العربي للقرن الواحد والعشرين، عمان ١٩٩٤.

− الطعـاني حسـن احمـد، (٢٠٠٢). التـدريب: مفهومـه وفعالياتـه، الطبعـة الأولى، دار الشروق للنشر والتوزيع، عمان - الأردن.

− الطعيمة، رشـدي (١٩٩٩). **المعلـم: كفاياتـه، إعـداده، وتدريبـه**، الطبعـة الأولى. دار الفكر، القاهرة.

− صيداوي، احمـد، (١٩٨٩). **التعلـيم الاتقـاني**، المنامـة: المـؤتمر التربـوي الخـامس، البحرين.

− الطويسـي، احمد (٢٠٠٣)، **أساسيات في التربية المهنية**، الطبعـة الاولى، دار الشـروق للنشر والتوزيع، عمان - الأردن.

− مرعي، توفيق احمد، والحيلة، محمد محمود (١٩٩٨)، **تفريد التعلـيم**، دار الفكـر - الأردن.

− المصري، منذر، (١٩٩١) **المعلم المهني**، المركز العربي للتدريب المهني وإعداد المدربين، منظمة العمل العربية : مكتب العمل العربي، طرابلس : ليبيا.

− المصري، منذر واصف، (١٩٩٣). **قضايا ونماذج**، الطبعة الاولى، المركز العربي للتدريب المهني، طرابلس - ليبيا.

− المصـري، منـذر، (١٩٩٥). **أهـداف التربيـة المهنيـة في مرحلـة التعلـيم الأساسي وطموحاتها**، ورقة عمل مقدمة الى الحلقة الاقليمية لرفع كفايات مشرفي ومعلمي التربية المهنية في مرحلة التعليم الأساسي، عمان - الأردن. مؤسسة التـدريب المهنـي، (١٩٩٦).

− ناصر ابراهيم، (١٩٨٣). **التربية وثقافة المجتمع**، الطبعة الاولى، عمان : دار الفرقان، الاردن.

- نصر الله، علي والنبتيتي، خالد (١٩٩٥) واقع تدريس التربية المهنية في المملكة الأردنية الهاشمية، ورقة عمل مقدمة الى الحلقة الاقليمية لرفع كفايات مشرفي ومعلمي التربية المهنية في مرحلة التعليم الأساسي، عمان - الأردن.
- وريكات، خولة وجعارة يحيى " (١٩٩٤)، **مشكلات معلمات رياض الأطفال في مدينة عمان**، مجلة مؤتة للبحوث، سلسلة أ ، المجلد التاسع، العدد الثالث، ربيع ثاني، ١٤١٥ هـ.
- وزارة التربية والتعليم، مديرية التعليم الخاص، **دليل التشريعات التربوية والقوانين والأنظمة** والتعليمات المتعلقة بالمؤسسات التعليمية الخاصة، بمرحلة الروضة، حتى نهاية المرحلة الثانوية.
- وزارة التربية والتعليم، (٢٠٠٢)، **نحو رؤية مستقبلية للنظام التربوي في الأردن**، عمان : إدارة البحث والتطوير.
- وزارة التربية والتعليم، (٢٠٠٣) . **الورشة التدريبية لإعداد الإطار العام وتطوير مبحث التربية المهنية نحو الاقتصاد المعرفي**، عمان : مديرية المناهج.
- وزارة التربية والتعليم، (٢٠٠٥)، **دور المعلم التجديدي في ظل الاقتصاد المعرفي.**
- اليونسكو، (١٩٧٤). **توصية معدلة خاصة بالتعليم التقني والمهني**، باريس: المؤتمر العام الدورة الثامنة عشرة، فرنسا.
- اليونسكو، (١٩٨٨). **وثيقة مرجعية اتفاقية اليونسكو بشأن التعليم التقني والمهني**، باريس: المؤتمر العام، الدورة الخامسة والعشرون، فرنسا.
- اليونسكو، (١٩٩٦). **التعليم ذلك الكنز المكنون**، باريس، تقرير اللجنة الدولية المعنية بالتربية للقرن الحادي والعشرون، فرنسا.
- اليونسكو، (١٩٩٩). **التعليم والتدريب التقني والمهني رؤية القرن الحادي والعشرين**، سيؤول: المؤتمر الدولي الثاني، كوريا.

- Barry L. Boyd & Don R. Herring & Gary E. Briers (١٩٩٢). Developing Life Skills in Youth. **Journal of Extension, (٣٠), (٤).**

- Beatriz Pont & Patrick Werquin, (٢٠٠١). **How old are new skills? The knowledge economy requires a host of new٢ competenies,** Directorate for Employment, Labour and Social Asffairs.

- Carter, Good, (١٩٧٣). **Dictionary Of Education,** second Edition, N.Y Mc Grow Hill.

- Columbia University, (٢٠٠٢). **Columbia University School of social work report.**

- Colorado University, (١٩٩٩). **Colorado Technolgy competency Guideline of classroom Teacher and school library Media specialistic,** Colorado Department of Education.

- Coombs Philip (١٩٧٨), **Basic Education for Meeting Basic Human needs In Developing, I.I.D.**

- Iowa State University, (١٩٨٩). (٤-H Youth Development), **Developing Youth curriculum using the targeting life kills model,** <u>Iowa State Iniversity Extension</u> www.extesion .iasate.edu/٤H/lifeskills/orderform.

- Marland, Sidny (١٩٧٤). **Career of Education,** prposal for Reform, New York: Mc Grow Hill.

- Missouri Department of Elementary and Secondary Education, (١٩٩٩). **Missouri Standards for Teacher education programs (MoSTEP)** <u>www.Division</u> of teacher quality/urban education. Dated on ٢٩/٤/٢٠٠٣.

- Thomas, David, (٢٠٠٠). **Curriculum Development for the Master Caraftsman in the Pronting, Newspaper and Packaging Undustries,** University of South Africa, Dissertations Abstract, Dal-A ٦١/٦٣.

- North Carolina Iniversity (٢٠٠٣), **Reading Teacher Education Guideline And Competencies (GRADESK-١٢)** www,nupublicschools.org/teachereducation/progGuidelins/competen cies, date on ١٠/١٢/٢٠٠٣.

- Romiszowsky, A J (١٩٨٦), **Designing Instructional Systems**, Kogan page, London/ Nichols Publishing, New York.

- Khan, Badrul H, (١٩٩٧), Web-Based Instruction. New Jersy: Educational htt://www. Aitech. Ac.jp/~itselg/Articls/Singhal – internet. Gtml.

- Maddox, A. (١٩٩٤). **Teacher Competencies needed by New Second Vocational instructors in Georgia**, Dissertation Abstracts International, ٥٦ (٣), ٩٠٣ - .A.

- Oxfors State university, (٢٠٠٧). **Cources about Life Skills For Adults,** OXFORD SPRINGS TO MIND, www. Oxfordsringstomind.co.uk.

- World Health Organizatio's, (٢٠٠١). **Skills for Health.**